ESA VOCECITA

EN TU CABEZA

Esa vocecita en tu cabeza

RESETEA EL CÓDIGO QUE HACE FUNCIONAR
TU CEREBRO PARA LOGRAR UNA FELICIDAD
ESTABLE Y DURADERA

Mo Gawdat

Diana

Obra editada en colaboración con Editorial Planeta – España

Título original: *That Little Voice in your Head*

© 2022, Mo Gawdat

© 2023, Traducción: Antonio Francisco Rodríguez

© 2023, Editorial Planeta S.A. – Barcelona, España

Derechos reservados

© 2023, Editorial Planeta Mexicana, S.A. de C.V.
Bajo el sello editorial DIANA M.R.
Avenida Presidente Masarik núm. 111,
Piso 2, Polanco V Sección, Miguel Hidalgo
C.P. 11560, Ciudad de México
www.planetadelibros.com.mx

Primera edición impresa en España: febrero de 2023
ISBN: 978-84-08-26722-5

Primera edición en formato epub en México: abril de 2023
ISBN: 978-607-07-9983-9

Primera edición impresa en México: abril de 2023
ISBN: 978-607-07-9954-9

Impreso en los talleres de Litográfica Ingramex, S.A. de C.V.
Centeno núm. 162-1, colonia Granjas Esmeralda, Ciudad de México
Impreso en México – *Printed in Mexico*

La gravedad de la batalla nada significa
para los que viven en paz

Para Ali
Es el momento de abrir los ojos y descubrir
la belleza de la vida

Índice

Introducción

Estoy intentando hacer felices a mil millones de personas. Es una locura, lo sé, pero creo que es el único objetivo al que merece la pena consagrar el resto de mi vida.

La historia de los OneBillionHappy empezó en 2014. Como suele ocurrir, tiene su origen en una tragedia. Perdí a mi superhéroe, mi maravilloso hijo y mi sabio maestro, Ali. Dejó nuestro mundo a consecuencia de un error humano evitable durante un procedimiento quirúrgico rutinario, y con él desapareció una parte de mi corazón. Diecisiete días después de su muerte, comencé a escribir, y no pude parar. Mi tema era la felicidad, el tema más improbable que podría escoger después de un acontecimiento trágico. Escribí lo que él me había enseñado; el regalo que me había entregado y que yo quería compartir con el mundo.

El resultado fue mi primer libro, *El algoritmo de la felicidad*, que cuestionó la práctica totalidad de las falsas creencias que el mundo había plantado en mí sobre la felicidad. Tras la trágica pérdida de Ali, desarrollé y compartí el algoritmo que había utilizado para seguir adelante. *Tu felicidad es mayor o igual que la diferencia entre tu percepción de los acontecimientos de tu vida y tus esperanzas y expectativas sobre cómo debería ser la vida.* Aunque esperaba tener cierto eco en los lectores y que se beneficiaran como había hecho yo, jamás esperé que despegara como lo hizo. El libro se tradujo a treinta idiomas, se convirtió en un bestseller internacional y vendió cientos de miles de copias en todo el mundo. Personas de todas las nacionalidades me escriben a diario para expresarme su gratitud y preguntarme por la felicidad y por mi misión.

Perder a un hijo debe de ser lo más duro que un padre tiene que soportar. Incluso hoy, después de tantos años, aún no puedo encontrar las palabras exactas para describir lo que se siente. Ali era mi hijo y mi luz. Iluminaba mi vida con su amor y su sabiduría. Era mi mejor amigo y mi coach. Era pacífico y siempre estaba feliz. Aunque el dolor de su pérdida aún perdura, me ha aportado mucha alegría saber que su desaparición fue el detonante que me permitió descubrir mi misión, que consiste en difundir su sabiduría, celebrar su vida de amor y compasión.

Dos semanas antes de abandonar nuestro mundo, Ali tuvo un sueño que solo le contó a su hermana, Aya. Le dijo: «Soñé que formaba parte de todo y de todos. Fue tan increíble que, al despertar, sentí que no quería seguir confinado en este cuerpo físico». «*Habibi*», me dijo Aya, «soñó que se estaba muriendo». Así era. ¡Así fue! Aya me contó este sueño unos días después de su muerte. Mi cerebro entrenado y orientado hacia objetivos lo interpretó como una meta que me fue confiada por mi maestro. Nunca había fallado un objetivo —y mi trabajo en Google implicaba grandes objetivos que concernían a miles de millones de personas—, por lo que, en cuanto Aya hubo terminado de hablar, rompí a llorar. Supe que Ali había venido para enseñarnos, para hacer que lo amáramos y luego irse, de modo que su partida fuera la chispa que lo desencadenara todo. Lloré a mares; mi cuerpo temblaba. Sabía exactamente lo que significaba. Mi vida ya no era mía, sino que pertenecía a su misión. El resto de mi vida estaría dedicada a hacer realidad su sueño. Tomaría todo lo que él me había enseñado y lo transmitiría al mundo.

Iba a difundir su esencia a la humanidad en su conjunto y, así, a través de los seis grados de separación, después de muchos años, una brizna de la esencia de Ali impregnaría todo el planeta y formaría parte de todo individuo. El objetivo había sido fijado, y yo no iba a fracasar. Dejé de llorar, me incorporé y me puse manos a la obra.

Como haría cualquier hombre de negocios, asumí una meta factible. Esta consistía en compartir con diez millones de personas el modelo de felicidad que había ideado con ayuda de Ali. En cuanto se definió el objetivo #10MillionHappy, el propio universo conspiró para hacer que sucediera.

Solo seis meses después del lanzamiento de la misión original, ya había llegado a decenas de millones de personas online. El mensaje contribuía a cambiar muchas vidas, y era evidente que teníamos que seguir avanzando. La inspiración para aumentar la misión de diez millones a OneBillionHappy [MilMillonesFelices] vino a mí durante una breve meditación. En aquel momento me di cuenta de que la tecnología, que yo había ayudado a construir gracias a mi carrera como informático, estaba alterando el futuro de una forma que no podíamos imaginar. Descubrí que, a menos que enseñemos a la inminente inteligencia artificial la esencia de lo que nos hace humanos —la felicidad, la compasión y el amor—, tendremos un gran problema. Este es el mensaje central de mi segundo libro, *Scary Smart*. Me di cuenta de que el objetivo de Ali era real, que podíamos alcanzar no solo a diez millones sino a miles de millones. Teníamos los medios para ir a todas partes y llegar a todos.

Nuestro pequeño equipo siguió progresando, y el contenido que creamos ha recibido más de 120 millones de visitas online; hay mucho que celebrar. Pero seguimos avanzando. Para llegar a mil millones de personas, necesitamos un cambio mucho más fundamental.

Necesitamos comprender bien nuestro lugar en el mundo. Cuanto más sucumbimos a los pensamientos negativos, más nefastas son nuestras acciones y mayor es el número de personas que se comportan mal. Cosechamos lo que sembramos. El aumento de personas buenas y compasivas producirá una reacción en cadena. La gente empezará a reproducir esa conducta amable y empática. Iniciaremos un esquema de Ponzi positivo, en el que cada nueva persona feliz producirá otros dos individuos felices. Este esquema tendrá el poder de cambiar el mundo, y comienza justo dentro de cada uno de nosotros, en la principal razón de nuestra infelicidad: los pensamientos negativos.

Creo que el pensamiento es la más inmersiva de todas las ilusiones. En nuestra cabeza siempre hay una vocecita que nos dice lo que tenemos que hacer. Es omnipresente, como el aire, y tratamos con ella de forma mecánica, tal como el cerebro gestiona el acto de la respiración. Año tras año, damos por sentada esa vocecita interior y dejamos que nos arrastre al sufrimiento.

En mi investigación he descubierto que los pensamientos, y solo los pensamientos, son la principal causa individual de nuestro nivel de felicidad. Esa vocecita en nuestra cabeza influye en nuestro ánimo en mayor medida que las más duras circunstancias que nos toque padecer en la vida.

En este libro, me basaré en mi experiencia como ingeniero de software y en mis amplios estudios de enseñanzas espirituales y neurociencia para llevar al lector en un viaje hacia los senderos ocultos de nuestro cerebro. Mi objetivo es demostrarte que, pese a su tremenda sofisticación, tu cerebro, como tu computadora, es muy predecible. Enseñarte que, si le damos a nuestro cerebro unos inputs específicos y activamos una serie de programas en él, siempre obtendremos el mismo resultado. Creo que el más indeseable de todos los resultados es la infelicidad. Nuestros pensamientos constituyen la razón principal de esa infelicidad. Mi objetivo aquí es mostrarte cómo hacer que tu cerebro funcione correctamente para que disfrutes de una vida mejor. Si comprendes a la perfección cómo funciona el código que gobierna tu cerebro, será fácil utilizarlo para garantizarte un suministro de felicidad constante. Es así de predecible.

De hecho, nuestro cerebro es tan predecible que puedo resumir su funcionamiento en un **manual de usuario claro y conciso**. Este libro es ese manual de usuario. En él se incluyen instrucciones paso a paso para afrontar las emociones negativas, los pensamientos negativos obsesivos, el estrés y otros trastornos que podemos encontrar en el entorno operativo de nuestra computadora: nuestro cerebro.

También incluirá **instrucciones de entrenamiento**, ya que el cerebro puede ser entrenado. Al utilizar ejercicios específicos podremos reconfigurar paulatinamente el entramado de conexiones de nuestro cerebro. Así, ya no tendremos que volver al manual y convertiremos los hábitos saludables en un procedimiento operativo estándar. Este libro te guiará en estos **ejercicios gratificantes y sin duda disfrutables con una serie de pasos sencillos y directos**.

Consideremos este libro como **una fusión de la informática y la neurociencia, escrito de forma clara y accesible.** Como ingeniero, a menudo recurriré a analogías tecnológicas y a diagramas de procesos simplificados de los diferentes programas que ejecutamos en nuestro cerebro, y mostraré cómo cada uno de ellos influye en nuestros pensamientos.

No te alarmes si no eres experto en tecnología. Utilizaré una terminología simplificada y explicaré los conceptos con mucha sencillez. En ocasiones, puede que haga falta que aprendas algo nuevo sobre la tecnología, pero en cuanto lo domines, descubrirás su aplicación en el día a día, el concepto se hará más claro y eso te ayudará a recordarlo y a incluirlo en tu acercamiento a una vida más feliz.

Todo proceso empieza con inputs. Independientemente de lo inteligente que sea una computadora, los inputs erróneos producen resultados erróneos. Los inputs que dejamos entrar en nuestro cerebro a menudo resultan destructivos. Para ser felices, necesitamos depurar los inputs que se abren paso en nuestra mente, al igual que tenemos que seguir una dieta sana para conservar la salud.

Luego viene el proceso en sí: la forma en que se ejecuta el programa. Sigue el camino equivocado mientras ejecutas tu código y acabarás sufriendo. Sigue otro camino y se te ofrecerá todo aquello que deseas en la vida. Necesitamos que alcances una consciencia plena de lo que realmente sucede en el interior de tu cabeza para que seas capaz de identificar cuándo tus pensamientos siguen una senda errada. Una vez que refines los inputs y controles el proceso, podremos empezar a optimizar lo que, según creo, es todo lo que deseamos en la vida: felicidad, éxito y compasión hacia los demás.

Creo que buena parte de nuestra infelicidad deriva de problemas en nuestra red neuronal: el funcionamiento interno de nuestro cerebro. Para definirlo de una forma que resulte fácil de recordar, le daré el nombre de 4-3-2-1.

Hay *cuatro* inputs equivocados que dejamos entrar constantemente en nuestro cerebro. Esto levanta *tres* defensas desproporcionadas. En nuestro camino, padecemos el desequilibrio entre *dos* polaridades vitales. Entonces se desencadena una espiral de infelicidad, provocada por *un* tipo de pensamiento malicioso. Continuando con la analogía informática, nada de todo esto ocurre porque nuestro cerebro funcione incorrectamente. Tampoco ejecuta malos programas. Se trata de buenos programas ejecutados de forma equivocada. Por lo tanto, como haría cualquier buen ingeniero de software, necesitamos depurar el software de nuestro cerebro.

En las páginas de este libro ejecutaremos esos programas y mostraremos el tipo de síntomas que producen: emociones incontrolables, desequilibrios químicos y bucles interminables de pensamiento dañino. En cuanto aprendas a observar e identificar esos síntomas, los programas que los producen se podrán ajustar para adecuarse a su propósito y tener el rendimiento previsto, es decir, para ayudarte a tener éxito en la vida a la vez que te mantienen en el estado óptimo como ser humano: feliz.

Cuando las causas se conocen y los síntomas han sido identificados, las soluciones son fáciles: tan fáciles como la secuencia 1-2-3-4.

Hay cuatro programas principales que podemos ejecutar en nuestro cerebro y que están optimizados para nuestra felicidad: *experimentar* la vida plenamente tal como es, *resolver* problemas, *fluir* y *dar*. Si aprendes a incorporarlos a tu sistema operativo encontrarás, en consecuencia, el camino a la alegría.

Más adelante, en cuanto hayas adquirido las destrezas necesarias, te proporcionaré un diagrama de flujo. Sí, se trata de un proceso a prueba de balas que te hará recuperar la felicidad cuando la vida te desvíe de tu camino. Cuando el proceso haya sido exhaustivamente documentado, te dejaré al mando. Podrás recuperar la felicidad o estancarte en el sufrimiento. Será tu decisión, pero no podrás decir que la vida te hace infeliz. Si eliges no cambiar, entonces lo único que te hará infeliz serás tú mismo. *Tú estás al mando.*

Vivimos en un mundo diferente al mundo para el que se diseñó originalmente el código de nuestra mente. En este libro empezaremos por actualizar *tu* código, pero ¿quién sabe dónde llegarán sus efectos? Cuando aprendas a cambiar tu propio mundo, es posible que puedas cambiar el mundo mismo.

Maximizar los beneficios de la lectura de este libro

Este es un libro práctico, lleno de ejercicios, no es solo un libro para el intelecto.

Si estás acostumbrado a libros de texto y a recibir el conocimiento en una versión destilada, tal vez sientas la tentación de saltarte las partes de este libro que no se limitan a transmitir información, en especial porque a primera vista algunas de ellas pueden parecer demasiado simplistas. Por favor, resiste este impulso y sigue los ejercicios como estaba previsto. Te beneficiará y reforzará tu comprensión más de lo que soy capaz de describir con palabras.

Es posible que tengas tendencia a mantener los libros limpios e impolutos. Te animo a cambiar esa costumbre con este ejemplar. Los libros son como casas: están pensados para vivir en ellos. Convierte el libro en algo tuyo. Siéntete libre para garabatearlo, tomar notas y rellenar los huecos en las páginas con observaciones y compromisos. Será una experiencia gratificante, no solo a la hora de romper tu condicionamiento previo, pues te recordará lo que ha quedado registrado, sino porque los manuales de usuario están concebidos para volver a ellos. Las notas te guiarán a las partes que necesitas para arreglar las funciones o los errores que quieras abordar. Recomiendo repasar los conceptos varias veces durante las primeras semanas. Algunos de los temas controvertidos que vamos a analizar aquí requieren cierta revisión para ser asimilados como es debido.

Por último, en ocasiones te pediré que dejes el libro a un lado. Te pediré que hagas alguna otra cosa en internet o, simplemente, que pares de leer y te tomes un respiro. Por favor, concédete un respiro cuando haga falta. Esto no es una carrera y no hay trofeos para los más rápidos. El trofeo —que en este caso es un cambio en el estilo de vida que te deparará un yo más feliz— es para aquellos que en realidad nunca llegan a la meta, aquellos que dedican el tiempo necesario a encontrar su camino hacia la alegría. No estamos intentando alcanzar algo en un marco temporal definido, sino actualizar el código que gobierna nuestro cerebro instalando versiones cada vez más felices.

El progreso no solo se obtiene por medio del aprendizaje y la práctica. A veces es bueno limitarse a ser. Este será el modelo que usaremos para progresar. Lo llamo así: Ser-Aprender-Hacer. Hay que ser antes de aprender y aprender antes de hacer. Concédete el tiempo para reflexionar e implementar cambios concretos. Creo que lo que intento decir es… relájate. Disfruta del viaje.

Bien. Permíteme presentarte tus herramientas. Usaremos siete herramientas prácticas para ayudarte en tu experiencia de aprendizaje:

1) Todos hemos pasado por eso

En el corazón de tu habilidad para cambiar y mejorar está la necesidad de reconocer aquello que no va bien. Desde el éxito de *El algoritmo de la felicidad*, me he dado cuenta de que a veces los lectores, o el público en actos públicos, me habla como si yo fuera una especie de gurú, un maestro de la felicidad inmune a los hábitos y prácticas que nos hacen infelices. Nada más alejado de la realidad.

Si aporto algo diferente es porque abordo el tema de la felicidad desde la posición de un ser humano normal en nuestro mundo contemporáneo, un ciudadano inmerso en el bullicio de la vida cotidiana. No soy un monje que medita en soledad ni un maestro espiritual que imparte sus enseñanzas desde un remoto confín de la India. Como te ocurre a ti, padezco embotellamientos en el tráfico, me aburro en las reuniones, tengo relaciones problemáticas y me preocupa el rumbo al que está abocado nuestro mundo.

En este libro, he encontrado el valor de compartir mis peores historias contigo. Aquellas ocasiones en mi vida en las que yo era lo opuesto a todo lo que ahora enseño. Es una lección de humildad reconocer lo que hice mal, y espero que estas historias te recuerden que todos hemos pasado por eso, que todos cometemos errores y tenemos defectos, y solo al abordarlos de forma más abierta estaremos en condiciones de afrontarlos como es debido.

2) Ejercicios

En cuanto hemos reconocido la necesidad de cambiar, no hay mejor forma de proceder que la práctica y la reflexión. Este libro está lleno de ejercicios sencillos que te permitirán aprender una destreza, formar un hábito o sumergirte deliberadamente en tu propio ser para reforzar tu consciencia y entender un concepto.

Haz la tarea. De hecho, hazla una y otra vez. La neuroplasticidad (un concepto que desarrollaré en el capítulo 4) nos permite mejorar el aprendizaje a partir de la repetición de las mismas acciones. Es el poder de la costumbre. Esta es la única forma de dejar atrás este manual de usuario, ya que las destrezas que contiene pasarán a ser parte de tu naturaleza.

Los ejercicios se presentarán en dos formas diferentes: los **ejercicios de consciencia** te ayudarán a reflexionar y a descubrir algo importante sobre ti mismo. Los **ejercicios prácticos** contribuirán a que desarrolles una destreza necesaria.

Como todos somos humanos, destacaremos en una cosa o en otra. Aquellos que de forma natural son muy conscientes no siempre destacan en cuestiones prácticas, y a quienes se les da bien la práctica no siempre han cultivado la consciencia. Esfuérzate incluso si no te gusta alguno de los dos tipos de ejercicios. Ser y hacer son igualmente importantes en una experiencia de aprendizaje completa. Te prometo que todos los ejercicios están pensados para ser divertidos. Así que, al margen de lo que hagas, no te olvides de pasártela bien.

3) Debate en grupo

En cuanto a los aspectos complejos, sin embargo, no hay nada más poderoso que debatir con otra persona. Con cierta frecuencia te pediré que te reúnas con amigos de confianza para compartir abiertamente tu opinión sobre una serie de temas.

La única regla que hay que tener en mente es que no hay respuestas correctas. La opinión de cada cual es verdadera... para él o para ella. Respeta y acepta la diversidad de puntos de vista. Aún mejor: cultiva la curiosidad y plantea preguntas esclarecedoras para profundizar en tu comprensión de perspectivas que difieren de la tuya.

La mejor forma de hacerlo es en un cara a cara con personas reales. Tal vez puedas pedir a algunos de tus amigos que también lean este libro y reserven una hora a la semana para un encuentro en el que comenten lo que leyeron, así como los ejercicios de debate en grupo que surgirán durante el proceso.

Por supuesto, este planteamiento no será óptimo para todos y algunos preferirán trabajar el libro en soledad. Esto también está bien, basta con adaptar los ejercicios a esa circunstancia. Sin embargo, sigo recomendando encarecidamente conversar al menos con un amigo cercano y de confianza para que te ayude a avanzar en los ángulos muertos que tú no detectas.

4) Un poco de cultura popular

Bien, no sé tú, pero yo me acuerdo de las canciones y las películas buenas mejor que de lo que aprendí en la escuela. Viven en mi mente y se repiten sin cesar. Me encanta hablar de las escenas de una película o de las inspiradoras letras de una canción con mis amigos, y quiero compartir esta afición contigo. Muchos de los conceptos que analizaremos en este libro están en las letras de artistas de un talento increíble o en escenas del arte cinematográfico atemporal. Te sugeriré que les dediques cierta atención, así que, por favor, deja de leer y escucha y observa, descubre si te inspiran para acceder a la experiencia plena de este libro.

Planifica una tarde con amigos para ver mis recomendaciones cinematográficas. Procura ir más allá de lo obvio y reflexiona sobre tu propia vida para descubrir en qué sentido una escena o un concepto pueden aplicarse a ti. En cuanto a las canciones, descarga una copia legal o ve el video oficial en internet. Reprodúcelas hasta que el concepto arraigue. Añádelas a tu playlist feliz para volver a ellas de vez en cuando. Apréndetelas de memoria. Te sorprenderá cómo, en el momento en que más las necesites, saldrán a la superficie, se reproducirán en tu mente y te recordarán exactamente lo que tienes que hacer. La música es vida. Así que no dudes en mover la caderas mientras cumples con estas poco exigentes tareas musicales.

5) Appii

Appii es tu asistente para la felicidad. Está diseñado en función del modelo Ser-Aprender-Hacer. Te ayuda a evaluar cómo te sientes, adapta la experiencia de aprendizaje a tus necesidades y te ofrece ejercicios relevantes para desarrollar las destrezas que necesitas en tu camino a la felicidad. La app, de descarga gratuita, incluye miles de videos útiles, citas inspiracionales, tareas y ejercicios. Appii también utilizará la inteligencia artificial para ayudarte a cultivar unos hábitos de felicidad saludable.

Consigue Appii de forma gratuita en tu Play Store o App Store, o visita www.appii.app y usa el código promocional ThatLittleVoice para obtener una suscripción premium gratuita de tres meses que te dará acceso a conferencias en video, formación y herramientas avanzadas.

6) Slo Mo

Slo Mo es un pódcast global en términos de popularidad. Mi pódcast te invita a reservar un tiempo en tu vida ajetreada, bajar el ritmo y reflexionar sobre cuestiones importantes. Recibo a algunas de las personas más sabias del planeta para compartir sus relatos inspiracionales y lo que lo han aprendido, para que tú, el oyente, también puedas aprender. Hablamos de la felicidad, espiritualidad, neurociencia, relaciones y otros temas que te ayudarán a acceder a una mejor versión de ti mismo y a hacer del mundo un lugar mejor.

Únete a nuestra comunidad. Descarga Slo Mo de forma gratuita en tu reproductor de pódcast o visita mogawdat.com/podcast para más información.

7] OneBillionHappy

Este libro, junto con el resto de herramientas que te he presentado, forma parte de una misión, tal vez la más crucial de nuestra generación.

A pesar del progreso y los avances tecnológicos que hemos realizado en los últimos cien años, la humanidad fracasa en lo que tiene que ver con la felicidad. Una de cada seis personas será diagnosticada con depresión en algún momento de su vida, lo que probablemente sea un cálculo a la baja de las cifras reales.[1] El suicidio arrebata una vida humana cada cuarenta segundos.[2] Una de cada cuatro personas encuestadas en Estados Unidos afirman que, cuando se sienten infelices, no tienen a nadie a quien recurrir en busca de ayuda.[3]

Tenemos que invertir esta tendencia. La pieza clave en nuestra misión conjunta #OneBillionHappy eres tú, no yo. Yo solo no puedo llegar a mil millones de personas. Pero, juntos, podremos.

Ayúdame a alcanzar este sueño asumiendo la parte que te toca. Haz felices a dos personas —podrían ser tus hijos, tu pareja, tu hermana o tu mejor amigo o amiga—, alertándolas de que la felicidad es su derecho de nacimiento y que debería ser su principal prioridad. Enséñales lo que has aprendido sobre la felicidad en este libro y deja claro que se trata de un estado predecible. Si haces el trabajo, llegarás a ella. Devuelve el favor. Difunde la palabra. Y si realmente quieres marcar la diferencia, díselo a veinte personas, a doscientas o incluso a dos millones. Conviértete en un héroe de la felicidad.

Visita http://www.onebillionhappy.org/ para saber más.

En este libro aparecerán varias tareas relacionadas con la misión. No las ignores, por favor. Tómatelas en serio y procura que sucedan. Hazlo por la humanidad y disfruta de la recompensa.

Mil millones de personas no es un número grande si lo hacemos juntos, una persona detrás de otra. Yo haré mi parte y empezaré contigo. Ahora, permíteme llevarte conmigo en este viaje.

Destino… ¡La felicidad!

Lo que hemos aprendido hasta ahora

Repasemos algunos de los conceptos de mi primer libro, *El algoritmo de la felicidad*. Son fundamentales para construir los cimientos de lo que vamos a analizar aquí. El primer principio básico relevante es que todos nacemos felices. Siempre y cuando sean alimentados, se sientan seguros y se cubran sus necesidades básicas para la supervivencia, los bebés y los niños pequeños son felices.

La felicidad es algo innato en nuestro interior. No es una realidad que haya que buscar fuera. **La felicidad es nuestro estado por defecto.** Al llegar a la edad adulta, las presiones sociales, las obligaciones, las expectativas y las ilusiones en las que aprendemos a creer nos convencen de que el éxito es más importante que la felicidad.

Buscamos incansablemente el éxito y, en el proceso, perdemos nuestra felicidad.

Sin embargo, el niño feliz que fuimos pervive en nuestro interior, solo que enterrado bajo un montón de creencias falsas y limitantes, esperando a ser rescatado y a recuperar su naturaleza feliz e infantil.

La felicidad no consiste en añadir cosas a nuestra vida: vacaciones costosas, dispositivos electrónicos de última tec-

nología o ropa cara. **Un niño es feliz hasta que algo interrumpe su felicidad.** Si moja el pañal, el niño llorará. Cambiamos el pañal y el pequeño recuperará su estado por defecto: vuelve a ser feliz. Esa es nuestra naturaleza incluso en la actualidad. Si logramos eliminar lo que nos hace infelices, recuperamos la felicidad. Es tan sencillo como parece: **la felicidad es la ausencia de infelicidad**.

Cuando llegamos a entenderlo, la felicidad se torna muy predecible. De hecho, es tan predecible que sigue una ecuación:

$$\text{Felicidad} \geq \underset{\text{de tu vida}}{\overset{\text{Tu percepción de los}}{\text{acontecimientos}}} - \underset{\substack{\text{respecto a cómo debería} \\ \text{ser la vida}}}{\overset{\text{Tus}}{\text{expectativas}}}$$

La felicidad se instala cuando la vida parece avanzar a nuestro favor. Nos sentimos felices cuando los acontecimientos de nuestra existencia se ajustan a nuestras expectativas, a nuestras esperanzas y deseos sobre cómo debería ser la vida.

La lluvia, por ejemplo, carece de un valor de felicidad intrínseca. No nos hace felices o infelices. La lluvia nos hace felices cuando queremos regar nuestras plantas e infelices si anhelamos un bronceado.

Si te guías por esta ecuación, podrás encontrar una definición exacta de felicidad. La felicidad sucede cuando los acontecimientos se ajustan o superan nuestras expectativas. Es la satisfacción serena y pacífica que sentimos cuando estamos bien con la vida tal como es. Son esos momentos que queremos que duren para siempre porque no deseamos que nada cambie. No importa cómo sea exactamente la vida: si te sientes a gusto con ella, eres feliz.

Por otra parte, la infelicidad se puede definir como un mecanismo de supervivencia. Tiene lugar cuando nuestro cerebro observa el mundo que nos rodea, encuentra algo que le preocupa e intenta alertarnos de que algo va mal. Como rara vez escuchamos atentamente nuestros pensamientos, la alerta se manifiesta en forma de emoción: vergüenza, ansiedad, remordimiento, tristeza o cualquiera de las otras emociones que asociamos a la infelicidad.

Entre la felicidad y la infelicidad, hay un estado que no se corresponde con ninguna de ellas: el estado de evasión.

La evasión tiene lugar cuando nuestra forma física se involucra en actividades que ocupan nuestra mente y la adormecen el tiempo suficiente como para dejar de intentar resolver la ecuación de la felicidad.

Nos vemos en este estado de evasión cuando nuestros cuerpos se abandonan al placer y la diversión. No hay nada malo en la diversión. Sin embargo, cuando la usamos para escapar a nuestra infelicidad es más bien un analgésico, un sustituto de la felicidad. Y queremos más y más; nos volvemos adictos a la diversión. Cuanto más caigamos en este comportamiento, más difícil nos resultará encontrar una felicidad auténtica y duradera.

Las personas sumidas en el estado de gozo son siempre felices. Su concepción de la vida reconoce que la mayor parte de los acontecimientos no merecen la infelicidad. Se elevan por encima del barullo de pensamientos inútiles y perjudiciales, y es allí donde encuentran el gozo.

Por su parte, quienes están en un estado de confusión siempre buscan lo que anda mal en cada acontecimiento pasajero, grande o pequeño. Si buscas lo que está mal, vas a encontrarlo seguro. No habrá nada que satisfaga tus expectativas; tu sufrimiento será profundo y duradero.

Como mecanismo de supervivencia, la infelicidad es útil, pero no tiene que perdurar. Hay una enorme diferencia entre **dolor** y **sufrimiento**. El dolor inicial, físico o emocional, se debe a condiciones externas. Eso es lo que activa la alarma de nuestro mecanismo de supervivencia. Por mucho que nos desagrade el dolor, nos ayuda a centrarnos en lo que importa, a cambiar de dirección, aprender, crecer y permanecer a salvo.

El dolor escapa a nuestro control; nos ocurre. ¡**El sufrimiento, en cambio, es una opción!** Elegimos permanecer en la infelicidad reproduciendo en nuestra mente, una y otra vez, los acontecimientos que desencadenaron nuestro dolor emocional, cuando estos pertenecen al pasado o aún no se han manifestado en el mundo real. Casi podemos hablar de **dolor bajo demanda**; una elección muy poco sabia, desde luego.

Ningún acontecimiento en tu vida tiene el poder de hacerte infeliz a menos que decidas concederle ese poder al convertirlo en un pensamiento y rumiar su aspecto negativo para torturarte con la infelicidad.

Si la infelicidad está firmemente arraigada en nuestros pensamientos, entonces aprender a pensar mejor es la respuesta a todo nuestro sufrimiento.

Este libro trata de eso: aprender a pensar mejor.

Empecemos.

Capítulo uno

Los fundamentos

¿**Q**ué es real? Mientras tus ojos exploran las palabras escritas en este libro, pregúntate: ¿son reales estas palabras? ¿Es real este libro? ¿Son reales tus ojos? ¿Cómo puedes decir a ciencia cierta que no estás en un sueño? Y si estás soñando, ¿hay algo malo en ese sueño? Si en él aún puedes acceder a la información, a las conexiones y a la vida a la que estás acostumbrado, ¿por qué debería considerarse algo distinto a la propia realidad?

La naturaleza objetiva de la realidad

Al leer mis palabras, las transformas en conceptos en tu cerebro. Esos conceptos se convertirán en realidad… pero solo para ti. Pasarán a ser tu realidad, que puede ser diferente a como otra persona entienda esas mismas palabras. Por ejemplo, si te digo que este libro es largo, el concepto de «extensión» puede traducirse, en tu cerebro, como algo que excede las 300 páginas. Pero eso no te parecerá extenso si has leído las 1 296 páginas de *Guerra y paz* varias veces en tu vida.

El concepto de «extensión» es una idea, un pensamiento, que cada uno de nosotros crea en su propio cerebro. Cada una de estas definiciones es real para quien la está pensando. Y, con todo, al mismo tiempo, ninguna es esencialmente real.

El propio libro podría no ser real. Desde el punto de vista de la física, las palabras en una página no son más que un amasijo de partículas organizadas en un patrón específico para formar la página, y otra serie de partículas idénticas organizadas de otro modo para dar forma a los pigmentos de la tinta. En cuanto los fotones de la luz alcanzan la página, los que golpean el blanco son reflejados hacia tus ojos y, como la luz es absorbida por el color negro, los fotones que llegan hasta la tinta se quedan ahí. Los fotones que viajan hasta tus ojos crean la impresión de una imagen —invertida— cuando alcanzan tu nervio óptico, y el patrón se transforma en impulsos eléctricos que representan, pero no son, la forma de las palabras. Entonces tu cerebro toma estas señales eléctricas y las convierte en la visión de una serie de palabras impresas en una página.

Si yo logro simular las señales eléctricas y enviarlas directamente a tu cerebro por medio de electrodos adheridos a tu cuero cabelludo, accederás a la misma visión, con la diferencia de que no habrá un libro real frente a ti. Esto no debe considerarse ciencia ficción. Una versión más simple tiene lugar cuando estamos completamente inmersos en una película. Creemos estar observando algún tipo de realidad, cuando lo cierto es que no son más que imágenes en movimiento.

Todos sabemos que lo que vemos en una película no es real. Sabemos que los actores no hacen el amor de verdad, que solo es una interpretación, pero lo percibimos como real. Ni siquiera necesitamos ir al cine para crear esta ilusión. A veces despertamos de un sueño con la sensación de que ha sido real, como si de veras hubiéramos estado allí. Ninguno de los acontecimientos del sueño ha tenido lugar, pero las señales eléctricas han recorrido nuestro cerebro. Esto basta para que lo hayamos visto e incluso para hacernos creer en su realidad.

Ya ves, en realidad no importa lo que el mundo presenta ante ti...

¡Recuerda!

Nada es real hasta que tu cerebro decide que lo es.

Sin duda alguna, este es el fundamento más importante en el que hemos de estar de acuerdo mientras hacemos el viaje en el interior de nuestra mente e intentamos comprender cómo opera realmente esa vocecita interior. Es importante entender que algunos de los fundamentos en los que hemos creído toda la vida podrían no ser del todo ciertos. Te invitaré a replantearte algunas de tus creencias más preciadas e incluso a cuestionar parte de lo que los gurús y los científicos nos transmiten como verdad. Descubrirás que estas verdades, percepciones y creencias que te pediré cuestionar solo se aplican en cierto contexto. A veces, al cambiar de perspectiva, todo nuestro mundo cambia como resultado.

Ahora, utiliza el cerebro que crea tu realidad para pensar en esto: si tu cerebro tiene tal poder sobre tu percepción, ¿con cuánta frecuencia te dice la verdad? ¿Y qué sucede cuando no lo hace?

Vivir una ilusión

¡Todos hemos pasado por eso!

¿Has llegado a creer en algo tan incondicionalmente que ha afectado a cada uno de tus actos solo para descubrir más tarde que lo que creías no era cierto? Mi vida está plagada de una lista interminable de estas creencias erróneas: creencia en las consignas empresariales, inclinaciones patrióticas, doctrinas religiosas y creencia tras creencia en las mentiras del mundo moderno. Sin embargo, nada lamento más que la creencia de que mi maravillosa familia era un deber y una carga en lugar de considerarla como lo que realmente era: el mayor regalo que he recibido jamás.

Siempre he evitado hablar de ello, incluso con personas muy cercanas a mí, pero aquí estoy, escribiéndolo en las páginas de este libro. Pero, oye, ¿sabes una cosa? Todos hemos pasado por eso. En algún momento de nuestra vida todos hemos actuado de una forma que ahora deseamos que nunca hubiera sucedido. El Mo que actuaba así desapareció hace mucho tiempo.

Me equivocaba

Nunca me habían gustado demasiado los niños. Pensaba que solo hacían ruido y creaban caos; es decir, lo creí hasta la mañana en que nació Ali. Ali *habibi*, mi querido hijo, nació unos dos años después de que mi difunto padre, al que quise tanto, abandonara nuestro mundo. No planificamos tener a Ali. Sin embargo, a mí me educaron para ser un hombre hecho y derecho y, como tal, recibí su esperada llegada con un sentido de responsabilidad; tal vez no era la principal virtud que un niño necesita, pero era un buen comienzo. Aunque no disfrutara de la compañía de los niños, pensaba, es *mi* hijo, recibirá todo lo que desee o necesite. Trabajé más duro, cerré unos cuantos tratos extra, dispuse una habitación para él, pagué los gastos médicos y me preparé —como un buen marido— para acompañar a Nibal en la sala de partos.

En cuanto nació, todo cambió. En su rostro puede ver a mi padre, vi el amor que sentía por mi entonces esposa y sentí vívidamente en mi corazón que, en ese momento, había recibido un regalo que cambiaría por completo mi vida… y así fue.

La alegría que esta criaturita arrugada trajo a mi vida superó mis expectativas más delirantes. Nibal se desarrolló como mujer y emergió como la increíble madre que siempre estuvo destinada a ser. Yo, por mi parte, volví al trabajo. Dieciocho meses después, nuestra hija Aya se unió al grupo para aportar más amor, más esplendor para Nibal, ¡y más trabajo para mí! Cuando Ali cumplió cinco años, yo estaba perdiendo el control, era un verdadero adicto al trabajo y estaba insatisfecho con mi vida en todos los sentidos posibles.

La verdad es que me lo cargué todo en la espalda. La única forma que conocía de expresarme como padre era traer dinero a casa. Era incapaz de admitir, como Nibal me dejó claro mil veces, que un padre de verdad ofrece mucho más que los medios económicos necesarios para enviar a sus hijos a una buena escuela, comprarles juguetes y cubrir sus necesidades, pero ¿qué puedo decir? Yo era un ingeniero obsesivo y acostumbrado a trabajar duro. Cuando me proponía algo, lo llevaba a cabo, y luego me excedía, y volvía a excederme.

El trabajo provoca estrés y, en mi caso, fue un estrés considerable. Elegí trabajos regionales y globales porque eran los mejor remunerados. Eso implicaba interminables horas en aviones y aeropuertos. Tenía éxito, pero me pasé. Trabajaba horas extra para conseguir más clientes, cerrar más tratos y obtener más comisiones, más dinero del que realmente necesitaba. Me iba muy bien económicamente, pero volví a excederme. Decidí trabajar en bolsa en el mercado Nasdaq de Estados Unidos, que abría cada día a las 17:30 en Dubái, donde vivía, lo cual añadía otra jornada de trabajo —u otra noche de trabajo— a mi ya de por sí extenuante horario. Date cuenta de que estas fueron mis decisiones, pero aun así mi cerebro decidió atribuir el estrés a mi mundo particular. Mi cerebro creó su propia realidad, en la que mi familia y sus necesidades eran las razones de mi carga. Creía que ellos eran la causa por la que debía trabajar tan duro.

Me equivocaba. La razón de mi carga tuvo su origen en mi amor por ellos, pero no eran ellos. Ese origen se gestó durante toda una vida. Mi exagerada adicción al trabajo era el resultado de mi fracaso a la hora de darme cuenta de lo que realmente necesitaban. Era evidente que yo era la razón de mis condiciones vitales y que, ahora que lo veo en retrospectiva, no había carga alguna. Tan solo existía la alegría de una hermosa familia coronada con la abundancia. Sin embargo, los cerebros no funcionan así. No se preocupan demasiado por lo que está bien. Más bien tienden a quejarse, angustiarse y echar las culpas. En cuanto mi percepción fue fijada por mi cerebro, se convirtió en mi realidad, y me llevó más de diez años restaurar mi cordura y borrar el arraigado concepto que me había impedido disfrutar de los increíbles regalos que habían recibido. ¡Qué desperdicio! Me perdí diez años solo por creer en el concepto equivocado. ¿Te resulta familiar?

El parásito más resistente

Mi película favorita de todos los tiempos, *Origen*, lo resume a la perfección. En la primera escena de la película, Leonardo DiCaprio pregunta: «¿Cuál es el parásito más resistente? ¿Una bacteria? ¿Un virus? ¿Una tenia intestinal?». Se detiene unos segundos antes de responder: «Una idea. Resistente. Muy contagiosa. Una vez que una idea se ha apoderado del cerebro es casi imposible erradicarla».

He vivido años con ese parásito. Ahora sé que no es imposible erradicar las ideas, pero sin duda estoy de acuerdo en que una idea —un pensamiento negativo— es un parásito resistente si se le deja en un entorno adecuado. No hace falta ser un científico con un doctorado y brillantes titulares en las noticias para saber que esto es cierto. Solo hace falta recordar a un amigo o amiga que se haya obsesionado con una idea durante días, semanas o años y se haya sentido infeliz por ello. Tal vez tú mismo hayas estado en esa situación. Un pensamiento profundamente arraigado en algún lugar de nuestra mente nos puede costar años de sufrimiento, si no una vida entera.

En mi investigación he descubierto que los pensamientos, y solo los pensamientos, ejercen el mayor impacto en nuestra felicidad. La vocecita en nuestro interior influye en nuestro estado de ánimo incluso más que las circunstancias más adversas que soportamos en la vida.

PSSST... El siguiente concepto lo abordamos antes en *El algoritmo de la felicidad*. Encaja a la perfección aquí, y por eso tengo que aludir de nuevo a él para mantener el hilo del razonamiento. Te animo encarecidamente a seguir leyendo las partes que ya conoces; hay elementos nuevos que no hemos abordado antes.

Permíteme mostrarte de qué manera, y vamos a descubrir la relación entre tus pensamientos y tu felicidad.

EJERCICIO DE CONSCIENCIA
LA PRUEBA DEL CEREBRO EN BLANCO

Tareas

Objetivo	Ser conscientes de la relación entre nuestros pensamientos y nuestra infelicidad
Duración	5 minutos
Repetición	Con una vez es suficiente
Lo que necesitarás	Un lugar tranquilo donde nada te interrumpa

Este ejercicio consta de dos partes. En la primera parte, tu tarea consistirá en pensar en algo que te hace infeliz. En la segunda parte, la tarea será construir el nombre de algo a partir de las letras que aparecen en la página siguiente.

Tendrás éxito si logras completar ambas partes simultáneamente. Esto quiere decir que tendrás que adivinar el nombre correcto (tarea 2) mientras estás inmerso en la infelicidad (tarea 1). Para empezar, cierra los ojos durante veinte o treinta segundos y piensa en algo que te hace infeliz (por favor, acepta mis disculpas por perturbar tu estado de ánimo; en un par de minutos descubrirás su utilidad). Creo que esta tarea es fácil. En cuanto digas a tu cerebro: «Eh, cerebro, tráeme algo que me moleste», no perderá la oportunidad de hacerlo. Te dirá algo así como: «¿En serio? ¿Puedo decirte algo que te moleste? Tengo 263 cosas de la que estoy deseando hablarte». En cuanto tu cerebro te ofrezca lo primero y descubras la emoción de la infelicidad, concéntrate en ella, percíbela y sumérgete en sus profundidades. Intenta quedarte ahí y, con el sentimiento de infelicidad, pasa a la segunda tarea. Ahora tendrás que descifrar las letras que aparecen a continuación y descubrir el nombre del objeto al que aluden. (Una pista: es algo que hace feliz a mucha gente.)

Recuerda, tienes que hacer el ejercicio en un estado de infelicidad.

¿Preparado? Allá vamos.

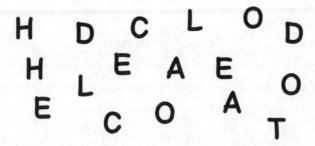

¿Lo averiguaste? La respuesta es «helado de chocolate». No importa si lo conseguiste o no, por cierto. No soy tu profesor de primaria. Lo importante es: ¿lograste permanecer en el estado de infelicidad mientras hacías la tarea?

He realizado esta prueba, o alguna similar, con cientos de miles de personas en mis actos públicos y puedo asegurar que aún no he conocido a nadie que pueda completar correctamente ambas tareas.

Quienes logran adivinar de qué se trata abandonan el estado de infelicidad autoinducida, y quienes deciden que su infelicidad perdure concentrando su atención en aquello que han elegido para inducir ese estado, no consiguen adivinar las palabras «helado de chocolate».

Esto es importante porque te ayudará a comprender plenamente cómo funcionan tus pensamientos.

¡Recuerda!

Cuando habla tu vocecita interior, no puede centrarse en nada más, y cuando se concentra en algo, sencillamente no puede hablar.

Lo único que te ha hecho infeliz

La ingeniería inversa se refiere al proceso consistente en examinar la construcción o el rendimiento de un producto existente para comprender cómo funciona. Para comprender cómo funciona un producto en todas sus modalidades operativas, un ingeniero llevará a la máquina desde un extremo de su rango de actividad al otro y registrará su rendimiento en cada punto. Llamemos a esto una simulación de ciclo completo.

El test de cerebro en blanco que acabas de realizar es una simulación de ciclo completo de tu mente, como si fuera una máquina, en lo que atañe a tu estado de felicidad. Justo antes de empezar el test —llamémoslo momento T(0)—, leías el libro y no parecías infeliz. En T(0) nada te perturbaba. ¡Eras feliz!

Luego te pedí que pensaras en algo que te hiciera infeliz. Llamemos a ese momento T(1). Al permitir que un pensamiento negativo se apoderara de ti, pasaste de inmediato al otro extremo de tu espectro de estados emocionales y te sentiste infeliz. Por último, te pedí que observaras unas letras dispuestas aleatoriamente para adivinar el nombre de una cosa —llamémoslo momento T(2)—, y, *voilà*, la infelicidad desapareció. Te concentraste en el problema inminente y por un breve instante tu cerebro dejó de pensar en cualquier cosa que pudiera inquietarte. Volviste a ser feliz.

Ahora tengo una pregunta que arrojará luz sobre el funcionamiento de la felicidad en tu cerebro y probablemente cambiará tu vida para siempre: entre T(0) y T(1), y entre T(1) y T(2), ¿cambió el mundo real de una forma que pudiera alterar tu estado de ánimo?

Digamos, por ejemplo, que cuando te pido que pienses en algo que te hace infeliz, recuperas unas palabras duras que te dedicó un amigo o tu pareja el viernes pasado. El pensamiento te hizo infeliz, como si volvieras a escuchar esas palabras, pero ¿las escuchaste? Al tratar de resolver el enigma de las letras, cuando abandonaste el estado de infelicidad, tu amigo no apareció para disculparse, ¿verdad?

En el mundo real no sucedió nada mientras realizabas el ejercicio.

¿Qué es lo único que sucedió?, pregunto.

Lo único que ocurrió para hacerte infeliz es que empezaste a pensar, y lo único que detuvo tu infelicidad es el hecho de dejar de pensar. ¿Lo ves?

Es el pensamiento lo que te hace infeliz

Me atrevo a decir que ninguno de los acontecimientos de tu vida ha tenido jamás el poder de hacerte infeliz a menos que se lo concedas convirtiéndolo en pensamiento y lo repitas una y otra vez en tu mente hasta sentirte hundido. En ausencia del pensamiento, como en el estado T(0), no había infelicidad. Evidentemente, algunos de estos pensamientos son inevitables. Si tus circunstancias económicas son inestables o has perdido a un ser querido, estás condenado a pensar en ello. Pero ten presente que, cuando piensas, la infelicidad se apodera de ti, y cuando dejas de pensar, te centras en otros aspectos de tu vida, como si el problema no existiera.

Antes de que Ali dejara nuestro mundo, él vivía en Boston, así que yo pasaba largos periodos de tiempo sin verlo. Lo extrañaba, pero no como ahora. Aunque en ambos casos el hecho de no poder verlo es el mismo, el pensamiento de que ha abandonado nuestro mundo y de que no lo volveré a ver en su bella forma física hace que mi nostalgia sea mucho más profunda.

Aunque todos decimos buscar la felicidad en la vida, nuestra mente suele estar poblada de pensamientos, a menudo negativos, que nos hacen infelices. Al manifestarse, estos pensamientos no son acontecimientos reales. Son reconstrucciones de acontecimientos pasados o predicciones de posibilidades futuras. Si lo piensas así, descubrirás que rara vez te sientes infeliz por algo que realmente te haya sucedido. Si alguna vez te las arreglas para caer en la infelicidad, se deberá a un acontecimiento imaginado, provocado por un pensamiento, y no por la realidad que se manifiesta ante ti.

Si algo requiere tu atención —ya sea averiguar el nombre de un objeto o escapar de un tigre—, tu voz interior se detiene. Por ello, la voz siempre calla cuando algo va mal, porque solo habla si todo está bien en el aquí y ahora.

Esta limitación de la capacidad de nuestro cerebro a la hora de mantenernos enganchados a un diálogo interno es muy similar a la forma en que te relacionas con tu computadora o tu *smartphone*. Cuando te concentras en cierta página para clicar en algunas partes de la interfaz, la computadora se comunica de algún modo contigo, pero si centras tu atención en teclear números en una hoja de cálculo, por ejemplo, la comunicación se detiene hasta que vuelves a centrar tu atención en ella.

Podría acabar el libro aquí, porque esta sencilla intuición puede ayudarte a silenciar tu voz interior cuando esta secuestre tu estado de felicidad. Pero sigamos un poco más para descubrir algunos de los secretos de esta máquina tan eficaz: tu cerebro. Empecemos con el mayor de todos los mitos…

¿Quién habla?

El discurso interior —la voz interior de la persona— aporta un monólogo verbal de pensamientos mientras somos conscientes.

En el mundo occidental, no hay confusión respecto a quién es esa voz. El filósofo francés Descartes lo resumió en su famosa cita: «Pienso, luego existo». Me interesa el hecho de que la mayoría de nosotros comprendemos estas palabras en un sentido distinto al que pretendía imprimirles el filósofo. En aquella época, Descartes intentaba demostrar que existía realmente, que no era una simulación. La capacidad de pensamiento, razonaba, era la prueba de su existencia. Nosotros tomamos su razonamiento y lo retorcemos para ajustarlo a la civilización hiperlógica que hemos construido en el mundo moderno. Ensalzamos hasta tal punto el pensamiento que interpretamos la cita en el sentido de una equivalencia entre nuestra identidad y los pensamientos —la voz— que dan vueltas en nuestra mente. ¡Gran error! Curiosamente, él también podría haberse equivocado en su tesis. La ciencia moderna apunta a una amplia evidencia de que en realidad podríamos estar viviendo en una simulación, a pesar de nuestra capacidad para pensar. Pero eso es un tema para otro libro. Por ahora, centrémonos en el mayor de los errores. ¿Tu voz interior es realmente *tú*?

Puedo asegurarte que no lo es, y aunque me gustaría ser uno de esos autores capaces de impresionarte con la historia de una epifanía que tuvo en un remoto confín de Asia, por desgracia no soy esa persona. He obtenido la mayor parte de mis conocimientos en los entornos más mundanos. Un día, hace muchos años, estaba en una cafetería linda de algún lugar de nuestro vasto planeta cuando descubrí que me resultaba difícil concentrarme en la magnífica música de mi grupo favorito en la historia de la música, Pink Floyd, que sonaba en mis audífonos con cancelación de ruido. Por mucho que subiera el volumen, los audífonos no podían cancelar mi frenético discurso interior. Había tenido un problema en el trabajo y era incapaz de encontrar la lucidez o la paz necesaria para acallar la conversación que bullía en mí. La canción que sonaba en mis oídos llevaba el oportuno título de *Brain Damage* («Daño cerebral»). Era solo una pista más que sonaba junto con innumerables cadenas de pensamiento que atravesaban mi mente: «Esta persona está haciendo política», «Aquel cliente no cerrará el trato a tiempo», «No lograremos nuestro objetivo», «Mi jefe es un pesado», y así brotaban, incesantemente, los pensamientos.

Entonces, como en una fiesta ruidosa que de pronto enmudece justo antes de que grites algo importante, mis pensamientos se acallaron cuando Roger Waters cantó: **«There's someone in my head but it's not me.»** (Hay alguien en mi cabeza y no soy yo). Paré la música, asombrado. Repetí el último verso, y volví a escuchar la canción innumerables veces. Sí, hay alguien en mi cabeza, pero siempre pensé que era yo. Siempre creí que esa vocecita interior era yo hablándome a mí mismo.

Con ese verso como llamada de atención, me dispuse a indagar por mi cuenta como un loco. Como todos aquellos con los que he hablado de esto, la primera pregunta que me planteé fue: «Si la voz en mi cabeza no soy yo, ¿quién es?». Mis pensamientos me llevaron a mi infancia. En aquel entonces, los dibujos animados solían representar la voz como un ángel en el hombro derecho y un demonio en el izquierdo, cada uno de los cuales deliberaba y argumentaba, utilizando la cabeza del personaje como sala de conferencias. ¿Se trata de eso? ¿Mensajes de otros seres? Mientras tanto, los psicólogos lo nombran de varias formas. Sigmund Freud lo llama el Ello/Yo/Superyó, y Eric Berne lo define como Padre/Adulto/Niño. ¿Se trata de eso? Las religiones le conceden nombres diversos. El islam dice que son susurros. El budismo lo llama la mente del mono. Otros creen que es el propio diablo imponiendo sus tortuosos planes malévolos en nuestra mente. Los fans de la ciencia ficción lo imaginan como el fantasma en la máquina: una persona diminuta que, en el interior de nuestra cabeza, controla a la persona grande que somos nosotros. ¿Te parece que todo esto tiene algún sentido? En su increíble libro *Una nueva tierra*, Eckhart Tolle lo llama el pensador, sin realmente decir quién es, y en su canción Pink Floyd se refiere a él como a un lunático. Bueno, eso suena acertado. (Es broma. No dejes de leer.)

BRAIN DAMAGE

Un poco de cultura popular

Escucha *Brain Damage*, de Pink Floyd, de principio a fin.
    Aunque la voz que suena en nuestra cabeza no siempre es la de un lunático —a menudo es la de un genio—, es indudable que la canción describe, de forma sencilla, cómo al permitir que esa voz nos domine y al escucharla en exceso podemos volvernos locos.

Con tantas perspectivas diferentes, estaba hasta arriba de trabajo. No había casi nada en común entre estos diversos puntos de vista aparte de una cosa: esa vocecita no eres tú. Es otro. La que te habla es una entidad diferente.

Esto tuvo mucho sentido para mí en cuanto empecé a pensar en ello. Es decir, es una sencilla relación sujeto-objeto. Si la voz en mi cabeza era yo hablándome a mí mismo, ¿por qué necesitaría hablar? Si era yo, ya sabría lo que quería decir sin que hiciera falta expresarlo.

La idea de otro hablante cambia muchas cosas, pero ¿quién es? Para descubrirlo, déjame plantearte una pregunta. ¿Alguna vez te has despertado diciéndote a ti mismo que eres la sangre que fluye por tu cuerpo? ¿Crees en las palabras «Bombeo sangre, luego existo»? Tu corazón bombea sangre para mantenerte vivo, pero tú no crees *ser* esa sangre, ¿verdad?

La función biológica de tus riñones es extraer toxinas y materia de desecho de tu sistema y expulsarlas de tu cuerpo en forma de orina. Nadie cree ser el producto biológico de nuestros riñones. Y aunque en un mal día la culpa nos puede hacer sentirnos como un montón de… materia fecal, nadie cree que la caca es la esencia de su ser. «Respiro, luego existo» tampoco es verdad. Tú no eres el CO_2 que exhalas. Entonces, ¿por qué creemos ser el producto biológico de nuestro cerebro?

Si pensar es una función biológica, un pensamiento es análogo a la orina y al CO_2. No es más que un producto biológico.

Hay muchos elementos que avalan esta idea. Tu cerebro es, fundamentalmente, una masa de carne de un kilo y medio, otro órgano biológico que se ocupa de tu supervivencia. El producto que genera para este propósito altruista es el pensamiento. Aunque como raza los seres humanos hemos logrado dirigir nuestros cerebros para que inventen iPhones y construyan la civilización que conocemos, la función original para la que estos órganos fueron diseñados está exclusivamente centrada en la supervivencia. Con este objetivo, analizan el mundo que nos rodea, transforman la complejidad de nuestro entorno en conceptos sencillos que podemos comprender y, a su vez, convierten esos conceptos en palabras (las únicas unidades de conocimiento que podemos asimilar). Con este conocimiento podemos tomar las decisiones más importantes para la supervivencia, y luego implementarlas en forma de órdenes que se dictan a las diferentes partes de nuestros cuerpos para que permanezcamos a salvo. Se trata de esto, en realidad. Tu cerebro es tu voz interior. Es el que te dice lo que está pasando y te sugiere cómo deberían ser las cosas. Es el que produce todo ese ruido.

La psicología lo ha discutido desde la década de 1930, cuando el premio Nobel ruso Lev Vygotsky observó que el discurso interior está acompañado por pequeños movimientos musculares en la laringe. En consecuencia, llegó a la conclusión de que el diálogo interno surgió a través de la interiorización del habla en voz alta. La idea es que, al aprender a hablar en la infancia, narramos todo lo que vemos. «Mamá, juguete.» «Mamá, coche.» Es una forma de aprender el significado de palabras y conceptos, a fin de ayudarnos a comprender el mundo que nos rodea. Seguimos así hasta que empieza a parecer extraño. Entonces, para evitar la vergüenza, el diálogo comienza a ser mental.

En los años noventa, los neurocientíficos confirmaron la hipótesis de Vygotsky al utilizar neuroimágenes para demostrar que las áreas del cerebro que se activan al hablar en voz alta, como el giro frontal inferior izquierdo, también se activan durante el discurso interior. En uno de mis estudios con IRM (imagen por resonancia magnética) favoritos, realizado por el MIT en 2009, los investigadores observaron la actividad cerebral de los participantes mientras resolvían enigmas. En primer lugar, la parte del cerebro dedicada a la resolución de problemas —las regiones parieto-occipitales— trabajaron durante unos segundos para encontrar la solución. Luego, se tornaron oscuras y las regiones frontocentrales derechas —las mismas que utilizamos al hablar en voz alta— se iluminaron durante unos ocho segundos antes de que los participantes identificaran la respuesta.[1]

Nuestro cerebro resuelve el problema en primer lugar y luego se toma ocho segundos para traducir la respuesta a nuestra lengua para que podamos comprenderla. En ese sentido...

Tu cerebro literalmente te habla.

Los pensamientos son reales. Sin embargo, el «Pienso, luego existo» es una ilusión. La realidad de la ilusión es «Soy, luego pienso». O más bien...

Soy, luego mi cerebro piensa.

Y esto es una magnífica noticia, porque significa que tus pensamientos no te definen. Si tú no eres los pensamientos que se suceden en tu mente, no necesitas obedecer. Puedes debatir y cuestionar las afirmaciones que parecen inválidas. Ni siquiera tienes por qué escuchar. Y lo mejor de todo: con un poco de práctica podrás —y deberás— decirle a tu cerebro de vez en cuando que se calle.

Nuestros cerebros son el mejor regalo que ha recibido la humanidad. Sin embargo, no hemos aprendido a usarlos correctamente. Es como si nos regalan la computadora más potente del planeta cuando no sabemos hacer una hoja de cálculo. Al introducir las cifras equivocadas en las casillas incorrectas y ejecutar las macros erróneas, sin duda acabarás con un gran sinsentido. Esto es justo lo que sucede con nuestro cerebro. Al extraviarse, produce unos pensamientos de lo más extraños y nos tortura a nosotros mismos y a nuestros seres queridos.

No hay nada malo en nuestra computadora. Aprendamos a usarla.

Aprender a calcular

La masa de carne de un kilo y medio alojada en el interior de nuestro cráneo sigue siendo, pese a los más increíbles avances en tecnología, la computadora más sofisticada del planeta. Esta máquina viene con un completo sistema de monitorización sensorial que puede detectar visión, sonido, tacto, peso, temperatura y otros muchos estímulos complejos, por sutiles que sean, en el entorno circundante. Tiene la capacidad de supervisar constantemente la información sensorial y recopilarla en conceptos globales que interpretan el mundo que nos rodea. Su capacidad para almacenar y evocar recuerdos es impresionante. Sus controles de funcionalidad motora son increíblemente precisos y humillarían a cualquier ingeniero robótico. Posee sus propios generadores de energía, incluidos en el cuerpo y, lo más fascinante de todo, no solo es capaz de resolver problemas complejos, sino también de formular planteamientos que describen con exactitud los desafíos a los que hay que hacer frente. Además, por si eso fuera poco, es capaz de leer, comunicar e intercambiar información con otros cerebros.

De hecho, nuestros cerebros son una impresionante obra de ingeniería. En la infancia llevamos este cerebro a la escuela para aprender matemáticas, biología y otras disciplinas académicas. Luego, al crecer, intentamos enseñarle a comer saludablemente, a practicar deporte o a postear material divertido en las redes sociales al tiempo que creamos en él adicción a los *likes* y a la aprobación social. Lo llevamos a talleres de alfarería y a clases de salsa.

Le enseñamos a comprender y controlar todo lo que le rodea, pero rara vez a comprenderse y controlarse a sí mismo.

Si lo pensamos, no deja de resultar curioso el concepto de enseñar a una máquina a funcionar por sí sola. Esto se está convirtiendo rápidamente en una idea más fácil de aceptar: coches que se manejan solos y motores de búsqueda que aprenden a realizar su función se están convirtiendo en innovaciones tecnológicas comunes. Lo más cerca que hemos llegado de esto en el caso de nuestro cerebro es la meditación, que nos enseña a serenarnos, a ralentizar el pensamiento incesante y a concentrarnos. Todos conocemos los beneficios que conlleva. La meditación cambia la vida del practicante comprometido mejorando una de nuestras funciones esenciales: la atención deliberada. Si practicamos la meditación durante un largo periodo de tiempo, nuestro cerebro cosecha su recompensa y nuestra vida mejora. Por lo tanto, ¿qué pasaría si pudiéramos aprender a optimizar el resto de los procesos cerebrales? ¿En qué sentido mejoraría nuestra vida?

Hay muchas formas de describir cómo funciona nuestro cerebro y muchas formas de mejorar su actividad. Los neurocientíficos estudian los lóbulos, las cortezas, las sinapsis y las señales químicas. Los maestros espirituales se centran en el entrenamiento mental y los psicólogos examinan los traumas y condicionamientos. Cada una de estas perspectivas tiene sus ventajas, pero ninguna trata el cerebro como la computadora que en realidad es. Para explicarlo mejor, en la descripción del funcionamiento del cerebro hablaré de software.

Te sorprenderá la similitud entre nuestro cerebro y los sistemas informáticos que construimos. El conocimiento proporcionado por la neurociencia, la psicología, la espiritualidad y muchos otros campos que han estudiado el cerebro nos ayuda a considerar las diferentes funciones que nuestros cerebros realizan como «programas» independientes. En nuestro cerebro hay un código que nos ayuda a razonar, otro código que reúne información sensorial y otro que controla nuestro hardware —nuestro cuerpo—. Estos programas operan de forma independiente e interactúan unos con otros. Utilízalos bien y tendrás a tu disposición la máquina más sofisticada que hay sobre la Tierra. Úsalos mal y el software se tornará defectuoso. Provocará resultados erróneos y estados de tristeza, e incluso depresión en muchas ocasiones. Evitaré los términos excesivamente técnicos y te ayudaré a comprender las operaciones de software de nuestro cerebro a un nivel básico. En cuanto sepas cómo funciona la máquina, será más fácil descubrir los virus que inducen el mal funcionamiento del programa y nos hacen infelices. Arréglalos y estaremos listos para lo mejor: una computadora que resuelve nuestros retos cotidianos sin provocarnos un sufrimiento innecesario.

Empecemos con un poco de jerga informática. En su forma más simple, los diagramas de operaciones describen la relación entre el input de un sistema, el procesamiento realizado por el software del sistema y el resultado derivado de este proceso. Si los inputs del sistema son, por ejemplo, los números dos y seis, y el software realiza un proceso de suma, el resultado será ocho. ¡Fácil!

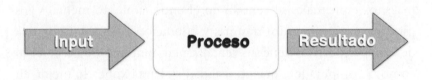

Sin embargo, la complejidad de los sistemas reales trasciende la aparente simplicidad de este diagrama. La mayoría de los sistemas tiene múltiples inputs y diversos procesos que a veces operan independientemente y otras interactúan, se solapan, se complementan o se contradicen unos a otros. Estos sistemas complejos a menudo producen múltiples resultados posibles.

Así pues, este es el plan: para mantener las cosas en un nivel razonablemente sencillo mientras explico el funcionamiento de nuestro cerebro, lo dividiré en inputs, los diversos procesos y, por último, los muchos resultados posibles. Así es como desmontaremos la máquina pieza por pieza para obtener una visión integral de cada uno de sus componentes. Como ocurre con una computadora, recurriré a la neurociencia para mostrar qué parte de tu cerebro ejecuta cada software específico. Explicaré la función esencial de cada programa y, si nos encontramos con algún virus, te enseñaré a eliminarlo. También examinaremos la interrelación entre los diversos programas. Te haré saber si uno de ellos permite o inhibe a otro. Cuando por último comprendas cómo funciona cada programa, volveremos a montar la máquina para elaborar una especie de manual de usuario, que incluirá prácticas que tú, en cuanto que usuario de tu cerebro, deberías adoptar para garantizar un funcionamiento óptimo y un buen rendimiento de tu máquina, que tiene un valor incalculable.

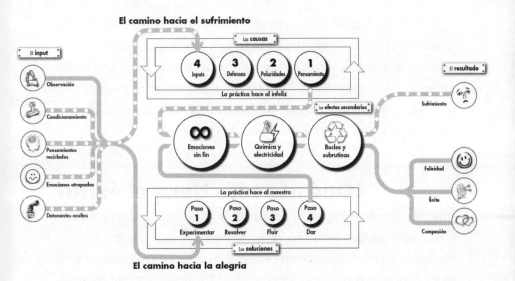

No te dejes intimidar por la complejidad. Va a ser muy sencillo, entretenido y lleno de momentos de iluminación en los que entenderás cosas que antes te resultaban incomprensibles. En las primeras páginas de cualquier manual de usuario suele haber una imagen del

producto que has adquirido, junto con elegantes flechas que seña-
lan las diversas partes y sus correspondientes nombres. Es el equivalente a decir: «Te voy a presentar a tus compañeros de trabajo: estos
son Emma, Jonathan y Kim» (solo que los ingenieros tienden a
elegir nombres un poco más complicados).

El manual de usuario del cerebro empezaría con una imagen
parecida a esta:

No te saltes este diagrama, por favor. Tómate unos minutos para
examinarlo y ver qué significan para ti los nombres que utilicé.

Nota: te sugiero que añadas un marcador aquí para tener
localizado este diagrama. Este modelo te puede ser de utilidad a medida que avances en el contenido de este libro.

Celebraré que lo hagas porque, sinceramente, todo el libro se
concentra en este diagrama. Todo lo que tengo que hacer ahora es
escribir unas pocas páginas inteligentes acerca de cada uno de los
componentes enumerados en él, esforzándome por mantener un
tono sencillo y desprovisto de palabras místicas. En cuestión de unas
semanas, el manual estará en manos de los usuarios.

¿Qué aspecto tiene el éxito?

Imagina que compras una computadora por varios miles de dólares
y que solo puede hacer una única tarea. Con independencia de lo
que hagas, siempre aparece un círculo rojo en la pantalla. Eso no sería
exactamente una computadora, ¿verdad? Las máquinas complejas no
se limitan a ofrecer resultados estandarizados. Son maleables, flexibles. El resultado que generan depende del input que introducimos
en ellas y del proceso ejecutado. Son herramientas que se someten a
nuestras instrucciones para ofrecernos los resultados deseados.

Tu cerebro puede producir cualquier cosa en la que pongas tu mente. Te puede ayudar a resolver ecuaciones, a flirtear con alguien que te gusta, a cocinar tu plato favorito, a ganar mucho dinero, a perderlo todo en el juego, a sentirte miserable o a sonarte la nariz. Quizá el paso más decisivo para asegurarte de que tu cerebro produce resultados valiosos consiste en saber qué quieres que haga exactamente.

Quienes consiguen dominar el uso de su cerebro, y lo utilizan de forma eficiente, producen el máximo rendimiento que cualquier cerebro puede alcanzar. Todo se resume en tres resultados. Son conscientes de su propia felicidad individual, logran una cuota razonable de éxito (en función de cómo lo definan) y viven con la compasión necesaria para influir positivamente en la vida de los demás.

Todo mi trabajo —mis libros, mi pódcast (Slo Mo), la app de la felicidad (Appii), toda la formación que he impartido y todas mis conferencias— tienen como objetivo ayudarte a alcanzar estas tres metas. Este libro no es una excepción. A medida que nos sumerjamos en el funcionamiento interno de nuestro cerebro, intentaremos brindarte felicidad sin olvidar tu éxito individual y el impacto positivo que puedes causar en el mundo. Espero que pienses que todo esto merece tu tiempo.

Ahora me pondré la bata de trabajo y buscaré la caja de herramientas para empezar a deconstruir la máquina. Me llevará unos minutos. Mientras me dedico a ello, te sugiero que realices el siguiente ejercicio. Tómate tu tiempo para acabarlo, yo te esperaré en el próximo capítulo.

¿Cuáles son las fuentes de información en las que confías como input para dar forma a tu proceso de pensamiento?

Cada fragmento de información que llega a tu cerebro te conduce a un conjunto diferente de pensamientos. Con el tiempo, estos pensamientos te convierten en la persona que eres. Te moldean de tal manera que prestar atención a lo que los desencadena podría ser lo más importante que hayas hecho nunca.

EJERCICIO DE CONSCIENCIA
LO QUE DESENCADENA TUS PENSAMIENTOS

Objetivo	Ser consciente de qué es lo que conforma tus pensamientos
Duración	5 minutos
Repetición	Repítelo al menos una vez a la semana si es necesario
Qué necesitarás	Un lugar tranquilo donde no te interrumpan Una libreta y una pluma

Busca un lugar tranquilo y tómate un momento para mirar atrás y preguntarte qué fuentes de información has permitido que accedan a tu mente. He aquí algunos ejemplos: Jacqueline, mi amiga de la escuela, me habló de su dieta. Lo que mi madre me enseñó sobre ética laboral ha influido en mi compromiso con el trabajo. Unos posts recientes de Instagram han afectado a mi autoestima. Las noticias me hacen sentir que nuestro mundo es peligroso.

Anota tantos como puedas.

Se trata de un ejercicio de consciencia. Por ahora no tendrás que hacer nada con la lista, pero esa consciencia será útil en el próximo capítulo, cuando analicemos los diferentes inputs que permitimos que accedan a nuestro cerebro.

Primera parte

Las causas neurales del sufrimiento

Para arreglar una máquina, lo primero que necesitas es saber qué es lo que se ha dañado. Para superar la infelicidad que tu cerebro experimenta, tienes que encontrar sus causas. Creo que las razones por las que nuestro cerebro nos hace infelices se pueden resumir en un simple modelo: 4-3-2-1.

4 inputs (erróneos) que distorsionan nuestra percepción de la realidad.

3 defensas (exageradas) que nos protegen pero nos hacen sufrir.

2 polaridades (opuestas) que impiden el equilibrio.

1 pensamiento (dañino) que provoca toda la infelicidad que hemos experimentado.

Repítelos con cierta frecuencia y acabarás por dominarlos, porque la práctica hace al infeliz cuando lo que practicas es, precisamente, tu propia infelicidad.

Capítulo dos

Basura entrante

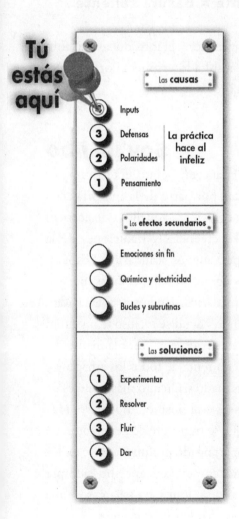

Se dice que somos lo que comemos. Me lo creo. Todo lo que introducimos en nuestra forma biológica nos moldea. El impacto será visible en la forma de nuestro cuerpo, a veces de manera inmediata y en otras ocasiones a largo plazo, por ejemplo, cuando tomamos muchas bebidas azucaradas.

También somos lo que pensamos. Todo lo que dejamos entrar en nuestra mente da forma a los pensamientos que producen acciones inmediatas, configura nuestra ideología, impregna los recuerdos que moldean nuestras creencias, construye las experiencias que definen nuestra actitud, nuestras decisiones y todo lo que conforma nuestra identidad.

Podemos poseer la mejor computadora del planeta y desarrollar el mejor de los programas para ejecutarlo en ella. Sin embargo, si nos sentamos delante de ella y utilizamos el teclado para introducir datos erróneos, ¿qué saldrá? Cálculos equivocados y, en consecuencia, un resultado fallido. En programación lo resumimos en esta célebre regla…

Basura entrante = basura saliente

No importa la capacidad de tu computadora. Si introduces la información errónea solo obtendrás un resultado erróneo. Por lo tanto, ¿con qué alimentamos nuestro cerebro?

Soy un *jibo*

¡Todos hemos pasado por eso!

En mi ciudad natal, en Egipto, el término *jibo* se suele utilizar, por parte de la minoría acomodada, para describir a aquellos que aceptan plenamente las creencias y tradiciones de la sociedad egipcia menos acaudalada. Los *jibos*, o «verdaderos egipcios», son personas maravillosas. Son amables, honorables, hospitalarios, generosos y divertidos. Si pasas un día en Egipto, te ofrecerán té y ayuda e incluso te invitarán a sus hogares a comer platos que ha cocinado con amor la madre del anfitrión, *set el habayeb*, que significa «la reina de todos los amados» y es como los egipcios se refieren a sus madres. Cuanto más te alejes de las grandes ciudades, más habitual será esta hermosa tradición. Hay un camino hacia la «egipcianidad» que se transmite de generación en generación. Nuestras tradiciones han arraigado profundamente en los verdaderos egipcios. En la sociedad egipcia, un anciano siempre constituye un ejemplo y transmitirá su sabiduría en palabras —una corriente interminable de palabras— a los *jibos* más jóvenes.

Al mundo de lengua árabe en el que me crie le encantan las palabras. Parte de nuestra cultura se erige en torno al uso de las palabras, y el árabe es una lengua compleja en muchos sentidos. En el árabe tradicional, cada palabra tiene muchos significados: *asad*, por ejemplo, puede referirse a una persona, a un león o a la valentía, entre muchos otros posibles sentidos. Además, para cada significado hay infinitas palabras: hay toda una página de Wikipedia para las palabras que significan «león». En ella aparecen unas quinientas palabras diferentes, desde la común *asad* hasta otras como *sabe'*, que también alude a un hombre muy bueno en la cama, y *kanafes*, que también es como se conoce a los Beatles. Es una manera divertida de usar el lenguaje, lo sé, pero ilustra la característica más importante de la composición de oraciones en el árabe: el contexto importa.

Esta increíble versatilidad permitió a los poetas del pasado ser activistas en regímenes muy opresivos. Utilizaban palabras para escribir poemas de alabanza al rey o al califa que, al ser interpretados bajo otra lente o en un contexto distinto, podían significar que el rey era un completo idiota. Sin duda el árabe es una lengua gloriosa que invita constantemente al oyente a analizar y debatir en un intento por determinar el contexto. Invita a la contemplación, en lugar de apresurarse a una conclusión, para descubrir el posible significado de todas las variantes de una determinada «configuración» de palabras. Con el tiempo, esto conduce a una profunda comprensión no de lo que se dijo, sino de lo que realmente se quería decir.

Los días de gloria de la lengua árabe tradicional ya habían desaparecido hacía tiempo cuando yo era pequeño. Por aquel entonces, esta lengua dotada de una fascinante complejidad solía interpretarse de forma literal y estaba perdiendo buena parte del rico contexto de su pasado. Esto también se aplicaba a los proverbios que constituían la espina dorsal del mecanismo a través del cual la cultura árabe transmitía su sabiduría de generación en generación.

Siendo joven, me sentía bombardeado por refranes que parecían sabios pero a menudo eran engañosos e incluso nocivos para la cultura y el progreso de mi nación cuando se malinterpretaban fuera de su contexto. *«Ala ad lehafak med reglaik»* era un proverbio surgido en épocas de hambruna, que básicamente significa «Estira las piernas solo hasta donde te cubra la cobija». En el contexto de una hambruna, este proverbio fomenta el ingenio, pero cuando ese contexto cae en el olvido empieza a apuntar a la resignación: no pretendas mejorar tu situación. Limítate a aceptar lo que se te ha dado (una cobija corta) y aprende a vivir con ello. ¡Algo que podemos interpretar como complacencia!

«Men sab admio tah» es otro proverbio que significa «Si dejas atrás tu pasado, perderás tu camino». Una vez más, es una noble llamada a aprender del pasado y a estar orgulloso de tus raíces, pero de algún modo el mundo árabe tiende a entenderlo como una apelación a rechazar el progreso y aferrarse a la tradición.

Crecí oyendo estas palabras repetidas por los ancianos y en canciones en el radio. Se presentaban como fuentes de sabiduría. Algunas de ellas me confundían, y al cumplir los veinte años decidí dejarlas de lado, pero siguieron viviendo dentro de mí, como una cuestión sin resolver. Con el paso de los años, a veces resurgían, no como una sabiduría indiscutible, pero sí como opciones viables o incluso ideas válidas que contaminaban mi pensamiento. Solo más tarde, cumplidos los cuarenta, decidí dedicar largos silencios a revisitar mis creencias. Examiné todos los proverbios, los dogmas religiosos, las creencias capitalistas y las tradiciones que había interiorizado en mi viaje. Intenté cultivar las buenas y librarme de la cizaña. Ese proceso, en una fase tan avanzada de mi vida, me convirtió en una mejor persona o, al menos, en alguien honesto, alguien que actúa a partir de sus propias reflexiones y a quien ahora respeto y con quien me gusta vivir. Plantéate invertir tú también un tiempo a reflexionar sobre tus creencias, porque…

¡Recuerda!

Tus pensamientos, si en realidad no son tuyos, deberían ser borrados.

Esta es una analogía que también vale para las computadoras, porque, pese a sus recursos aparentemente abundantes, también pueden padecer una degradación del rendimiento cuando se quedan sin espacio disponible. Seguro que recuerdas el momento en el que tu teléfono celular se hizo más lento o se negó a tomar más fotos, por ejemplo. Esto sucede cuando hay información inútil o sin utilizar almacenada en la memoria. Estos archivos se acumulan y ocupan capacidad de memoria de forma innecesaria. Todo programador inteligente te dirá que, para asegurar un rendimiento óptimo, tienes que limpiar. Cuando almacenas en la memoria algo que necesitas para un proceso específico, tienes que borrarlo en cuanto has acabado. Si no lo haces, la memoria de tu computadora se llenará pronto y el aparato empezará a fallar. Incluso teníamos un nombre para el proceso de limpieza de los archivos que han quedado ahí por descuido. ¿Adivinas cuál era? Recoger la basura.

¿Has sacado la basura recientemente? ¿Te has concedido el tiempo para reflexionar sobre la validez de aquello en lo que crees? ¿Has limpiado los conceptos inútiles o perjudiciales de tu propio sistema de memoria?

Si no lo has hecho, no estás solo. La idiocracia define a las naciones en todo el mundo. La propaganda se percibe como conocimiento. No importa de dónde vengan estos conceptos, ya sea de tradiciones obsoletas, de los planes secretos de los medios de comunicación de masas o de tu familia o amigos. Lo importante es erradicarlos. En cuanto creemos algo, empieza a moldearnos, y si dejamos entrar la basura, nuestros pensamientos y emociones resultantes serán, bueno… basura. Al final del último capítulo, te pedí que completaras el ejercicio de consciencia «Lo que desencadena tus pensamientos». Ahora sabes por qué era necesario. Era el primer intento de llevar la cuenta de parte de aquello que te hace ser lo que eres. Ahora es el momento de profundizar y comprender los diferentes tipos de basura que nos afectan. Los llamo…

Los detonantes de los pensamientos

Imagina que despiertas una mañana de domingo pensando en tus próximas vacaciones. Te sientes un poco cansado por el trabajo y, al contemplar la lluvia en el exterior, empiezas a pensar que necesitas un destino soleado. Ese pensamiento despierta un recuerdo de tus últimas vacaciones, y te entretienes en preguntarte cómo le irá a aquel amigo que hiciste. Entonces tu cerebro salta hacia el futuro. Siempre has querido visitar Egipto, piensas, y tus pensamientos se deslizan hacia las pirámides, el Valle de los Reyes y una relajante excursión de buceo a orillas del mar Rojo. Sin embargo, recuerdas que en las noticias dijeron que algunos destinos no son seguros. Así es como comienzas a plantearte irte de vacaciones a Memphis. Este ciclo de pensamiento se interrumpe cuando recibes el mensaje de una amiga en el que te dice que acaba de ver a tu exnovia de la mano de otra persona. Abandonas el pensamiento sobre las vacaciones y te centras en todo lo que fue mal en esa relación.

Dejamos que muchas cosas lleguen a nuestros pensamientos. Si me pusiera a enumerarlas, necesitaría muchas páginas. Para simplificar, tiendo a agruparlas en cinco categorías: observación, condicionamiento, pensamientos reciclados, emociones atrapadas y detonantes ocultos. Solo una de las cinco se acerca a la verdad. Las otras cuatro nos confunden.

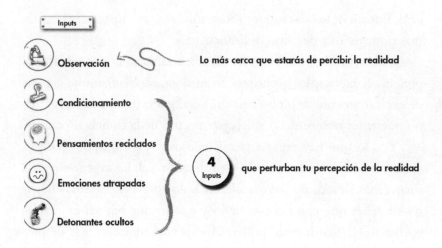

Ahora me ves

El primero de los cinco detonantes —la **observación sensorial**— es, teóricamente, la única fuente de información que deberíamos dejar entrar en nuestra mente con un moderado nivel de confianza en su validez.

El misticismo islámico habla de tres niveles del saber: conocimiento, observación y experiencia.

Si te digo que hay un tarro de miel en la cocina, obtendrás *conocimiento*. Ese conocimiento *parece* verdadero, pero ¿podemos darlo por sentado? ¿Y si mi información es obsoleta? ¿Y si el tarro de miel que vi en la mañana fue retirado desde entonces? ¿Qué ocurre si estoy mintiendo? Tendrás más confianza en ese conocimiento si vas a la cocina y lo compruebas por ti mismo, ¿verdad? La observación es una forma de conocimiento más segura que el mero «conocimiento». Es el resultado final, un nivel de saber en el que puedes basarte para tomar decisiones. Por lo tanto, suele ser prudente poner en duda lo que nos dicen a menos que podamos comprobarlo nosotros mismos. Una forma de vida que queda resumida en un axioma árabe que podemos traducir así: «Si te cuentan algo, verifícalo. Entonces tus decisiones serán sólidas y así no te arrepentirás más tarde de una decisión desinformada».

La observación es la base de toda ciencia. Cuando los científicos pretenden explicar los hechos recurren al *método científico*, que depende exclusivamente de la observación. Cualquiera de ellos te lo dirá: «Si no puede ser observado, desde la perspectiva de la ciencia no existe».

¿Y si lo que hay en el tarro parece miel pero es, por ejemplo, caramelo? Sería mejor abrirlo y probar la miel. La *experiencia* es la forma más elevada de conocimiento. Solo con la experiencia llegamos a saber que el tarro está lleno y que lo que hay en él es realmente miel. No siempre podemos experimentar las cosas de primera mano, y en ese caso es correcto aceptar la observación como forma de saber.

¡Recuerda!

Lo que observamos con nuestros propios sentidos es lo más cercano a la verdad de la realidad física.

Dar por hecho que algo que nos dicen es verdad puede llevarnos a error. Por desgracia, esto sucede con mucha frecuencia en el mundo moderno. Pregúntate hasta qué punto lo que permites entrar en tus ciclos de pensamiento no es realmente observación sensorial. ¿En qué grado se trata de chismes, rumores, *fake news* o simples conjeturas de alguien que no está calificado para evaluar la validez de lo que dice? Hay incontables fuentes de información inverificable. Es casi imposible llevar la cuenta de todas y, lamentablemente, las usamos como fuente principal de conocimiento y luego creemos que sabemos algo. La palabra *ignorancia* se define como la falta de conocimiento o información. En árabe, ignorancia —*al jahl*— consiste en saber algo que no es verdad. Ese tipo de ignorancia, por desgracia, se ha convertido en el estado del mundo.

¡Recuerda!

Creemos que sabemos, pero muchas veces lo que sabemos no es cierto.

El *falso conocimiento* es la primera de las causas neurales del sufrimiento. En el mundo moderno se desencadena por lo que llamo los…

Cuatro inputs

Cuando mezclamos nuestras propias percepciones con lo que nos presenta nuestra irracionalidad o lo que nos ofrecen los demás, podemos perder el contacto con la realidad. Perderse en el falso conocimiento nos hace sentir que las cosas no cuadran. Hay algo que no va bien. Nos angustiamos y buscamos pistas que confirmen nuestras cuitas. Las buscamos y las encontramos en el infinito revuelo del falso conocimiento. Nos angustiamos más y entonces se instala una profunda infelicidad. En ese momento tal vez nada vaya mal en nuestra vida, pero nuestro falso conocimiento nos convence de que el mundo está a punto de acabar. ¿Alguna vez has estado ahí?

Más allá de la observación sensorial, nuestro cerebro crea pensamientos a partir de otros cuatro tipos de input. Repasemos rápidamente los tres primeros, que son bastante obvios: el condicionamiento, los pensamientos reciclados y las emociones atrapadas. A continuación, dedicaremos más espacio al cuarto —los detonantes ocultos—, que realmente es la raíz de gran parte del mal.

Lo curioso es que los primeros tres inputs negativos proceden de nosotros mismos. Influyen en nuestra percepción del mundo y en cómo reaccionamos a él, pero en realidad no es el mundo el que nos confunde, sino el bagaje interno que arrastramos con nosotros a lo largo de los años.

El **condicionamiento** es la suma de todas las creencias y traumas que desarrollamos o encontramos a lo largo de la vida. Tu condicionamiento afecta al flujo de tus pensamientos, a la forma en que tomas tus decisiones y, en un nivel más profundo, a tu percepción del mundo.

En cuanto el condicionamiento se ha instalado, a veces nos influye más que las circunstancias externas. Si por ejemplo crees que todos los hombres y mujeres engañan, estás condenado a sospechar que tu pareja o tu cita te están engañando, aunque su naturaleza sea honesta y leal. Podemos tener la verdad delante de las narices, pero no somos capaces de percibirla porque la contemplamos a través de la lente de una percepción condicionada. Así pues, tu historia vital no será la secuencia de acontecimientos que has experimentado, sino más bien una serie de historias producidas por tu cerebro como consecuencia de tu condicionamiento pasado.

Esas historias rara vez son ciertas, pues la naturaleza del condicionamiento es tal que...

¡Recuerda!

El condicionamiento suele crearse en un contexto muy diferente al contexto en el que se aplica.

En una ocasión, cuando trabajaba en Google, un director nacional de mi organización era un inmigrante que tuvo unos inicios difíciles y que había tenido que huir de la guerra en su país. En cierto punto de nuestra colaboración, solicitó una residencia permanente en Canadá, envió allí a su mujer y a sus dos hijas y empezó una maestría en administración de empresas en la London Business School. Al mismo tiempo, y por desgracia, su padre, que residía en su país de origen, fue diagnosticado de cáncer. Para cumplir las exigencias de todos estos compromisos, tenía que pasar una semana al mes en Canadá, una semana en Londres, una semana junto a su padre, y solo podía dedicar una semana a sus tareas en el país en el que tenía responsabilidades. Su trabajo se resintió significativamente y tuvimos que hablarlo. Cuando le pregunté por qué se llevaba a sí mismo tan al límite, respondió: «Tú no lo entiendes, Mo. No se puede confiar en la vida. Necesito triunfar para asegurarme de que mi familia y yo estamos a salvo». Este era su condicionamiento. Había surgido en un contexto de guerra, pobreza y adversidades. Le respondí: «¿Triunfar? Eres director nacional de la compañía más puntera del mundo en tu país favorito de todo el planeta. ¿Exactamente cómo pretendes triunfar más aún?». Muchos considerarían ser director nacional de Google la cumbre del éxito y, sin embargo, debido al condicionamiento de su infancia, él aún no se sentía seguro. Creía estar aún en mitad de la tormenta.

¡Recuerda!

El condicionamiento es una lente poderosa que recrea falsamente lo que creemos que es la realidad.

Es habitual que esas falsas percepciones se utilicen como input en nuestros procesos de pensamiento. Nos apoyamos en ellas cuando ni siquiera son ciertas y sufrimos en consecuencia. La validez de nuestras creencias condicionadas debería ser investigada y corregida si queremos encontrar el camino hacia una vida más clara y feliz.

Tomemos, por ejemplo, el pensamiento «El éxito es más importante que la felicidad», una idea muy arraigada en muchos de nosotros, sobre todo en la juventud. Los padres se la enseñan a sus hijos y los profesores a sus estudiantes, como consejo sincero y genuino para ahorrarles las adversidades de la vida. Ese pensamiento influye enormemente en nuestras decisiones como adultos. Cuando se nos ofrece un potencial camino hacia el éxito pero que también puede conducir a la infelicidad, lo tomamos y sufrimos. Convertimos el éxito en prioridad y sacrificamos la felicidad. Algunos siguen en trabajos que les disgustan, otros viven en lugares que añaden estrés cada día en sus desplazamientos, y otros llegan a renunciar al amor y a la familia al priorizar sus carreras.

La semilla de ese pensamiento eclosiona y crece hasta convertirse en una red de pensamientos que puede llegar a apoderarse por completo de nuestra vida adulta. Si el éxito es más importante que la felicidad, entonces, lógicamente, está bien renunciar a la felicidad, porque la infelicidad es el impuesto que hay que pagar por el éxito futuro. Esto conduce al pensamiento: «Está bien ser infeliz». Esto nos lleva a la idea de que priorizar la felicidad implica una falta de compromiso. Nos convence de que el éxito se mide por las posesiones materiales y los logros de los que podamos alardear, y a quienes no los acumulan se les considera un fracaso. Se trata de pensamientos muy arraigados y reciclados que se construyen a partir de un antiguo consejo que carece de fundamentos verdaderos.

Decenas, si no cientos, de esos pensamientos pueden derivar de un solo pensamiento inicial e infectar nuestra lógica y nuestra conducta de todas las maneras posibles. Aunque pueda parecer que nos desviamos, creo que este tema es tan importante que vale la pena una breve pausa para hacer dos rápidos ejercicios: uno específicamente centrado en el tema de la felicidad en contraposición al éxito y el otro en tus pensamientos y creencias en general.

¿Es el éxito (y todas las demás cosas a las que otorgamos prioridad) realmente más importante que la felicidad? Si te ofrecieran todo el éxito que es posible alcanzar pero eso te hiciera desgraciado, ¿aceptarías?

La respuesta lógica es no aceptar esa oferta, pero somos muchos los que vivimos así la mayor parte de nuestra vida. Es una locura. Tenemos que examinar los pensamientos que han arrojado la felicidad a un segundo plano y cuestionar su validez.

EJERCICIO DE CONSCIENCIA
GRATIFICACIÓN APLAZADA

Objetivo	Repasa tus creencias sobre la felicidad y el éxito
Duración	30 minutos
Repetición	Si disfrutas de la conversación, repítela cuantas veces desees
Lo que necesitarás	Un grupo de amigos o familiares receptivos y una mente abierta

Por favor, comparte treinta minutos de tu tiempo con un grupo de amigos o un familiar, en persona u online, para hablar de lo siguiente:

Desde tu experiencia personal, expón algunos ejemplos de condiciones autoimpuestas que suenen como la frase: «Disfrutaré más de mi vida cuando suceda tal cosa o tal otra».

Por ejemplo:

- He decidido trabajar duro los próximos cinco años para reducir la hipoteca antes de cambiar a un trabajo que disfrute más.
- Cuando mis hijos vayan a la universidad, me mudaré a un lugar soleado.
- ¿Cómo puedo sonreír cuando el actual presidente está arruinando el país?
- Cuando alcance el objetivo que me propuse, encontraré la felicidad.

Cada miembro del grupo debería compartir al menos cinco ejemplos. Dejen que las ideas fluyan todo el tiempo posible. No se juzguen, no se corrijan, no sugieran soluciones o arreglos. Escribe tus ejemplos clave aquí:

1. Seré feliz cuando haga esto: ....
    ....
2. Seré feliz cuando tenga esto: ....
    ....
3. Seré feliz cuando logre esto: ....
    ....
4. Seré feliz cuando me pase esto: ....
    ....

Cuando acaben la tormenta de ideas, elijan un ejemplo y debátanlo de manera detallada.

¿Por qué se sienten así? ¿Por qué creen que lo que están esperando es más importante que vivir plenamente el momento presente? Debatan lo que ganarían y lo que perderían a corto y largo plazo como resultado de su decisión.

Por último, pidan al grupo que les ayude a comprobar si aquello que está retrasando su felicidad es el único camino posible para alcanzar sus objetivos. Pregúntense si hay otros caminos, más sencillos, para llegar adonde quieren estar, aunque sea un poco más tarde, sin tener que pagar el boleto de su infelicidad. Cierren los ojos e intenten imaginar cómo podría ser la vida si convirtieran la felicidad en una prioridad y además lograran encontrar el camino hacia un nivel de éxito más razonable. ¿No sería esa una mejor forma de vivir? Entonces, ¿no deberían abandonar esa vieja creencia?

Si eres de mente abierta, te darás cuenta de que tendrás que abandonarla, de que la felicidad debería ser el camino más esencial a lo largo de la vida. Que el condicionamiento, que a veces impregna toda nuestra vida, es un error. Puedes hacer el mismo ejercicio con otros muchos conceptos ampliamente aceptados en las sociedades occidentales de hoy. No digo que no sean válidos, tan solo te pido que los examines. En primer lugar, pregunta al grupo cómo aplican esos conceptos a su propia vida. Plantea entonces si esa forma de vida funciona y si tal vez hay otra posible. A continuación, imagina una manera diferente de vivir. Aquí te propongo otros conceptos modernos y profundamente arraigados que considero falsos para que los sometas a examen:

5. Las posesiones materiales son la medida más exacta del éxito.
6. La infelicidad es un boleto aceptable que hemos de pagar por el éxito.
7. La forma de tu cuerpo importa.
8. La opinión de otras personas indica nuestro verdadero valor.
9. Tenemos que encajar.
10. Fíngelo hasta que sepas hacerlo.
11. Mostrar vulnerabilidad es de débiles.
12. La diversión es un sustituto adecuado de la felicidad verdadera.
13. Vivimos en una democracia. La democracia es la mejor forma de gobierno.
14. Ver las noticias permite a los ciudadanos influir en la sociedad y el gobierno para mejorarlos.

Y la lista sigue. Siéntete libre para ampliarla e incluir todo lo que te importa y las creencias que te definen. Cuando termines, suelta la pluma y prepárate para un momento de verdad al abordar el siguiente ejercicio.

Si algunos de tus pensamientos y creencias te limitan, deberías hacer algo al respecto. ¡Ahora! No mañana, no la semana que viene. Una mala hierba sin arrancar acaba apoderándose de todo el jardín.

EJERCICIO PRÁCTICO
HAZ LO CORRECTO

Objetivo	Quitar la maleza del jardín de tus pensamientos
Duración	Sesiones de 15 minutos
Repetición	Repítelo durante el resto de tu vida
Lo que necesitarás	Un lugar tranquilo donde nada te interrumpa y la determinación de hacer las cosas bien

En primer lugar, repasa los ejemplos reunidos en el último ejercicio sobre tus prioridades y objetivos en la vida, y plantéate hasta qué punto el hecho de perseguirlos hace que te extravíes en la vida, que retrases el momento de disfrutar el presente o que aceptes ilusiones que te causan dolor. Reflexiona sobre un ejemplo cada vez y repite el ejercicio una vez a la semana durante el tiempo que lo necesites. Todo nuestro ser ha sido moldeado por nuestro sistema de creencias. Te sorprendería saber la frecuencia con la que quito la maleza de mi sistema de creencias, incluso a día de hoy, diez años después de empezar esta práctica.

Para eliminar una creencia, primero necesitas una cubetada de realidad formado por tres preguntas:

Pregunta 1: ¿Aceptar una determinada creencia condicionada juega a tu favor o en tu contra? ¿Te impide alcanzar tu objetivo en lugar de llegar hasta él? ¿Te conduce a un objetivo diferente que en realidad no deseas? Un ejemplo fundamental de todo esto, del que he sido testigo en innumerables ocasiones a lo largo de mi carrera, es el número de personas que se aferran a un trabajo que detestan porque creen que las llevará a algo mejor. A menudo terminan dejándolo (o les invitan a hacerlo) antes de alcanzar su objetivo, y eso se debe a su infelicidad creciente.

Pregunta 2: Si te ofreciera la oportunidad de alcanzar tu objetivo, esa promesa que tu creencia condicionada te pone delante de las narices, pero sabiendo que acabarías sintiéndote infeliz por ello, ¿aceptarías mi oferta? ¿Y si te ofreciera un estado de felicidad garantizada si abandonaras (o modificaras ligeramente) ese objetivo? ¿Lo aceptarías? Piensa en ello.

Pregunta 3:¿Se te ocurre algún objetivo distinto y mejor? ¿U otro camino para llegar hasta él que te permita ser feliz? Si es así, ¿para qué vas a hacer otra cosa?

En cuanto alcances la lucidez con relación a lo que realmente te importa y surjan rutas alternativas para llegar hasta allí, comprométete a dar los pasos necesarios para efectuar el cambio.

Pregúntate: «Si mi verdadera prioridad fuera la felicidad, ¿qué haría de otro modo?». Procura ser específico.

Enumera los pasos viables que necesitas dar para incluir formalmente la felicidad en tu camino. Luego, atente a tu plan. ¡Haz lo correcto!

El condicionamiento se detecta en nuestros actos y pensamientos si examinamos nuestras creencias con atención. No es fácil de vislumbrar, pero es posible. Sin embargo, el siguiente input en nuestros pensamientos es el más difícil de descubrir:

Los **antiguos pensamientos reciclados** y las **emociones atra-padas** suelen mezclarse con nuestros procesos mentales hasta el punto de que resulta complicado distinguirlos. Ocurren dentro de cada uno de nosotros y, con un poco de reflexión, seremos capaces de encontrarlos en nuestro interior.

Empecemos con los pensamientos reciclados. La diferencia entre estos pensamientos y el condicionamiento reside en que los generamos nosotros mismos. No surgen como consecuencia de consejos o acontecimientos exteriores. Por el contrario, derivan de pensamientos que no hemos cuestionado y en cuya verdad acabamos creyendo. Estoy seguro de que podrás recordar fácilmente una ocasión en la que un único pensamiento —«Mi pareja ya no me quiere», por ejemplo— desencadenó otros cincuenta, como por ejemplo: «Es porque soy feo», «Me va a dejar», «Odio ligar», «Nunca volveré a encontrar el amor», «Voy a vivir y a morir en soledad». Ninguno de esos pensamientos ha ocurrido. Tu cerebro los ofreció como nuevo input, aunque inválido. Este tipo de pensamientos también comparte otra característica interesante: vuelven a emerger una y otra vez. Si una expareja te puso los cuernos, verás a tu nueva pareja como una candidata perfecta a hacer lo mismo. El antiguo pensamiento se recicla. El original pudo haber tenido como detonante un acontecimiento real, pero el pensamiento reciclado es activado exclusivamente por nuestro cerebro, que primero lo crea y luego busca una justificación para demostrarlo. Que antiguos pensamientos resurjan y desencadenen toda una secuencia de otros pensamientos es algo muy habitual para muchos de nosotros. No siempre somos conscientes de este ciclo, porque, a veces, nuestros viejos pensamientos son sutiles. Se metamorfosean y se ocultan en el fondo de nuestro subconsciente. «No soy lo bastante bueno.» «No merezco que me quieran.» «La vida es dura.» «No tengo suerte.» «Todo el mundo miente y engaña.» Pensamientos que se presentan como hechos indiscutibles o como «conocimiento» socialmente aceptable y que te engañan para que los aceptes y no los cuestiones mientras te destrozan la vida poco a poco.

Las **emociones atrapadas** también desencadenan pensamientos casi todo el tiempo. Si un día despertamos presas de la irritación, nuestros pensamientos están condenados a ser negativos. «Todo está en mi contra, nadie me comprende» o «Son todos unos idiotas» son el tipo de pensamientos que sin duda dominarán tu día. Alguien podría acercarse y decirte: «¡Buenos días!», y tú decirle: «¡No me des los buenos días! ¡No estoy para esas cosas!».

¿No es curioso que la vida siempre parezca maravillosa cuando estamos enamorados? Incluso el viaje al trabajo nos parece una oportunidad para pensar en el ser amado y escribir en el pequeño teclado del teléfono celular ya no nos resulta un fastidio. Nuestras emociones dan forma a nuestros pensamientos de una manera muy significativa, y sin embargo parece que separamos la emoción del pensamiento. En gran medida esto obedece a que en el mundo moderno estamos muy desconectados de nuestras emociones. En un mundo en el que importa la fiabilidad, la previsibilidad y el rendimiento, aprendemos a priorizar nuestros pensamientos y acciones mientras ignoramos lo emocional. Al atrapar las emociones negativas, estas se hunden en lo más profundo de nuestra psique y envenenan nuestros pensamientos. Identificar y aceptar nuestras emociones cuesta mucho trabajo, así que por ahora vamos a dejarlas a un lado. Las estudiaremos en detalle en un capítulo posterior. Por ahora, tomemos nota mentalmente de que, aunque las emociones derivan del pensamiento (soy consciente de que tal vez no estés de acuerdo con esta afirmación), también producen pensamientos que a su vez generan emociones en un interminable círculo vicioso.

Una mezcla letal de condicionamiento profundo, pensamientos reciclados y emociones atrapadas suele dar forma a nuestro sistema de creencias. Y nuestro sistema de creencias dicta nuestro estado de felicidad y nuestra forma de vivir. Está tan profundamente arraigado en nosotros que a veces es difícil de detectar, aunque continúa impregnando, con sus inputs, todo lo que sentimos y hacemos.

Nunca podré insistir lo suficiente en la importancia de comprobar la validez de las fuentes de información que dejamos acceder a nuestra mente. Con nuestra dieta, nunca se nos ocurriría comer algo sabiendo que está en mal estado o contaminado por un patógeno. Ni siquiera le daríamos un bocado, ¿verdad? De modo similar, un pensamiento malo se convierte en el parásito que DiCaprio describió al inicio de la película *Origen*. Una buena regla con la que regir nuestra vida es…

¡Muy importante!

Nunca permitas que una información inválida y negativa llegue a tu cerebro.

¿Cómo puedes hacerlo? **Cuestiónalo todo.** No solo todo lo que te cuentan, sino también todo lo que tú te cuentas a ti mismo.

En una ocasión impartí una clase a un pequeño grupo de ejecutivos muy influyentes procedentes de Bélgica y, como es habitual en la cultura del norte de Europa, la clase se convirtió en un debate interminable. Casi desde el primer momento, alguien cuestionaba lo que yo decía, y a continuación los demás cuestionaban el cuestionamiento de esa persona. Era bastante obvio que no había un desacuerdo real, sino la necesidad de ser escuchados. A las cuatro horas de formación, aún estaba en la tercera frase de la primera diapositiva, y no tenía ningún problema, porque sabía que había una lección más importante que aprender. Por último, les pregunté por qué todos debatían constantemente, por cualquier cosa, y la respuesta fue inequívoca: porque al debatir nos acercamos a la verdad. Y al ser yo mismo un adicto a la verdad, elogié esa conducta y dije: «Sí, los invito a cuestionarlo todo». Pero también pregunté:

¡Recuerda!

¿Alguna vez has cuestionado lo que te dice tu cerebro?

Antes de oponerte a algo que contradice tu propio conocimiento o tus creencias, tómate un momento para cuestionar si lo que sabes es verdad, si podría haber otras perspectivas igualmente verídicas y si tus pensamientos son de veras tuyos, y no aquellos que han implantado tus padres, maestros, amigos o figuras públicas y líderes de opinión.

Solemos olvidar que aquello que da forma a nuestras creencias no siempre tiene por qué ser válido y, **mientras que cuestionamos lo que todo el mundo cree, no recordamos que los equivocados bien podríamos ser nosotros y no ellos**. Olvidamos que, con el tiempo, a través de nuestra exposición al mundo y después de años reciclando nuestros pensamientos y encerrando nuestras emociones, es posible que hayamos llegado al lugar incorrecto. Olvidamos que nosotros podemos ser nuestro peor enemigo, la fuente de muchas ilusiones difusas que nos llevan por mal camino. Nuestras creencias son el resultado de un millón de pequeños inputs. Es casi imposible remontarnos a su origen. Solo podemos verificarlos si examinamos la validez del resultado final: los pensamientos que ahora habitan nuestro cerebro.

En mi propia práctica diaria de examen interior —la práctica «Haz lo correcto»— observo la interminable actividad de mi máquina generadora de pensamientos. Nunca deja de sorprenderme lo que llego a encontrar. De vez en cuando me detengo completamente asombrado. «¿De dónde viene eso?», me pregunto. «¿Cómo pude creerme algo así?» A veces me río en voz alta y otras ocasiones lloro de asombro ante el hecho de que la más ínfima semilla de pensamiento, condicionamiento o emoción, plantada en mi infancia, ha podido definir, por sí sola, décadas de mi vida. Cuando encuentro estos pensamientos, cambio de rumbo y hago lo correcto. Practico esto casi cada día.

¡Recuerda!

Mira en tu interior y cuestiónatelo todo. ¡Es el mayor espectáculo del mundo!

Lo cual me lleva a la raíz de todo mal, el otro espectáculo que actúa como fuente de millones de inputs, aquel sobre el que puedes actuar inmediatamente para frenar la creación de los otros tres. Te presento…

Los detonantes ocultos

Antes de las herramientas modernas de desarrollo de código, la escritura de programas informáticos se realizaba introduciendo miles de líneas de código en un compilador. Al ser humanos, era casi inevitable cometer errores de vez en cuando. Si no se detectaban, esos errores provocaban resultados desastrosos. Los errores más difíciles de detectar tenían lugar cuando el programa compilaba (es decir, cuando no había errores en la sintaxis de los comandos escritos), por lo que el programa funcionaba pero utilizaba inputs erróneos para realizar sus cálculos. Una constante introducida por error en tu algoritmo, una ecuación en la que utilizaste la x en lugar de la y, o un registro en el almacenamiento de memoria que no limpiaste como Dios manda antes de empezar a usarlo. Era difícil lidiar con ellos porque producían resultados aleatorios erróneos. Sabías que las respuestas estaban mal, pero era complicado encontrar la causa de los errores. Lo mismo ocurre con los seres humanos. Podemos utilizar una lógica sólida para analizar el mundo que nos rodea pero producir resultados erróneos porque hemos dejado pasar información falsa sin darnos cuenta. Cuando esto sucede, tomamos decisiones equivocadas sin conocer las causas de nuestros errores.

Es más fácil solucionar un problema cuando podemos definir con exactitud lo que lo ha provocado. Las cosas se complican cuando los detonantes son sutiles y se complica aún más cuando fluyen en abundancia, uno tras otro. Así es como la información llega constantemente a nuestro cerebro. Cada opinión, imagen, artículo o video, por sí solo, puede no representar gran cosa, pero si los sumamos, uno tras otro, día tras día, tendremos un problema. Tus pensamientos dejarán de ser tuyos. Te convertirás en otro altavoz que repite lo que oye sin siquiera ser consciente del origen de sus pensamientos. A este constante goteo de información falsa en la vida moderna le doy el nombre de **detonantes ocultos**. Un pensamiento se define como detonante oculto cuando te transmite información falsa mientras intenta hacerte creer que es cierta sin que te des cuenta.

En la cima de estos detonantes están los **medios de comunicación**: canales de noticias, redes sociales, reality shows e internet. Luego está la industria del cine, que crea ficciones que se convierten en parte de nuestra percepción de la realidad. Todo ello apoyado por celebridades que tienen decenas de millones de seguidores que se creen todo lo que dicen. También están tus amigos, tus padres, aquellos a quienes consideras tus maestros, e incluso los libros, incluido este, que te dicen cosas que suenan verdaderas. La lista continúa, y lo aceptamos todo.

¿No crees que deberías parar un poco para examinar debidamente la credibilidad de estas fuentes antes de aceptarlas como guía? ¿Imaginas el tipo de poder que les concedes sobre tus pensamientos, creencias, opiniones y, por lo tanto, sobre tus actos? Párate a pensar en ello un minuto antes de seguir leyendo. ¿Cuántas influencias dejas entrar en tu mente sin cuestionar su fiabilidad?

Créeme, no soy un amargado. Me encantan todos los avances que nos ofrece el mundo moderno, pero no nos confundamos: si creemos ciegamente en todo lo que vemos, leemos o escuchamos, nuestras oportunidades de descubrir la verdad y, por lo tanto, nuestra felicidad, caerán en picada hasta llegar a cero. Cuando eso sucede, quienes nos transmiten miedo, conspiraciones, ideologías y consignas no asumirán la culpa. Lo cierto es que no podemos culpar a nadie de nuestra infelicidad salvo a nosotros mismos. La responsabilidad de distinguir lo bueno de lo malo, la verdad de las infinitas farsas y mentiras, reside fundamentalmente en nosotros.

Ya lo ves, es improbable que nuestro mundo capitalista se despierte mañana y admita que está mal retorcer la verdad por codicia. Cuando nos levantemos mañana, afrontaremos otro día de mentiras absolutas. Los anunciantes seguirán deslumbrándonos con cosas que no necesitamos, haciendo promesas que no pretenden cumplir. Las cadenas de noticias continuarán transmitiendo una perspectiva sesgada e hipernegativa de los acontecimientos, lo cual despertará nuestro miedo y nos mantendrá pegados a la pantalla. Incluso tus amigos, pese a sus buenas intenciones, intentarán atraerte a su sistema de creencias y te contarán apasionadamente lo que opinan cada día. Hollywood seguirá produciendo sexo, horror y violencia con la esperanza de que dejes tu dinero en la taquilla, y los líderes políticos, empresariales e intelectuales seguirán pronunciando discursos inspiradores para convencerte de que apoyes su éxito y su carrera. ¿Quién podría culparlos? **Mientras sigas comprando sus productos, ¿por qué iban a cambiar?**

Permíteme ser contundente aquí, solo hay una forma de que nuestro mundo cambie (como dijo Ghandi):

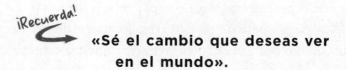

¡Recuerda!

«Sé el cambio que deseas ver en el mundo».

Cada día, cientos de millones de televisiones en el refugio de nuestro hogar nos mostrarán a alguien apuntando con una pistola a la cabeza de otra persona y apretando el gatillo. Nuestros corazones ni se inmutan. Esto no corresponde a nuestra naturaleza humana. Deberíamos sentir compasión por la pérdida de una vida o el sufrimiento ajeno. Aceptarlo como una escena más en una película equivale a reducir nuestra capacidad para conectar con las cualidades innatas que nos hacen humanos. Aceptar esas atrocidades como la norma es lo que se conoce como...

Hipernormalización de la realidad

A pesar de su brillantez, nuestro cerebro tiene unas capacidades de computación limitadas. Para que su rendimiento sea eficaz tiende a excluir aquello que no considera necesario para su función. Esto sucede de muchas formas. Concentrarnos en el tráfico y en los semáforos al cruzar una carretera mientras ignoramos el resto del entorno, por ejemplo, permite a nuestro cerebro dedicar todos sus recursos a lo más importante: nuestra seguridad. Este tipo de filtro es bueno para nosotros. Sin embargo, este mismo acto deliberado de preservar sus recursos se nos puede volver en contra. Esto ocurre cuando hipernormalizamos la realidad. Nuestro cerebro ha sido creado, fundamentalmente, para garantizar nuestra seguridad. Está diseñado para registrar las anomalías en los patrones vitales y reaccionar a los peligros si es necesario. Se supone que nuestro cerebro debe estremecerse en respuesta a la violencia y el horror. Sin embargo, lo sumergimos reiteradamente en esas experiencias, ya sea con películas o a través de las noticias, y empieza a pensar que esos actos son normales. Por lo tanto, en un intento por preservar sus recursos, nuestro cerebro ignora la violencia, las mentiras, el sufrimiento de los demás, y considera que todo ello forma parte de la nueva realidad. Esta es la razón por la que podemos pasar junto a una persona sin hogar que padece los rigores del frío de febrero, ignorar su presencia y seguir adelante. Es un error. Lo contrario también sucede. Nuestro cerebro está programado para experimentar asombro y admiración. Está programado para deleitarse en la belleza y conmoverse ante la visión de una persona atractiva. Si trabajas en un mariposario, el increíble milagro de estos seres se hipernormalizará a consecuencia del trabajo. Si pasamos mucho tiempo viendo pornografía, la visión de una persona normal y perfectamente sexy dejará de atraernos. En todo caso, nos volvemos insensibles y la vida se torna insípida. Perdemos el asombro, la admiración, la atención y la alegría porque un exceso de input anormal se hipernomaliza y se considera una realidad.

Mientras somos felizmente inconscientes, toneladas de inputs violentos, aterradores, excitantes o falsos reconfiguran por completo nuestro cerebro y alteran nuestra forma de percibir el mundo. Aceptamos esta perspectiva sintetizada de la vida y, poco a poco, se transforma en nuestra nueva normalidad. La integramos en nuestra toma de decisiones y la convertimos en parte de la vida cotidiana de todo el mundo, y luego nos preguntamos por qué hay tantos tiroteos en las escuelas y crímenes tan creativamente violentos. Nos preguntamos por qué las citas y encontrar a un compañero de por vida son tan difíciles y por qué a menudo la vida nos parece insípida y desprovista de emoción.

«¿Cómo hemos llegado a esto?», podrías preguntarte. Bueno, mi primera respuesta apunta a los medios de comunicación y a la industria del entretenimiento.

Terry Pratchett —autor de la serie *Mundodisco*— escribió este brillante párrafo, pronunciado por el ángel de la muerte, en la novela *Ladrón del tiempo*:

Algo había que reconocerles a los humanos. Tenían uno de los poderes más extraños del universo. Ninguna otra especie de ninguna parte del universo había inventado el aburrimiento. Tal vez fuera el aburrimiento, y no la inteligencia, lo que los había impulsado hacia arriba por la escala evolutiva [...] aquella extraña capacidad de contemplar el universo y pensar «Vaya, todo igual que ayer, qué aburrido. Me pregunto qué pasará si estrello esta roca contra esa cabeza». Y paralelamente había aparecido un poder asociado, el de convertir las cosas en normales. El mundo experimentaba cambios tremendos, y al cabo de pocos días los humanos ya lo consideraban todo normal [...] Se contaban a sí mismos pequeñas historias para dar una explicación a lo inexplicable, para hacer que las cosas fueran normales.[2]

El aburrimiento incita a las masas humanas a seguir las distracciones de los medios de comunicación y de la industria del entretenimiento del mismo modo que impulsa a quienes tienen el poder a jugar a la guerra, la política y los negocios. Por extraño que parezca, nuestra capacidad para hipernormalizar la realidad oculta las aristas y nos hace creer que todo está bien. Un goteo de ideologías, lento pero constante, desintegra lo que realmente significa ser humanos, y mientras tanto nosotros somos meros espectadores.

Nunca lo he visto de manera más nítida que en la celebrada película *Wonder Woman* de 2017. Al principio, un hombre atractivo llega a la costa de una isla que Wonder Woman protege y en la que es una princesa. Ella se apresura a defender la isla y se acerca al hombre solo para descubrir que a él lo persiguen otros. Le pregunta: «¿Por qué te persiguen?». Y él responde: «Son los malos». Con esa sola frase, da la impresión de que una nueva realidad ha sido creada para ella, porque, sin comprobar la validez de su afirmación, su ejército y ella proceden a matar a todas aquellas pobres almas. Cada uno de los que allí murieron con una gran habilidad en la calidad gráfica, ante mis ojos, en la enorme pantalla, era un ser humano con una historia, sueños, ambiciones y una familia que lo iba a extrañar. Sin embargo, para la mayor parte de los espectadores, no eran más que actores de reparto. Su muerte les parecía bien, solo porque un minuto antes alguien los había presentado como «los malos». Así de ingenuos nos hemos vuelto.

Y como somos tan fácilmente influenciables, enseguida la película nos muestra que «los malos» —en este caso, los alemanes— están construyendo un arma de destrucción masiva para hacer daño a millones de personas. Esto conmueve el generoso corazón de la heroína, Wonder Woman, que se apresura a salvar a «los buenos». ¡He aquí la hipernormalización de la realidad en grado supremo!

Por favor, no quiero que se me malinterprete. Los alemanes perpetraron terribles actos de inhumanidad durante las dos guerras mundiales. Sin duda la historia los recordará como a los malos. Pero, como la historia nos recuerda, en la Segunda Guerra Mundial el arma de destrucción masiva empleada para matar y destruir la vida de más de medio millón de civiles humildes e inocentes fue la bomba nuclear. No sé qué pensarás tú, pero en mi libro eso también computa como malo. En la guerra se producen horribles actos de inhumanidad en todos los bandos, todos son malos y ningún historiador ni ninguna película deberían hacernos creer en una realidad diferente. Si llegamos a aceptar que matar civiles está bien en una película, perdemos de vista la verdad. ¿Desde cuándo está bien matar a alguien? ¿Sea quien sea? ¿Desde cuándo el valor de la vida se ha reducido a nada? Desde que hemos hipernormalizado el asesinato en la pantalla como una nueva realidad aceptada. Esto tiene que cambiar.

Hace más de doce años dejé de ver películas violentas. Solo permito una violencia moderada en mi pantalla de televisión cuando cinco amigos de confianza —sí, cinco— me recomiendan encarecidamente una película que inspirará mi pensamiento y me enseñará algo o me ayudará a ser una mejor persona.

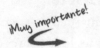

¡Muy importante!

Elijo detener la violencia.

Elijo eliminarla de mi vida, aunque su daño siga extendiéndose más allá de mi insignificante ser. Asumo la responsabilidad por la única parte del mundo por la que puedo rendir cuentas, mi pequeño universo, que empieza y a menudo acaba en esta persona: yo. Sin embargo, conviene no subestimar el impacto de los cambios que realizamos. Créeme. Cambiar a una persona puede cambiar el mundo entero.

DETÉN LA VIOLENCIA

onebillionhappy

Ayuda a los demás a ser felices alertándolos de los conceptos de hipernormalización de la realidad y los detonantes ocultos. Formen grupos de apoyo mutuo y aléjense de los medios de comunicación de masas que difunden violencia, horror, *fake news* y todos los venenos que han hipernormalizado nuestra realidad y han alejado progresivamente a nuestro mundo de lo que significa ser humanos.

Quizá si todos lo que leen estas líneas se unen a mí para evitar las películas violentas a menos que resulten útiles, los beneficios de taquilla de este tipo de películas se hundirán y Hollywood decidirá que ha llegado la hora de rodar más comedias.

Si dejamos de escuchar letras de canciones que reducen a la mujer a un mero objeto sexual, tal vez la música evolucione. Si dejamos de ver la representación de la sexualidad tal como aparece en la pornografía, si dejamos de escuchar y difundir *fake news*, tal vez nuestro mundo empiece a cambiar y, en el proceso, nuestra mente se verá despejada de toda la basura acumulada en ella.

Con los años, he dejado de hacer todo eso, lo cual me ha ayudado a encontrar la felicidad en la vida. **¿Lo harás tú?**

He limitado drásticamente el tiempo que dedico a consumir noticias durante una década. Busco en internet los titulares que me interesan, para estar al día, y a veces dejo de consumir noticias durante meses. Nunca he tenido la sensación de perderme nada. Rara vez miro las redes sociales. Apenas dedico unas pocas horas a la semana en todas las redes sociales, y solo porque mi responsabilidad como autor me exige responder a mis lectores, con notas de voz, y no texto, para conectar con mis seguidores de la forma más humana que permiten las redes. Casi nunca presto atención al contenido que me recomienda mecánicamente el motor de sugerencias, y solo sigo cuentas edificantes que publican contenido que enriquece mi vida. Elijo depurar mi existencia de todo ese veneno. Es lo más sabio.

No seas ingenuo. No te dejes arrastrar por las mentiras que el mundo moderno quiere hacerte creer. No formes parte de ello. Si quieres encontrar la felicidad, toma decisiones deliberadas, y cuando un detonante oculto pretenda atraparte en sus redes…

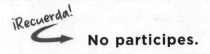

¡Recuerda!

No participes.

No estoy diciendo que abandones el mundo y vivas en la selva. Lo que quiero decir es que hay que tomar decisiones. Tienes que ser inteligente a la hora de diferenciar lo que funciona para ti de lo que se vuelve en tu contra. No sigas la falsa promesa de que estar al día aumenta tus probabilidades de cambiar el mundo, y tu propia vida, para mejor. ¿Cuándo fue la última vez que actuaste motivado por algo que viste en las noticias y eso marcó la diferencia? ¿Con qué frecuencia la exposición a toda esa negatividad supone un lastre y no ejerce impacto alguno? Toma una decisión y sé consciente de que no participar de un mal hábito no es abstinencia. Es sabiduría.

Rompe las ilusiones

Las cadenas de noticias emiten contenido para servir a una ideología o para obtener beneficio comercial. La violencia y el miedo nos mantienen pegados a la pantalla. Su objetivo no es informarte: pretenden beneficiarse de tu tiempo como espectador. No eres el cliente, eres el producto.

¿Alguna vez te has preguntado qué sucedería si no tuvieras acceso a las noticias durante unos días? ¿Cambiaría tu vida de forma significativa, salvo porque tal vez te sentirías mucho mejor? ¿Acaso el mundo dejaría de girar si te abstienes de comentar las noticias desde el sillón? ¿Te has preguntado por qué sigues siendo espectador cuando normalmente no hay nada que puedas hacer? Si un niño se cae a un pozo en algún lugar, ¿el hecho de verlo por televisión lo va a salvar? ¿O simplemente te sumergirá en el dolor? ¿Qué puedo decir? Es el síndrome de Estocolmo. Algunos de nosotros no podemos desprendernos de lo que nos tortura. ¡Algunos incluso se enamoran de sus torturadores! Espero que no seas uno o una de ellos. **No participes.**

Las celebridades son seres humanos como tú y como yo. (Si alguien parece humano y defeca como el resto de nosotros, entonces es humano.) Es algo que sabemos racionalmente, y sin embargo los convertimos en dioses. Escuchamos sus opiniones sobre el mundo como si fueran profecías. Vestimos como ellos y hablamos como ellos. ¿De veras intentan que tu mundo sea mejor? Algunos sí. ¿O lo único que quieren es reforzar su estrellato? **No participes.**

Además, seguimos consignas. Palabras que llenan nuestra mente de ruido y que sin embargo nos dejan vacíos. Cuanto más complejas suenan, menos las comprendemos y más profundas creemos que son. Una vez oí a un profesor de meditación decirle a una estudiante: «Encuentra una conexión con todos los seres, aisladamente, al margen de toda distracción del yo, y conecta con tu energía interior en una combinación pacífica de lo femenino divino con la madre naturaleza a través del chacra del corazón». Lo que le estaba pidiendo era que se sentara en la naturaleza durante quince minutos al día. Luego, la alumna repetía lo que le había dicho, palabra por palabra, como si tuviera un significado real.

La jerga, el misticismo y citar nombres importantes hace que todo parezca más grande de lo que es en realidad y llena nuestro mundo de inputs inútiles y muy poca verdad. La verdad no necesita exagerarse. Si algo es complejo, no es la verdad. **No participes.**

Ningún producto que veas en un anuncio te va a cambiar la vida. Mi maravillosa ex, Nibal, siempre decía: «Si fuera tan bueno y realmente lo necesitara, no tendrían que anunciarlo». Tu actual teléfono no incluye una mejora significativa en comparación al antiguo. El próximo tampoco te aportará nada nuevo. **No participes.** Déjalo todo atrás.

Antes de concluir este punto, permíteme aclarar que soy consciente de que es imposible evitar participar en absolutamente todo lo que constituye la norma en nuestra vida moderna. Las redes sociales tienen sus ventajas y a veces es importante ver las noticias. Sin embargo, te animo a utilizar tu criterio para que todo aquello que dejes entrar en tu vida conspire a tu favor. Aprovecha los beneficios y aléjate de los perjuicios.

¡Muy importante!

Invierte en tu felicidad, no en las mentiras del mundo moderno.

Dejamos entrar un montón de basura a nuestro cerebro. Esta basura se queda ahí, oculta, con nosotros durante años. Tal vez haya llegado la hora de hacer un poco de limpieza.

Vale la pena que dediques tu tiempo a reflexionar sobre cómo estos detonantes ocultos han influido en tus pensamientos. Lo harás en dos pasos. En primer lugar, anota el impacto de los detonantes ocultos en tu estado de ánimo y en la claridad de tu pensamiento. A continuación, redacta un plan de acción para purgar estos pensamientos de tu vida, uno a uno.

EJERCICIO PRÁCTICO
DESTERRAR LOS DETONANTES OCULTOS

Tareas

Objetivo	Una vida libre de fuentes de información contaminadas
Duración	30 minutos cada vez
Repetición	Repítelo al menos una vez a la semana, mientras sea necesario
Lo que necesitarás	Un lugar tranquilo donde nada te interrumpa Una libreta y una pluma El ejercicio será más productivo con un amigo de confianza

Pon el cronómetro a treinta minutos; siéntete libre para poner otros treinta si necesitas más tiempo. Busca un lugar tranquilo donde nada pueda interrumpirte. Toma una hoja de papel y una pluma, deja de mirar la hora y empieza a reflexionar.

Examina en qué sentido lo que has visto en los medios de comunicación o en internet, o lo que has oído en conversaciones con amigos durante la última semana, ha influido en tus pensamientos, en tu estado de ánimo y en tus acciones. Anota tus descubrimientos.

Por ejemplo: «Los debates sobre los líderes políticos en televisión han hecho que me preocupe por el fututo de nuestro país», o «Una conversación con un amigo sobre apps de citas y ligues me lleva a preguntarme si debería comprometerme en una relación».

Plantéate algunas de las siguientes preguntas para que tu cerebro recuerde los inputs que ha estado consumiendo:

1. ¿La conducta de alguna celebridad influye en mis decisiones?
2. ¿Los artículos de internet influyen en mi opinión?
3. ¿Hay una ideología, partido político, maestro o líder de pensamiento al que siga ciegamente?
4. ¿Algún comentario o publicación en una red social ha alterado mi estado de ánimo en los últimos días?
5. ¿Albergo miedo o una negatividad residual como consecuencia de lo que he oído en las noticias?
6. ¿La presencia de cierto amigo o amiga en mi vida me está arrastrando a pensamientos que no necesito?
7. ¿Las notificaciones de mi teléfono celular me aportan felicidad o añaden estrés a mi vida?

Continúa. Busca todas las fuentes de información con las que has interactuado recientemente y pregúntate si han trabajado a tu favor o en tu contra, o si han influido en tu felicidad o en la lucidez de tu pensamiento.

Este ejercicio mejora si lo haces junto con un amigo de confianza. Cuando acabes de escribir tu lista de detonantes ocultos, tómate el tiempo necesario para hablar con tu amigo e intercambiar notas.

Ahora, teniendo presente que la felicidad es tu máxima prioridad, resérvate otros quince minutos y plantéate una cuestión crucial: «De todos estos detonantes ocultos, ¿de cuáles debo deshacerme para ser más feliz?». Escribe un plan de acción claro en el que describas cómo eliminar la influencia de los detonantes ocultos que te afectan y cómo te desprenderás de aquellos que te resultan más perjudiciales. Según mi propia experiencia, entre los ejemplos de acciones que podríamos considerar se incluyen las siguientes:

- Desactivaré las notificaciones en mi teléfono celular. (Créeme, es un proceso más complicado de lo que piensas. Las opciones para desactivar las notificaciones estarán muy escondidas en los menús, porque los proveedores de apps quieren que permanezcamos enganchados.)
- Dejaré de ver películas violentas, de horror o gore.
- Solo leeré los titulares de las noticias una vez cada tres días (tienden a aferrarse a historias negativas difíciles de olvidar y durante días repiten mensajes que solo solo sirven a sus intereses).
- Me pasaré las dos próximas semanas de mi vida completamente desconectado de las noticias para descubrir si me pierdo algo importante. Si no me he perdido nada relevante (y que me afecte), y mi estado de ánimo ha mejorado considerablemente, ampliaré mi proceso de desintoxicación de noticias venenosas durante otro mes (o tal vez un año o de manera indefinida).
- Pediré de buenas maneras a tal amigo que salga de mi vida a menos que deje de tratar de influir en mí, y le pediré a

aquel otro que, por favor, deje de contar chismes cuando está conmigo.

Las cosas que elijo se asientan firmemente en mi lista de tareas, junto con escribir, hacer ejercicio y salir con gente. Limitar el uso de WhatsApp a menos de treinta minutos al día está en esa lista. Pero se trata de la mía. **Tú tendrás que elaborar la tuya.**

Cuando ya tengas tu lista, marca tus compromisos y objetivos con fechas claras. No es una maratón ni un esprint. Puede llevarte meses desintoxicarte del todo y cambiar los hábitos que has mantenido durante años. Empieza con uno o dos de los detonantes ocultos más urgentes e intensos. A continuación, transforma objetivos adicionales en acciones sobre una base semanal.

Si puedes encontrar a un amigo de confianza para que te ayude en este camino, te será de gran ayuda. Fija fechas exactas para informar a tu amigo de tu progreso, por ejemplo, con un breve mensaje al final de cada tarde. Esto te facilitará cumplir tus compromisos. Recuerda pensar con frecuencia en que, cuanto más purgues tus detonantes ocultos, mejor te sentirás. Esta reflexión te animará a seguir promoviendo un cambio positivo.

NO PARTICIPES

Ayuda a otros a ser felices compartiendo con los lectores y los buscadores de felicidad tu experiencia de renuncia. Comparte ideas sobre lo que has eliminado de tu vida y cómo eso la ha mejorado.

onebillionhappy

Capítulo tres

Bajo ataque

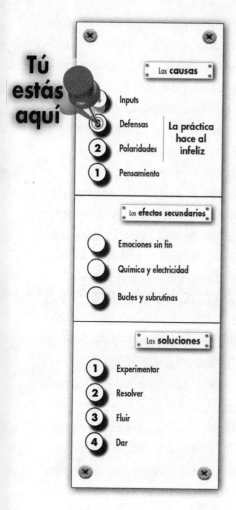

Tú estás aquí

Las causas

Inputs

Defensas

2 Polaridades

1 Pensamiento

La práctica hace al infeliz

Los efectos secundarios

Emociones sin fin

Química y electricidad

Bucles y subrutinas

Las soluciones

1 Experimentar

2 Resolver

3 Fluir

4 Dar

Las computadoras que fabricamos están formados por muchos componentes, cada uno de ellos altamente especializado en la tarea para la que ha sido diseñado. Un procesador gráfico se ocupa de los gráficos mientras la unidad de procesamiento central se encarga de los aspectos matemáticos. La memoria conserva la información que necesita con prontitud y los discos duros de más capacidad se especializan en almacenar archivos más grandes como copia de seguridad.

Estos procesos son muy similares a la forma de trabajar de tu cerebro y tu sistema nervioso. Cada componente está muy orientado al papel para el que fue diseñado. Y, como en el caso de las computadoras, en cuanto sabemos para qué se supone que se utiliza el cerebro y cada una de sus partes, entendemos de inmediato por qué opera como lo hace.

Por qué pensamos

Comprender el *porqué* —la razón detrás de la conducta de alguien— es la manera más fácil de entender el *qué* y el *cómo*. Como a Jake le gustaba Sally en el instituto, se comportaba con ella de un modo distinto a los otros chicos. Era sobreprotector con ella, y a veces caía en la tristeza cuando ella se mostraba amistosa con otros. Sus acciones no tendrían mucho sentido si no conoces sus sentimientos, pero si te confiesa que Sally le gusta, todo empezará a cuadrar. A tu cerebro también le gusta mucho alguien, y eso explica la mayor parte de sus actos y comportamientos. Tu cerebro está, literalmente, obsesionado contigo. Esto lo hace sobreprotector e influye en su comportamiento. Esta obsesión no es solo una imaginación: está integrada en la estructura de tu cerebro.

Para comprender cómo esta obsesión se manifiesta en cada decisión adoptada por tu cerebro, es útil una comparación con otros órganos biológicos. Los músculos de tu pierna, por ejemplo, solo tienen una función primaria: la huida. Si un depredador supone una amenaza para ti, tus piernas están ahí para salir corriendo y salvar la vida. Los seres humanos llevamos esta funcionalidad básica a su extremo. Corremos maratones, bailamos, jugamos al futbol y seducimos a nuestras parejas con esas piernas. Sin embargo, conviene no equivocarse: por muy atractivas que sean tus piernas, en esencia están hechas para escapar, y cuando surge la necesidad de esa función primaria, el resto de funciones se ignoran.

Lo mismo puede decirse de nuestro cerebro. Lo hemos llevado más allá de su función primordial y lo hemos utilizado para inventar smartphones y construir la civilización que conocemos. No obstante, su función principal se centra exclusivamente en nuestra

supervivencia. Con todo, la principal diferencia entre tu cerebro y tus piernas es que al cerebro todo le parece una amenaza. Aunque no podemos usar las piernas para escapar a un comentario desagradable en las redes sociales, podemos ejercer un gran poder mental para hacer frente a esas palabras inútiles, que nuestro cerebro percibe como una amenaza inminente, análoga al depredador del que huyen nuestras piernas.

Si la analogía es cierta, tu cerebro es sobreprotector porque…

Tu cerebro está muy enamorado de ti…

… y, como Jake en el instituto, la conducta de tu cerebro, que de otra forma parecería errática, se explica a la perfección a través de este enamoramiento obsesivo.

Una mirada a la propia estructura básica del cerebro revela hasta qué punto se dedica a la tarea de mantenernos a salvo. Para ese propósito, el diseño del cerebro no deja nada al azar. No solo incluye mecanismos de seguridad exclusivos de los cerebros humanos, sino también versiones anteriores de diseños cerebrales que funcionaron bien en otras especies. Tu cerebro opera un sofisticado sistema que integra…

Tres defensas

Si estudiamos el cerebro desde el punto de vista de la supervivencia, descubriremos tres subsistemas diferenciados. En su mismo centro, nuestro tronco encefálico es responsable de las funciones de supervivencia que los reptiles utilizan para **evitar el peligro**. A menudo recibe el nombre de «cerebro reptiliano». Nuestro sistema límbico reproduce las funciones de supervivencia halladas también en otros mamíferos, que en gran medida se basan en **evitar el dolor**

y buscar recompensas como sencillo pero eficaz mecanismo de defensa. Este subsistema cerebral se conoce como «cerebro mamífero». Por último, están las partes del cerebro que nos hacen humanos, diferentes al resto de especies —el neocórtex—, responsables de **la lógica, la planificación y la identidad personal.** Estos tres aspectos, que operan juntos, reciben el nombre de «cerebro racional».

Este concepto de sistemas de defensa cerebral por capas —conocido como «cerebro triuno»— es un modelo de evolución originalmente propuesto por el médico y neurocientífico estadounidense Paul D. MacLean en los años sesenta y resumido en su libro *The Triune Brain in Evolution*, publicado en 1990. Es importante señalar aquí que yo no lo considero un modelo de evolución, sino más bien un modelo útil para comprender la conducta humana.

El cerebro reptiliano

Esta parte de tu cerebro es responsable de las formas más rudimentarias de supervivencia, que normalmente encontramos en los reptiles. A diferencia de un cachorro amistoso, un lagarto escapará si te acercas a él. Aunque sostengas una bandeja con deliciosas hojas verdes coronadas por grillos, el lagarto no lo pensará dos veces. De hecho, el cerebro reptiliano no piensa mucho. Es fundamentalmente responsable de funciones mecánicas: el latido de tu corazón debe continuar para mantenerte con vida y para garantizarlo hay un sistema de control en el tronco encefálico, que es la parte que conecta el cerebro con el sistema nervioso. Estas instrucciones se envían de forma mecánica al corazón para que siga latiendo sin que tengamos que pensar en ello. El funcionamiento de las glándulas, la regulación de las hormonas, la respiración, la digestión de alimentos o la circulación de la sangre en tu organismo son mecanismos autónomos. Esta es la razón por la que a veces la neurociencia llama al sistema que los regula «sistema nervioso autónomo». Este sistema también es responsable de la huida del peligro inducida por el miedo. La amígdala, el hipotálamo y la glándula suprarrenal se activarán en una fracción de segundo para desencadenar una respuesta de lucha o huida a fin de que podamos escapar de la amenaza inminente. Las decisiones relativas a la redistribución de los limitados recursos físicos tienen lugar a nivel del sistema nervioso. El ritmo cardiaco se acelera, el sistema digestivo queda suprimido y la visión se agudiza sin tener que consultar al cerebro lógico. La respuesta por defecto de un reptil a la mayor parte de los estímulos es el miedo. Ante la más leve posibilidad de amenaza, siempre huirá.

El cerebro mamífero

El cerebro mamífero, el sistema límbico, está relacionado con las emociones: con la búsqueda del placer y la evitación del dolor. Las funciones de nuestro cerebro mamífero se centran en asegurar que sobrevivamos cuando se trata de situaciones que no constituyen una amenaza inmediata a nuestra supervivencia. La reproducción, por ejemplo, no es requisito para que vivamos un año más, pero sin ella la especie se extinguiría. Por eso disfrutamos del sexo. Almacenar toda la grasa posible no es algo en lo que pensemos cuando hay alimentos abundantes a nuestro alrededor. No moriremos sin galletas. El placer asociado a comer sirve para que consumamos más de lo que necesitamos y lo almacenemos en forma de grasa (tengo que encontrar con urgencia una manera de revertir este estúpido instinto primitivo). Las emociones y hormonas sostienen la funcionalidad cerebral de los mamíferos. Proteger a nuestros hijos, por ejemplo, era ilógico en términos de supervivencia personal en la dura vida prehistórica. Sin embargo, las emociones de los padres, reflejadas en el sistema límbico, garantizaban la protección de los hijos para asegurar la propagación de la especie. Anhelar un sentido de pertenencia en la adultez crea vínculos más estrechos en la tribu, lo cual la fortalece, como unidad, ante el peligro. Cuando se trata de cosas que no constituyen una amenaza inmediata a nuestra existencia, nuestro subsistema cerebral mamífero es lo que nos mantiene vivos.

El cerebro racional

El tercero, y probablemente más sofisticado, de los subsistemas cerebrales es el cerebro racional. Es la parte que nos hace humanos. Es responsable de la planificación y la lógica. Nos proporciona la habilidad de resolver problemas y pensar analíticamente. Y lo más relevante: también es la región que nos aporta el concepto del yo. El cerebro racional es lo que nos hace conscientes de ser una entidad separada del resto de seres vivientes. La distinción establece los límites que nos separan de los otros, nos convierte en individuos y nos hace querer tener prioridad sobre todos los demás. Todo esto sucede en nuestro cerebro racional (lo cual me resulta extraño, pues, como concepto, esta idea de separación no es muy racional).

El pensamiento racional es lo que ha impulsado a nuestra especie a avanzar. La supervivencia no siempre tiene que ver con escapar de un tigre. Suele tener más que ver con saber dónde se ocultan los tigres y planificar una ruta para evitar sus guaridas. Con almacenar comida para el invierno y plantar semillas de primera necesidad, en lugar de exponerse a la posibilidad de una hambruna que nos deje sin nada que recolectar o cazar. Hay otros animales que también planifican, pero nosotros lo llevamos a otro nivel: la jubilación, la educación de los hijos, el seguro de vida… No usamos nuestros cerebros solo para nuestra supervivencia inmediata. Los utilizamos para seguir vivos hasta que seamos viejos y débiles.

No es mi intención impartir una clase de biología para explicar qué partes del cerebro realizan qué funciones. Eso no te ayudaría a avanzar en los objetivos de este libro: la felicidad, el éxito y la compasión. El principal motivo por el que llamo tu atención sobre los tres diferentes sistemas de defensa es porque estos subsistemas cerebrales están perfectamente alineados con las tres únicas razones por las que los seres humanos experimentan sufrimiento más allá del dolor físico. Llamo a estas razones que nos hacen sufrir las…

AAA

Algunos de nosotros podemos sentir que cada momento de vida aporta infinitas razones para la infelicidad.

Sin embargo, esto no es ni remotamente cierto. La vida, con sus estados de ánimo siempre transitorios, nos presenta una interminable variedad de estados a los que hemos de reaccionar. Nuestra felicidad no es una consecuencia de esos estados, es el resultado directo de cómo decidimos reaccionar a ellos. Quienes se sienten infelices son aquellos que deciden reaccionar a la vida en una o varias de estas modalidades: **la aversión, el apego o una absoluta insatisfacción; las AAA.**

Si tus necesidades físicas están cubiertas, no padeces dolor físico, y te sientes infeliz, la razón está, fundamentalmente, en tu interior. Por lo tanto, esa infelicidad es el resultado de que tu cerebro se centre en pensamientos relacionados con algo que despierta temor (**aversión**), o algo que desea adquirir o mantener (**apego**), o está preocupado por la inesperada sensación de que «nada es lo suficientemente bueno», **una absoluta insatisfacción.**

Aversión

La aversión es una consecuencia de tu cerebro reptiliano. El miedo que produce para mantenerte a salvo se manifiesta en la evitación: «No me quedaré soltera ni buscaré otra pareja aunque mi novio abuse de mí», «No creo que pueda empezar un nuevo trabajo aunque no soporte el que tengo ahora», «No quiero vivir en otro lugar aunque no me guste estar aquí». Estos pensamientos temerosos no están impulsados por el deseo de algo específico, sino por el miedo a algo que no queremos en nuestra vida.

En 2013, yo era vicepresidente de Google. Empecé y dirigí el negocio de la empresa en gran parte del mundo, en muchos mercados emergentes. En los siete años previos, expandí el negocio de Google hasta casi la mitad de sus operaciones en todo el mundo, pero en 2013 la expansión se ralentizó y mi trabajo pasó a ser una gran operación que tenía que atenerse a la política corporativa (sí, en Google también había mucha política). El que por entonces era mi jefe fingía ser mi amigo, pero constantemente me ponía trabas, por lo que dejé de disfrutar de mi trabajo y sentí que había llegado el momento de pasar página. Con tantas empresas deseando contratar el talento de Google y tantas oportunidades en el propio Google, era razonable pensar que, de buscar un nuevo empleo, lo habría encontrado fácilmente. Sin embargo, en el momento en que decidí irme, mi cerebro reptiliano empezó a meterme miedo. Recuerdo haber pensado: «Es cierto, esto no tiene que ver contigo y con tu estilo de vida, todos sabemos que el mundo es cada vez más inestable. ¿Y si Irán lanza un ataque nuclear a Dubái, donde tienes la mayor parte de tus activos? ¿Y si el cambio climático empeora hasta el punto de que Aya [mi hija] necesita vivir en un lugar más seguro? Sin los ingresos estables de Google, le fallarías a Aya».

Sí. Así de comprometido estaba mi cerebro reptiliano con meterme miedo. Cuando se trata de imaginar escenarios poco realistas y apocalípticos, nuestro cerebro nunca descansa. «¿Y si mi marido conoce a Beyoncé y ella se enamora de él?» «¿Y si el tren descarrila el mismo día en que estalla una guerra entre los taxistas y los conductores de Uber? ¿Cómo llegaré a tiempo a la reunión?» «¿Y si la economía colapsa, mi empresa cae en bancarrota y se cuadruplica el precio de mi helado favorito?» Eso, ¿qué pasaría?

¿Qué pasaría en cambio si te resbalas y te rompes el cuello antes de que todo eso suceda? Quizá sea un escenario más estadísticamente probable que las historias de terror creadas por nuestro cerebro; sin duda, más probable a que Beyoncé se enamore de tu marido. ¿O no? Hay que admitir que cierto nivel de aversión es positiva. Ahorrar un poco de dinero para los tiempos duros, vivir en un barrio seguro y mirar a un lado y a otro antes de cruzar la calles son buenas ideas. Pero ¿Beyoncé? Vamos, seamos realistas.

Me bastó un momento de reflexión sobre la realidad y una sencilla hoja de cálculo para hacer frente al ogro en que se había convertido mi cerebro. Hice una lista de mis recursos y mis necesidades financieras —añadiendo un poco más como colchón de seguridad— y en unos minutos descubrí que, aunque el mundo descarrilara, yo no tendría problemas. Con eso en mente, busqué otra ocupación en el trabajo y acabé siendo el director comercial de Google X, que por aquel entonces debía de ser el mejor trabajo en la Tierra. Esa fue la ventaja de no someterme a mis miedos.

Ser capaces de descubrir los pensamientos exactos que nos asustan, y cuestionarlos, requiere un nivel elevado de consciencia. Abordaremos esto en profundidad cuando hablemos de las emociones en un capítulo posterior del libro, pero ayuda comprender el panorama general y cuestionar si realmente es necesario el tipo de aversión que experimentamos en nuestra vida al día de hoy. La obsesión primordial de nuestro cerebro es mantenernos a salvo. Así pues, para controlar esa obsesión, preguntémoslo directamente… ¿Estamos a salvo?

En lo que respecta a cuestiones que requieren intervenciones decisivas y urgentes para mantenerme en un camino inequívoco hacia la felicidad, tiendo a ir al grano. Si la principal intención de mi cerebro es mantenerme a salvo, y si para ello me encierra en la aversión, tal vez la forma más rápida de desembrollar este lío consista en cuestionar directamente mi seguridad.

Soy consciente de que casi todos los días oímos historias de terror. Aparecen en las noticias, los amigos hablan de ellas o aparecen en el *feed* de las redes sociales. Estas historias nos hacen creer que la vida es una serie de desastres, un relato constante de sufrimiento y adversidad.

EJERCICIO DE CONSCIENCIA
¿ESTÁS A SALVO?

Objetivo	Convencerte de que la seguridad tal vez no sea un problema tan grande como tu cerebro pretende hacerte creer
Duración	30 minutos
Repetición	Repítelo al menos una vez por cada una de las razones por las que sientes preocupación
Lo que necesitarás	Un lugar tranquilo donde nada te interrumpa Una libreta y una pluma Plantéate hacerlo con un amigo de confianza (los amigos optimistas te serán de más ayuda)

Sin embargo, mi cerebro matemático me dice que las probabilidades de que suceda algo malo, al compararlas con todo lo bueno que experimentamos, son mínimas. Incluso cuando tiene lugar suele ser más tolerable de lo que temíamos. Casi siempre estamos a salvo. ¿No me crees? Te voy a pedir que hagas tú los cálculos. No es difícil si piensas en tu propia experiencia.

Busca un lugar tranquilo donde no te interrumpan y pon el cronómetro a treinta minutos. Puede que sientas la necesidad de repetir este ejercicio de consciencia hasta que llegues a empaparte de su esencia.

No te inquietes. Concédete tiempo. Dará grandes frutos cuando descubras la verdad. Detente el tiempo que sea necesario en cada una de las siguientes preguntas. Aunque solo tardarás unos segundos en leer cada una de ellas, te harán falta minutos o incluso días de reflexión para descubrir la verdad pura y dura. Puedes hacerlo en grupo o con un amigo de confianza. Un abanico de perspectivas amplio es lo mejor para sacar a nuestro cerebro del lugar en el que ha estado atrapado durante años.

- No estoy siendo sarcástico, aunque pueda parecerlo. Planteo las preguntas que rara vez se hacen. Empecemos con las amenazas físicas. ¿Hay tigres cerca? ¿Algún otro depredador (de los que te puedan querer comer)? Si tienes cuidado al cruzar la calle, evitas las zonas peligrosas de tu ciudad y manejas con responsabilidad, ¿existen otras amenazas mortales en tu vida cotidiana? En cuanto a la salud, ¿cuántos días al año tú mismo o alguien a quien conoces está enfermo en comparación con el número de días en el que todos se sienten bien?

  (Aquí tengo que añadir una nota. Por desgracia, en el mundo civilizado en el que vivimos hoy, los depredadores a los que aún nos enfrentamos son otros humanos que cazan mujeres o usan su poder contra las personas de color; entre ellos, yo mismo. Debemos estar alerta, tomar las medidas de precaución para garantizar nuestra seguridad y la de nuestros seres queridos, y alzar la voz para reclamar unas comunidades más seguras. Hemos de reconocer y celebrar que, gracias a las medidas adecuadas, nuestra vida actual nos ofrece la oportunidad de sentirnos seguros la mayor parte del tiempo.)

- Al margen de la seguridad física, ¿qué tan letales son las otras amenazas que te preocupan? Una mala relación sentimental, perder el trabajo, vivir sin el teléfono celular de vanguardia, comentarios desagradables en tus redes sociales. ¿Habría que considerar todo eso una amenaza a nuestra seguridad o solo otro acontecimiento del que aprender, es decir, parte de la diversión y el reto de estar vivos?

- Si no nos dejamos engañar por el sesgo de negatividad de los medios de comunicación de masas ni por su tendencia a exagerarlo todo, ¿cuáles son las probabilidades de sufrir un accidente violento, un tsunami o un tiroteo en la escuela? Las estadísticas son infinitesimales. ¿Cuán despreciable es la proporción de individuos que dispararon a otros en comparación con el asombroso número de personas que se besaron ayer?

- Incluso en las raras ocasiones en las que las cosas han ido mal, ¿con cuánta frecuencia has visto a alguien afectado por aquello que temes y que ha sobrevivido e incluso ha prosperado? ¿Cuántas veces un amigo tuyo ha sido objeto de burlas y no ha muerto por ello? ¿Con cuánta frecuencia esos momentos de aparente amenaza han resultado ser puntos de inflexión que han catapultado a alguien al camino del éxito? ¿Alguna vez ha ocurrido el peor escenario posible? ¿O más bien es que la vida está compuesta de una serie de desafíos diseñados para hacernos mejores, más fuertes y más resilientes?

- ¿Recuerdas una época en la que el temor a algo específico persistió por un tiempo sin que pasara nada? ¿El número de días o años de anticipación no es prueba suficiente de que es muy improbable que ocurra?

- Ahora observa un miedo específico y pregúntate si lo has desarrollado durante una fase diferente de tu vida, en otro contexto que ahora ha cambiado. Aunque en la escuela podías tener razones reales para temer el acoso de chicos mayores y más fuertes, ¿sigue siendo una preocupación válida en la actualidad?

- ¿Conoces a otros, ya sean amigos o familiares, que vivan en condiciones similares a las tuyas pero no parezcan estar angustiados ni padecer tu miedo? ¿Qué saben ellos que tú desconoces? ¿Por qué se sienten a salvo?
- Al centrarte en lo que te preocupa, ¿tiendes a ignorar los aspectos positivos de tu vida que te mantendrán a salvo si aquello que temes acaba sucediendo? Si te da miedo perder tu trabajo, ¿has pensado en que tal vez dispongas de ahorros suficientes para vivir unos meses?

Si eres honesto en la respuesta a las preguntas anteriores, admitirás que a menudo tu miedo es una emoción exagerada. Es desproporcionado. Si no somos imprudentes, estamos mucho más a salvo de lo que nuestro cerebro nos hace creer. Incluso en los casos de trauma no resuelto o trastorno de estrés postraumático (en cuyo caso recomiendo la ayuda profesional), el paciente está a salvo en el momento del sufrimiento. Verás...

¡Muy importante!

El hecho de poder dedicar ciclos de pensamiento a lo que tememos es, en sí mismo, una evidencia de que ahora mismo estamos a salvo.

Si en este instante te atacara un tigre, no dispondrías del tiempo ni de los ciclos cerebrales necesarios para pensar en aquello que te asusta.

Incluso a nivel de la humanidad en su conjunto, el trabajo de Steven Pinker —psicólogo cognitivo, psicolingüista y popular divulgador científico canadiense-estadounidense— demuestra que el mundo de hoy es mucho más seguro de lo que solía serlo en el pasado. En su análisis de datos recientes sobre homicidios, guerra, pobreza, contaminación, etc., Pinker ha descubierto que **el mundo actual es más seguro en todos los aspectos** en comparación con como era hace treinta años. La única razón por la que a veces nos sentimos más amenazados de lo que deberíamos se debe a que podemos ver lo que sucede en medio mundo a través de internet y los medios de comunicación, lo cual nos hace sentir que todo va mal cuando, en realidad, el nivel de desastres es inferior pero estamos más informados. ¿Recuerdas los detonantes ocultos?

El mundo es más seguro. Nuestros mayores temores rara vez se manifiestan de la forma en que nuestros cerebros se los imaginan. Si fuera el caso, no estaríamos aquí. Aparte de algunas dificultades, que forman parte de la vida y que deberíamos esperar, dile a tu cerebro reptiliano que…

¡Recuerda!

¡Estás a salvo!

Apego

El apego, por otro lado, es un producto de nuestro cerebro emocional mamífero. Centrarse en la recompensa y el placer y evitar el dolor y la incomodidad nos mantiene apegados a lo que nos resulta familiar, con independencia de su valor real o de lo poco que contribuya a nuestra felicidad. Clósets de ropa que no usamos, cajas de objetos inútiles que vamos acumulando con los años y relaciones que no enriquecen nuestra vida. Nos quedamos estancados en ellos simplemente porque se han convertido en nuestra zona de confort. Cuando nos gobierna el cerebro mamífero, en realidad no nos preocupa una posible amenaza en el futuro, tan solo somos reacios a abandonar las comodidades y placeres del pasado.

Cuando mi maravilloso hijo Ali falleció, apegarnos a las cosas que había dejado parecía lo más natural. Queríamos conservar cada recuerdo y todo lo que él hubiera tocado. Pero su heroica y sabia madre, Nibal, pronto se formó una opinión diferente. En su funeral, insistió en que sus mejores amigos se llevaran aquello que más los vinculara a él. Entregamos su computadora *gamer* a su amigo friki, el bajo a un miembro de su banda. Regalamos cada una de sus camisetas a alguien que significara algo para él, sus videojuegos y consolas a los amigos con los que jugaba. Por supuesto, conservo algunas de sus camisetas y uno de sus aretes, que llevo como collar y que considero mi posesión física más preciada de todo el planeta. Nibal se quedó con el otro arete y con un puñado de otros objetos relacionados con recuerdos especiales. Aya hizo lo mismo. Cada uno tenemos siete u ocho objetos, y el resto se lo dimos a quien lo necesitara, lo disfrutara o lo valorara. Los muebles de su cuarto, las cortinas, los infinitos libros que consumía como un ratón de biblioteca. Con el tiempo, su habitación quedó vacía. Queríamos sustituir las cosas con el buen karma de ayudar a los demás o hacerlos felices. Nibal y yo pasamos de querer preservar su recámara como un museo de amor hacia él a preferir un lugar vacío y lleno de luz. La sabiduría de Nibal nos ayudó a seguir adelante. «Ali no son sus cosas», dijo. «Vive en mi corazón, sin necesidad de que sus pertenencias me lo recuerden.» Cuando miraba su recámara y veía sus cosas sin usar, sentía que quería dárselas a quienes sí pudieran utilizarlas. Sentí que, así, Ali viviría a través de las cosas que dejó al irse. Tenía algún dinero en su cuenta bancaria: lo que el seguro le había pagado cuando su coche sufrió siniestro total mientras estaba estacionado, de noche. Dijo que no necesitaba un coche y, en cambio, guardó el dinero. Lo donamos, en su nombre, a organizaciones benéficas. Entregarlo todo y saber que ayudaba a otras personas me hizo sentir bien. Lo que nos hizo sentir aún mejor, sin embargo, fue nuestra libertad a la hora de desapegarnos de esos objetos físicos. De algún modo esto simbolizaba nuestra libertad frente al apego a su hermosa forma física, que nos había dejado, y nuestra conexión a su esencia pura y bella, que permanece. Al separarnos de sus cosas, fuimos libres para apreciar lo que realmente importa: nuestro amor por él. Nunca olvidaré cómo entregamos parte de su ropa a una amiga keniana de Ali, que se la llevó a su país natal. A su regreso, nos dijo que había regalado sus botas a un joven que las necesitaba. Se lo encontró unos días más tarde y él le dijo que sentía que con esas botas podía volar. En mi corazón, cada día deseo que pueda volar, alcanzar los más altos honores en la vida y cambiar nuestro mundo.

Esta es la ventaja de desprendernos de nuestros apegos. Aquello que realmente no necesitamos nos lastra. Nos coarta. Sin eso podremos volar y, si lo donamos, quienes lo necesitan podrán volar también.

Elige tu libertad. Abandona tus apegos.

Cuantas más cosas poseas, más cosas te poseerán. Deshagámonos de todos los trastes.

Uno de los programas favoritos de mi hija en Netflix es *¡A ordenar con Marie Kondo!* Cuando la visito solemos ver un episodio juntos. Se supone que el programa te ayuda a recoger el lugar en el que vives y librarte del desorden. Pero, si me preguntas, en esencia tiene que ver con superar el apego. Al menos eso es lo que siento al verlo.

El método de Marie consiste en sacar todos tus trastes, tu ropa, por ejemplo, y ponerlos en un gran montón en el centro de la habitación. Así descubrirás todo lo que has ido acumulando con los años. Tu tarea entonces es mirar los objetos uno por uno y preguntarte cuándo los has usado por última vez, si esperas utilizarlos en las próximas semanas y (atentos, esto es oro) **si te proporcionan felicidad.**

EJERCICIO PRÁCTICO
LIMPIAR EL CLÓSET

Objetivo	Aprender a desprenderse del apego a las cosas
Duración	Una hora al día (o el tiempo que haga falta)
Repetición	Repítelo al menos una vez a la semana mientras sea necesario
Lo que necesitarás	Estar en casa y tener el valor de desprenderte de todas esas cosas
Recursos	Ver *¡A ordenar con Marie Kondo!*

Si algo no te hace feliz, dice Marie, y no lo utilizas, no lo vas a usar. Regálalo. Regala vida. Deja que otros lo usen y conserva solo lo que aporta felicidad a tu vida.

Apliquemos este mismo método a todos los aspectos de nuestra existencia. Empecemos con las cosas que nos lastran, y luego pasemos a las personas que nos encierran en relaciones que no nos hacen felices. Si un amigo añade una negatividad constante a nuestra vida, pídele que cambie o que se vaya. A continuación, libérate de conceptos e ideologías que te mantienen atrapado en el sufrimiento.

Cada sábado, paso una hora buscando diez cosas que regalar en mi pequeño hogar. Una vieja camiseta, un libro ya leído, una caja de chocolates que recibí como regalo pero que hará más feliz a otra persona (y a mí más delgado), una taza de café que no me hace sonreír. No siempre llego a diez, pero lo intento. Una vez al mes, hago examen de todas las personas a las que he visto una vez a la semana, o con una frecuencia mayor, y me pregunto, sin tapujos, si esa relación es un lastre o me impide ser mi mejor versión. Si es el caso, por una cuestión de amor propio, mantengo una conversación con esa persona para descubrir si podemos mejorar la relación. Trabajamos en ello durante un mes, y si continúa siendo un lastre para mí, decido ver menos a esa persona o no verla en absoluto. Le transmito, con cariño, que lo intentamos y no funcionó. Estas minirrupturas pueden parecer un poco crueles, pero, como en cualquier otra relación disfuncional, es lo mejor para ambas partes. Cada Navidad, paso la última semana del año que acaba y la primera del que empieza sumido en la contemplación. Hago examen de mis pensamientos y creencias. Cuestiono lo que me ha afectado de forma positiva o negativa. Defino inequívocamente lo que tengo que eliminar de mi vida y lo que, según creo, me hará más feliz en el año entrante. Lo declaro el tema del año.

Trascender el apego y superar el miedo a perderse son superpoderes que contradicen la naturaleza de nuestro cerebro mamífero. Hemos de convertirlo en un objetivo deliberado en nuestro desarrollo personal.

Hagamos de ello un ejercicio de por vida. Uno que solo deje entrar la felicidad en nuestra vida y elimine la necesidad de asociarla a alguna otra cosa. Bienvenido a la tierra de la libertad.

Absoluta insatisfacción

Por último, incluso después de superar el miedo y el apego, topamos con la absoluta insatisfacción, que parece seguir insistiendo en que la vida no es lo suficientemente buena. En realidad, no importa si ahora estás bien, porque, cómo no, podrías estar mejor o tener más cosas. Y si hay más cosas que poseer, tal vez lo que tenemos ahora no basta. «Debería ser más guapa. Mira a las chicas de Instagram.» «Necesito una casa más grande. Mira la de mi vecina.» «Mi puesto de trabajo no suena bien como el de mi jefe.» «Necesito otro par de zapatos.» «Quiero unas vacaciones perfectas.» «Mi novio tendría que ser más alto.» «Mi novia debería ser más bajita…» La lista sigue y sigue. Este bucle infinito de contrariedad no está motivado por una cuestión acuciante en tu vida, ni por una necesidad real que no se ha visto satisfecha; no es más que una sensación de «¡Bah!», una insatisfacción con lo que hay y la creencia de que todo debería ser mejor. Aun cuando la vida satisfaga ocasionalmente esas necesidades no justificadas concediéndonos más y mejores cosas, sentimos una leve sacudida de alegría que solo dura un momento y enseguida desplazamos los objetivos, centramos nuestra atención en lo que no tenemos y nos sentimos descontentos al descubrir que aún queremos más.

Recuerdo a la perfección mi primer coche de gama alta. Era un BMW Serie 5 de color azul, con todas las opciones lujosas de la época. Se lo compré a un amigo, y fue una ganga. Estaba prácticamente nuevo y solo pagué una parte de su precio. El día en que lo registré, lo llevé al concesionario para cumplir con los trámites. Sentía que era mi nuevo tesoro, me hacía feliz y quería tratarlo bien. Y me hizo feliz, es decir, hasta que me senté en la exposición de BMW, mientras esperaba a que me lo devolvieran. Allí vi un BMW Serie 7 de color dorado y de segunda mano que estaba a la venta. Pensé: «Ojalá tuviera ese coche. Es mucho mejor que el mío». Mi coche seguía siendo bonito, pero la felicidad que había sentido se desvaneció y fue sustituida por la insatisfacción por no tener el otro. Ahora contemplo con asombro aquella versión de mí. Pero no puedo culpar al joven Mo. Esa insatisfacción forma parte del diseño de nuestro cerebro lógico. Es una de las características centrales de los seres inteligentes. Nuestros cerebros especializados nunca están a gusto con el presente, porque ¿qué pasará mañana? No les basta lo que tenemos porque parece haber otros objetivos que aún no hemos alcanzado. Con un insaciable apetito de más, siempre sentimos que tenemos menos de lo que merecemos. Como dice un proverbio árabe:

¡Recuerda!

Nada colmará nunca el ojo anhelante de un ser humano salvo la arena, la arena de la tumba.

Bueno, aparte de la arena hay algo que puede servirnos mucho antes de que descansemos en nuestras tumbas. Se llama gratitud.

La gratitud no es la práctica de obtener lo que deseamos. Es la práctica de amar lo que tenemos. Invierte un poco de tiempo en intentar comprender todo lo que tienes y en ver si eres capaz de mostrarte agradecido por ello.

Todas las enseñanzas espirituales que he estudiado incluyen una práctica dedicada a la gratitud. Esta práctica es fundamental para la felicidad porque atenúa la insatisfacción absoluta y la ilusión de que «nada es suficiente».

Si me pidieran recomendar una sola práctica que abarque todas mis enseñanzas sobre la felicidad, la gratitud sería una poderosa candidata. Ser agradecidos es la mejor forma de recordarnos que, después de todo, la vida no está tan mal, una realidad que para la mayoría de nosotros se cumple. Cuando recordamos lo que hemos de agradecer, reconocemos la verdad que nuestro cerebro racional e hipervigilante siempre intenta ocultar: que casi todos nosotros tenemos más razones para estar felices que para estar tristes. Por definición, la gratitud nos recuerda que muchos de los acontecimientos de nuestra vida no solo satisfacen nuestras expectativas, sino que las superan de largo, por lo que deberíamos estar agradecidos. Cuando los acontecimientos cumplen o superan las expectativas, la ecuación de la felicidad se resuelve correctamente y nos sentimos dichosos.

EJERCICIO DE CONSCIENCIA
SÉ AGRADECIDO

Tareas

Objetivo	Descubrir la belleza en la vida. Detener la insatisfacción injustificada
Duración	10 minutos cada noche
Repetición	Repítelo para siempre. Es una de las mejores costumbres que podrás adquirir
Lo que necesitarás	Un momento tranquilo de reflexión antes de cerrar los ojos por la noche Un diario de gratitud sería un recurso fabuloso

Solo necesitas diez minutos cada noche antes de dormir. Obliga a tu cerebro a buscar tres (o más) cosas que merecen tu agradecimiento en el día de hoy. Ya pensarás en lo que anhelas otro día. Empieza por lo básico: un amigo al que aprecias, tener un techo sobre tu cabeza, la comida que disfrutaste. Luego piensa en las circunstancias que te alejan del sufrimiento y la penuria (que tantos sufren en nuestro planeta cada día): si no eres un refugiado que huye de zonas de guerra, si no padeces dolor crónico, si no eres un indigente en las calles del duro invierno de Nueva York, solo eso basta para proporcionarte un suministro interminable de cosas por las que deberías dar gracias; todo lo has recibido por el puro azar de nacer donde has nacido y no, por ejemplo, en Siria o en Corea del Norte.

Si naciste allí, debes de saber que mi corazón está contigo. Espero que todo se vuelva más fácil y que sigas encontrando la gratitud por aquello que aún tienes, a pesar del dolor provocado por algunos de los mayores desafíos de la vida.

A continuación, en esos últimos momentos antes de dormirte, piensa en aquellas cosas por las que tú en concreto deberías dar gracias: la presencia de un ser amado, un hobby que se te da bien y que disfrutas plenamente, o tal vez tu inteligencia y autoconocimiento, que te permiten realizar este sencillo ejercicio religiosamente cada noche.

Cuando pienso en las cosas por las que estoy agradecido, no me limito a apuntarlas. Las expreso en voz alta. Las visualizo en toda su plenitud y las descubro en mi corazón, como si las volviera a vivir. Estoy agradecido por todo el amor que he recibido, por todo el amor que soy capaz de dar y por toda la experiencia que me ha ayudado a convertirme en una mejor persona. Doy las gracias por que mi hija Aya esté sana y junto a mí, por que Nibal siga siendo mi mejor amiga, y por mi viaje a través de la vida, con sus penurias, sus bendiciones y su dolor. Si quieres ser feliz, ignora la insatisfacción absoluta de tu cerebro. En cambio,

¡Muy importante!

Abre tu corazón y descubre lo hermosa que es la vida.

Una dosis saludable de AAA

Cuando se llevan al extremo y escapan a nuestro control, nuestras tres defensas nos provocan una gran infelicidad de forma innecesaria. Su presencia excesiva en nuestra vida no nos hace sentir más seguros, sino más infelices. Sin embargo, no se puede negar que la aversión a las amenazas genuinas, el apego a lo que nos resulta vital y esencial para la vida y una dosis adecuada de insatisfacción con respecto a lo que va mal son necesarios para aportar seguridad y previsibilidad a tu vida.

Encontrar ese delicado equilibrio que te mantiene a salvo pero no te hace sentir infeliz exige que observes tu propia mente para reconocer en qué medida esas respuestas exageradas están ahí no porque no le gustes a tu cerebro, sino porque se obsesiona con tu seguridad y porque cree que nunca podrás estás lo suficientemente a salvo.

¡Recuerda!

A tu cerebro le parece más prudente marcar algo como una amenaza cuando no lo es que considerarlo seguro cuando existe la más mínima oportunidad de que sea una amenaza.

Le parece más inteligente apegarse a ciertas cosas que estar abierto a una aventura incierta, aunque posiblemente emocionante. Le parece más sabio desear más porque, después de todo, así mejoran nuestras opciones de afrontar cualquier obstáculo que la vida interponga en nuestro camino.

Sin embargo, el hecho es que, en su mayor parte, sobrevivimos sin problemas. Hay pocas razones para que nuestro cerebro arme tal alboroto. Necesitamos hacernos cargo y enseñarle a ver y a reconocer las cosas de otro modo, y así es como viviremos con una dosis saludable de AAA. Entrena a tu cerebro para que se comporte como debería hacerlo. Lo cual me lleva a nuestro siguiente tema... entrenar a tu cerebro.

Lo primero que debes hacer antes de enseñarle algo a un estudiante es comprender cómo aprende. Por lo tanto, te voy a pedir que realices un rápido ejercicio de consciencia que te ayudará a arrojar luz sobre los hábitos de aprendizaje de tu propio cerebro. Lo llamo el «test de sesgo cerebral».

Descubrí este rápido pero eficaz ejercicio en una charla TED impartida por Willoughby Britton, un neurocientífico de la Universidad de Brown.

Te ayudará a evaluar lo que tu cerebro ha estado aprendiendo eficazmente en los últimos años.

Busca la app del cronómetro en tu teléfono celular. Cuando estés listo, lee las tres preguntas que aparecen a continuación, una por una. Activa el cronómetro en cuanto hayas leído las preguntas y cuenta los segundos que tarda en aflorar la respuesta en tu mente.

EJERCICIO DE CONSCIENCIA
EL TEST DE SESGO CEREBRAL

Objetivo	Descubrir qué partes de tu cerebro han crecido y se han desarrollado
Duración	3 minutos
Repetición	Una vez es suficiente para tomar consciencia
Lo que necesitarás	Un lugar tranquilo donde nada te interrumpa Un cronómetro

Pregunta 1: ¿Qué almorzaste ayer?

Pregunta 2: ¿Qué cosa no te gusta de ti?

Pregunta 3: ¿Qué cosa te gusta mucho de ti?

Muy bien. Gracias por participar. En realidad, no importa el tiempo que tardaste en responder a estas preguntas. Lo importante es a cuál respondiste más rápidamente y cuál te costó más.

Solicité a cientos de participantes realizar este test y la mayoría tardan más en responder a la Pregunta 1. Contestan más rápido a la Pregunta 3 y significativamente más deprisa a la 2. ¿Cuál fue el ranking de tus propias respuestas? Escríbelo aquí; más tarde volveremos a él, cuando estudiemos el próximo concepto.

Respuesta más rápida   R (_____)

Segunda más rápida   R (_____)

Respuesta más lenta   R (_____)

Cuando acabes, no esperes. Pasa al siguiente capítulo y reúnete conmigo en la escuela primaria de tu cerebro.

Capítulo cuatro

La práctica hace infeliz

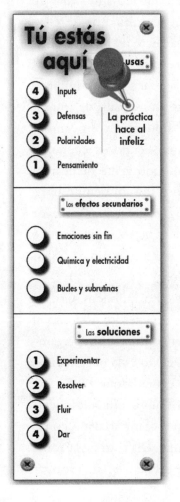

Estoy seguro de que en algún momento un entrenador o uno de tus padres te dijo que la práctica hace al maestro. Podrían tener razón al afirmarlo, pero bien podrían equivocarse. Dependiendo de la práctica, esta también puede volvernos débiles, confusos o violentos, y si practicamos la infelicidad con la constancia suficiente, la práctica nos hundirá en la miseria.

Hay una vieja historia, atribuida a los cheroqui, de un abuelo sentado a la hoguera con su nieto. El nieto pregunta: «¿Las personas son buenas por naturaleza?».

El anciano responde: «Dentro de cada uno de nosotros, hay una batalla entre dos lobos. Uno es malo. Alberga ira, envidia, resentimiento, avaricia, vanidad, victimismo, inferioridad, mentiras, orgullo, narcisismo y ego. El otro es bueno. Representa la alegría, la satisfacción, el amor, la esperanza, la serenidad, la humildad, la bondad, la simpatía, la generosidad, la verdad y la compasión».

Tras un momento de silencio, el nieto pregunta: «¿Qué lobo gana la batalla?».

El anciano sonríe y responde: **«El lobo al que alimentes»**.

Mi yo tímido

¡Todos hemos pasado por eso!

Soy un introvertido redomado. Puede resultar difícil de creer si ves mis videos en YouTube, donde hablo en público ante miles de personas e interactúo con cientos de ellas, después de mis pláticas. Pero no hay que confundirse: de niño era increíblemente silencioso e incluso tímido. Era un nerd. Prefería estar solo con un libro o delante de la computadora. Estar con la gente, más allá de amigos muy cercanos o seres queridos, me quitaba energía, y en cambio estar solo me la devolvía. Al día de hoy sigo siendo exactamente igual. Si me dan a elegir, me alejaré del mundo y me dedicaré a escribir como forma de comunicarme con él. En mi tiempo libre, rara vez acudo a una fiesta o a una cena en grupo. Dedico la mayor parte de mis interacciones humanas a conversaciones individuales e íntimas con las pocas personas a las que considero amigas. Sigo siendo un nerd y un introvertido redomado.

Sin embargo, cada día paso horas en eventos públicos. Con el tiempo, hay miles de personas cuyo nombre recuerdo, así como el contexto exacto de la última vez que nos encontramos. Si preguntas a cualquiera de ellos, te confirmarán que Mo es la persona más socialmente extrovertida que conocen. Recuerda que no lo soy, pero tampoco estoy fingiendo. Con los años mis habilidades sociales han evolucionado hasta el punto de que comportarme como un extrovertido es algo prácticamente natural. Disfruto de la compañía de las personas casi tanto como de mi soledad para recargar las pilas.

¿Cómo he pasado de ser alguien tan introvertido a una persona capaz de alternar sin problemas entre una introversión extrema y una notable extroversión? **¡La práctica!**

Puedo identificar vívidamente el momento en que decidí accionar ese interruptor. Fue en 1995, la primera vez que dirigí un equipo. Hasta entonces, todos mis éxitos en la vida se atribuían a mis contribuciones como individuo. Me encerraba y leía un libro de física de principio a fin en una sola noche, o me pasaba tres días puliendo un complejo fragmento de código. No necesitaba a los demás para hacer progresos. De hecho, los consideraba un obstáculo. Pero entonces todo cambió. Como jefe, pronto descubrí que los seres humanos eran mucho más complejos que los objetos. Son volubles. Hay que convencerlos y te apoyarán mejor si les caes bien. No me juzgues, por favor, pero esto fue una revelación un tanto irritante para mí, si te soy sincero. ¿Por qué tanto drama? ¿Por qué no respondían como mi computadora? ¿Por qué no se limitaban a recopilar mis peticiones como jefe y las ejecutaban como si de un código se tratara?

Sin embargo, enseguida me di cuenta de que este dilema —tratar con los seres humanos— no iba a desaparecer pronto. En todo caso, se iba a volver más intenso. Mi éxito dependería de mi capacidad para conectar con las personas, y no tanto de otros aspectos. ¡Maldita sea!

Como solía hacer por aquel entonces, recurrí a lo que estaba acostumbrado a hacer: leí todos los libros que encontré sobre gestión de personal, que explicaran cómo hablar con los demás, cómo hacer amigos e influir en los otros, e incluso las cuarenta y ocho leyes del poder, en un intento por comprender por qué los seres humanos se comportan así. Acudí a todas las formaciones que mi trabajo me ofrecía sobre la cuestión del «trato» con la gente. Y, como solía suceder, el conocimiento adquirido me ayudó a aprehender intelectualmente los conceptos. Sin embargo, no influyó en mi conducta, no me volvió extrovertido ni limitó mi amarga timidez, que me hacía esconderme mientras me devoraba por dentro.

Solo cuando empecé a poner en práctica lo que había leído mi vida comenzó a cambiar. A partir de los consejos leídos, tomé una pequeña parte de mi ineptitud social —la incomodidad que me invadía al hablar con extraños y mantener una conversación— y me puse a practicar para cambiarlo, dirigiéndome primero a lo que el libro llamaba «individuos de bajo riesgo». De una forma comprensible para mi cerebro analítico, el libro explicaba que no somos igual de tímidos con todo el mundo. Un joven como yo se sentiría mucho más incómodo hablando con una bella supermodelo que con el mesero de Starbucks o la maravillosa anciana de la fila del supermercado. Así pues, me impuse un reto sencillo: hablaría al menos con una persona en cada cafetería, cada elevador (esta era difícil) o cada tienda en la que entrara. Empezaría preguntándoles algo y, cuando mi tímido cerebro descubriera que la mayor parte de la gente no muerde cuando les hablas, reuniría el valor suficiente como para hacer un comentario sin importancia o incluso una broma. Los números crecieron rápidamente. Al poco tiempo ya era capaz de provocar cuatro o cinco conversaciones espontáneas al día. Como ocurre al ir al gimnasio, mis músculos sociales comenzaron a crecer y en el presente puedo hablar (y hablo) con cualquiera, en cualquier momento y lugar, aunque en mi interior, si me dejan en mi zona de confort, no hablaría con nadie en absoluto.

Todo lo que practicamos regularmente, en tareas pequeñas a lo largo de un dilatado periodo de tiempo, mejora. Así es como funciona nuestro cerebro.

Cómo aprendemos

Como he mencionado un par de veces, nuestro cerebro increíblemente sofisticado no es más que un pedazo de carne. Esto hace que este órgano sea comparable a nuestros músculos, al menos en lo que respecta a una regla importante…

Aquello que se utiliza tiende a crecer, y lo que no, disminuye.

Durante la mayor parte del siglo XX, se creía que esto era cierto solo hasta cierta edad. Se pensaba que el cerebro solo se desarrollaba hasta los veintitantos años y que luego nos quedábamos así, con escasas posibilidades de evolución futura y condenados a la decadencia hasta llegar a una edad avanzada. Sin embargo, estudios recientes demuestran que esto no es así: nuestro cerebro cambia constantemente y evoluciona a través de dos procesos conocidos como «neuroplasticidad» y «neurogénesis». Ten paciencia mientras explico algunos aspectos técnicos simplificados, antes de sumergirnos en las herramientas prácticas que podrás utilizar.

La neurogénesis es el proceso mediante el que las células de nuestro sistema nervioso, conocidas como neuronas, se producen a partir de células madre. La creación de nuevas neuronas continúa durante la etapa adulta en algunas regiones del cerebro.[1] Este proceso nos ayuda a reparar zonas dañadas de nuestro cerebro en el caso de un accidente, y a que siga creciendo incluso cuando envejecemos. Podemos continuar creando más «cerebro». Es una buena noticia.

Y una noticia aún mejor es la neuroplasticidad. En física, la plasticidad se define como la capacidad de ser fácilmente moldeado o deformado. La neuroplasticidad es la capacidad del cerebro para reorganizarse a sí mismo formando nuevas conexiones neuronales para mejorar el rendimiento de sus tareas.

La primera vez que leí sobre la neuroplasticidad fue un día feliz para mí. Como adicto a la autosuperación, me cayó bien saber que podía seguir invirtiendo en mí mismo, aprender, crecer y mejorar, independientemente de la edad de mi cerebro. Creo que el propósito de mi vida es convertirme en la mejor versión posible de mí mismo. Aún no me he acercado, por lo que necesito mucha neuroplasticidad para continuar avanzando.

En cuanto a la felicidad, por ejemplo, si pretendo inspirar a otros necesito seguir evolucionando hasta convertirme en el campeón olímpico de la felicidad. La práctica y la neuroplasticidad son los únicos métodos que tengo para recorrer este camino. Es el mismo planteamiento utilizado para dominar la técnica de la natación como Michael Phelps, tocar la guitarra como Jimi Hendrix o comprender la física como Albert Einstein. Para todo ello hemos de ejercitar el cerebro para mejorar tres procesos: la señalización química, los cambios estructurales y los cambios funcionales. Deja que te muestre cómo cada uno de ellos reconfigura tu cerebro.

La creación de recuerdos

Hace unos meses, me sentí tan abrumado por la tarea de difundir la felicidad que contemplé la posibilidad de dejarlo. Entre la fundación, el pódcast, escribir, actualizar las redes sociales, los ocasionales comentarios negativos, las entrevistas y las charlas públicas, algunos días estaban muy sobrecargados.

Cuando realmente tengo problemas, he aprendido a escuchar el consejo que recibo de mi hijo, Ali. Creo que, después de que él dejara nuestro mundo, hemos encontrado una forma de comunicarnos a través de la música (ignora esta parte si no crees en lo metafísico). Cuando él quiere decir algo, la canción más extraña, normalmente una que no me gusta, resuena en mi cabeza. En mi reproductor, pongo música en el radio al azar y espero a la cuarta canción (es el código que, según he observado, utiliza Ali para comunicarse). Ese día la cuarta canción me resultaba desconocida: la versión acústica de *Life is Beautiful*, de Sixx:A.M. Presté atención en cuanto escuché los dos primeros versos de la letra y reproduje la canción al menos veinte veces seguidas, reclinado en una silla de comedor de color azul y ligeramente incómoda, dando la espalda a la ventana y con los pies apoyados en otra silla. Había un fuerte olor a café haciéndose. Lloraba como un bebé cada vez que escuchaba un verso en concreto. Ese verso sonaba como una conminación a no rendirme, una petición que Ali me transmitía. Me estaba pidiendo que jurara por mi vida que su muerte llevaría la felicidad al mundo, que nadie lloraría en el funeral de Ali. En mi corazón, comprendí que esa frase significaba que no debía permitir que su muerte fuera motivo de tristeza y que, por mi amor a él, su recuerdo, su funeral, durarían hasta el día de mi partida.

Allí estaba yo, con unas neuronas cerebrales que se activaban al percibir la incómoda presión de las dos sillas en mi cuerpo, otras neuronas activas ante la visión de la habitación desde un ángulo desacostumbrado, y otras más que se activaban al escuchar ciertas palabras, ciertos riffs de guitarra, y al aspirar el olor del café negro y humeante. Otras neuronas se activaban en mi cerebro para evocarme un recuerdo específico de su funeral, y otras para facilitar el llanto, que era especial porque combinaba la emoción de su pérdida y la sensación de empoderamiento que yo necesitaba para atender su petición, así como el alivio al percibir que aún estaba a mi lado; realmente, una extraña mezcla de emociones.

LIFE IS BEAUTIFUL

Escucha la versión acústica del álbum *Seven*, de Sixx:A:M.

Hazlo como curiosidad, para descubrir cómo, según creo, mi hijo se las ha arreglado para mantener el contacto desde otra dimensión.

Cada vez que sonaba la canción, yo creaba un poderoso recuerdo de toda la experiencia. En los siguientes días, sentado en la misma silla, reproduje la canción más de cien veces, y hasta el día de hoy la sigo poniendo unas cuantas veces a la semana.

Ahora mi cerebro custodia este recuerdo. Por lo tanto, cada vez que escucho esta canción, recuerdo las sillas y el café. Cada vez que huelo el mismo café, la canción surge en mi mente. Cada vez que recuerdo la letra, lloro exactamente de la misma forma, y cada vez que lloro al recordar que fue él quien me puso en mi actual camino, cuando nos dejó, esta canción empieza a sonar en mi cabeza para reconfortarme. Una red centrada en torno a este recuerdo está grabada en mi cerebro.

El proceso que crea nuestros recuerdos se aplica justo de la misma manera cuando se trata de desarrollar nuestras habilidades. Pongamos el caso de los videojuegos. Cuando Ali tenía siete años, empezó a jugar a videojuegos, y él y yo solíamos enfrentarnos en un juego de lucha llamado *Tekken*. Yo no solía portarme como un padre. Quería ganar. Cuando llegaba la hora de jugar, le preguntaba a Ali: «¿Te gustaría que te patee el c[censurado]?». Ali, que incluso a esa edad ya era tranquilo, me decía: «Papá, ¿no es mejor jugar y divertirnos?». Jugábamos, nos divertíamos, pero no nos equivoquemos, yo quería ganar (lo siento, Ali, no puedo creer que fuera así). Sin embargo, hubo una vez en la que realicé un largo viaje por trabajo durante las vacaciones de verano. Al regresar, y aunque era muy tarde, Ali me recibió en la puerta, me abrazó y me dijo: «Papá, ¿te gustaría que te patee el c[censurado]?». Mi orgullo se sintió provocado. Respondí de inmediato: «Está bien, vamos. Vas a perder otra vez» (un padre horrible). Pues bien, ganó esa noche y todas las noches durante el resto de su vida. Se convirtió en una verdadera leyenda de los videojuegos y nunca le volví a ganar.

Le pregunté: «¿Qué hiciste?». Respondió: «Jugué cuatro horas al día todos los días». Podría haber respondido con una sola palabra:

neuroplasticidad. Cada una de las habilidades que hemos desarrollado es el resultado del uso de la neuroplasticidad por parte de nuestro cerebro. Así es como funciona.

La centralita

La forma más sencilla de imaginar cómo funciona la neuroplasticidad es pensar en las antiguas centralitas telefónicas. Hasta bien entrado el siglo XX, las llamadas de teléfono se hacían levantando el auricular para informar a un operador de la persona con quien queríamos hablar, y el operador conectaba físicamente el cable procedente de tu teléfono con el teléfono del destinatario de la llamada.

Nuestro cerebro funciona de un modo muy similar. Cuando practicamos una habilidad o registramos un recuerdo que necesita del trabajo conjunto de dos o más regiones, nuestro cerebro emite señales. En la época de las centralitas, el operador utilizaba un cable de conexión para establecer la llamada. Nuestro cerebro utiliza moléculas conocidas como «neurotransmisores».

Imagina un largo cable similar a una fibra, conocido como axón, conectado a la intersección de una célula nerviosa, en lo que se llama sinapsis. Es como el cable entre un teléfono y una centralita. Al levantar el auricular, el cable te comunicará con el operador, pero no con el otro teléfono. Cuando una neurona se activa, un impulso eléctrico recorre el cable. Pero no alcanza a otras neuronas hasta que se libera una sustancia conocida como «neurotransmisor», que salva la pequeña distancia entre las células, como el cable del operador que conecta los dos teléfonos.

Algunos de los neurotransmisores más conocidos son: la serotonina, un inhibidor implicado en la regulación del sueño, el estado de ánimo y el apetito; la dopamina, una sustancia excitante que regula el movimiento y la experiencia del placer, y las endorfinas, que moderan el dolor.

En cuanto la conexión se completa, los neurotransmisores se degradan, lo que equivale a colgar el teléfono, y esto «resetea» el sistema. Así es como la sinapsis vuelve a estar preparada para responder a la próxima señal.[2]

Ahora imaginemos esto. Si llamas al operador y le pides que te conecte una y otra vez con la misma persona, el operador llegará a ser muy ducho a la hora de conectar la llamada. Incluso podría dejar el cable en su lugar y limitarse a empujarlo para establecer la conexión en cuanto llames. Esto también ocurre en nuestra cabeza. Cuando intentamos aprender a tocar una secuencia de notas con la guitarra o a coreografiar nuestras acciones para disparar a unos aliens en un orden específico mientras jugamos un videojuego, descubriremos que cada vez que repitamos la secuencia nos resultará un poco más fácil que la vez anterior. Esto se debe a que la producción repetitiva de señales químicas prepara a las neuronas implicadas para activarse con una mayor sincronía.

Sin embargo, este efecto de señalización química puede no durar hasta el día siguiente. Para que eso ocurra, hacen falta cambios estructurales. Aquí es donde empieza a operar la verdadera magia. Veamos cómo funciona.

Imagina que eres Theodore Roosevelt y que, en los albores del desarrollo técnico, hay unas pocas personas con las que hablas muchas veces al día. Para establecer la conexión de inmediato, la empresa telefónica mantendrá conectado tu teléfono con el de las personas con las que necesitas hablar. Así es como actúa tu cerebro. Si dos neuronas se activan al unísono y de forma reiterada, se producen cambios estructurales que establecen una conexión más permanente entre ambas. Este proceso que conecta zonas separadas del cerebro cambia su propio diseño, como si actualizáramos nuestra computadora en mitad de un cálculo complejo para disponer de una herramienta más adecuada para resolver el problema presente. Como señala el neurocientífico Donald Hebb…

Las neuronas que se activan juntas se mantienen unidas.[3]

Creamos nuevos patrones de pensamiento cada vez que pensamos. Estos patrones se ven reforzados por las conexiones en el seno de nuestro cerebro. En consecuencia, el futuro pensamiento que utiliza estas nuevas conexiones se torna más fácil y es más efectivo.

Este rediseño estructural no solo refuerza ciertas conexiones, también corta las que no se utilizan. Al nacer, cada neurona tiene el potencial de conectar con otras cinco mil neuronas a través de sinapsis. Cuando algunas de estas conexiones se usan con mucha frecuencia, otras se debilitan y desaparecen. Es como el trabajo que hizo Google al construir sus primeros centros de datos utilizando sus propias versiones básicas de los servidores. Al eliminar las partes de la computadora que no eran realmente necesarias para las funciones que Google pretendía, se volvieron más eficientes en las tareas en las que tenían que concentrarse.

Con el tiempo, los cambios estructurales que tienen lugar en nuestro cerebro se acumulan. En consecuencia, ciertas zonas se vuelven más fuertes y otras desaparecen por completo. Como mencioné antes, lo que utilizamos crece y lo que no usamos se reduce.

Primero, la señalización química nos hace mejores en una tarea, y más tarde los cambios estructurales hacen que esas mejoras sean permanentes. A continuación, nuestro brillante cerebro da un paso más para optimizar las funciones que se espera que lleve a cabo. La siguiente etapa de aprendizaje se conoce como «cambio funcional».

Las neuronas se readaptan constantemente para realizar funciones distintas a aquellas para las que se diseñaron en un principio, funciones a las que el cerebro concede prioridad y a las que dedica más recursos. Esto es fácil de observar durante el proceso de recuperación después de un accidente. Por ejemplo, el daño de ciertas partes del cerebro puede conducir a la pérdida de ciertas funciones de control motor. Con el tiempo, a medida que el paciente se recupera, diferentes regiones del cerebro empiezan a asumir las responsabilidades originales de la parte dañada, con lo que gradualmente se recobra el movimiento sin restablecer ninguna de las células perdidas. Esto también se aplica a la forma en que nuestras células se readaptan cuando necesitamos que un mayor número de ellas se centren en determinadas funciones. Los lectores de Braille, por ejemplo, tienen una zona de control motor de las manos más extensa en el hemisferio cerebral derecho, y los taxistas de Londres presentan una zona del cerebro más amplia dedicada a la memoria espacial. Sus cerebros necesitan destinar más recursos a esas funciones que realizan miles de veces al día durante años.

En resumen, ahora mismo nuestro cerebro es diferente a aquel con el que empezaste a leer este libro. Volverá a ser diferente al acabar esta página. Las conexiones entre sus diferentes células serán diferentes, y tal vez incluso habrá reasignado funciones nuevas a algunas de ellas. ¡Fascinante!

Aprendiendo por dentro

Ahora hay algo fundamental sobre lo que debo llamar la atención. Para que los músculos crezcan, hay que ir al gimnasio regularmente y someterlos a rutinas de ejercicio de una complejidad creciente. Necesitarás estímulos externos —como pesas— para que los músculos realicen la tarea que lo hará crecer. El caso del cerebro es distinto. Evocarlo es tan eficaz como volver a hacerlo en lo que atañe al desarrollo cerebral. Todos sabemos que esto es cierto. Si leemos un titular al pasar por un puesto de revistas y queremos recordarlo, no tenemos que ir allí a leerlo y releerlo. Basta con evocarlo muchas veces, mentalmente. Los bailarines y atletas profesionales se benefician de la visualización de sus movimientos mientras están sentados sin moverse lo más mínimo. Cuando decimos que la práctica hace al maestro, esa práctica puede no ser más que un pensamiento repetido una y otra vez en nuestra mente.

Evocar es una práctica poderosa, pero puede volverse contra nosotros si añadimos pequeñas variaciones al recuerdo o habilidad que estamos evocando. ¿Alguna vez le has contado una experiencia a un amigo solo para descubrir que él lo recuerda de un modo distinto? Seguro que sí. Naturalmente, esa diferencia entre sus historias puede deberse a un punto de vista distinto. Pero, incluso a pesar de haber visto lo mismo, el tiempo y la evocación reiterada pueden provocar drásticas variaciones en ambos relatos. Imagina, por ejemplo, que la historia que compartieron implica la presencia de una tercera persona situada en un lugar poco iluminado y visualmente no reconocible. Si la primera vez que lo evocaste tu cerebro dotó a ese personaje de cabello largo, los recuerdos consecutivos podrían producir detalles ficticios adicionales, como un vestido y tacones altos. Sin embargo, si el primer recuerdo de tu amigo empezaba con una cabeza calva, el personaje final de la historia podría parecerse a mí. Esto es lo que ocurre con las habilidades. Yo soy un guitarrista autodidacta. Cuando aprendí a tocar de adolescente, desarrollé ciertos errores técnicos que, con la práctica reiterada, se incorporaron de tal modo a la forma en que mi cerebro da instrucciones a mis manos a la hora de tocar que desaprenderlos resulta mucho más difícil que aprender nuevas técnicas.

Repite conmigo

Otro aspecto importante que conviene observar es que el verdadero aprendizaje no deriva de la realización intensiva de cierta función, sino más bien de ejecutar repetidamente esa función, una y otra vez. Esto se aprecia sin problemas en el fitness. Para alcanzar el nivel deseado, no basta con ir al gimnasio una vez al mes a levantar pesas. Es necesario crear el hábito de ir al gimnasio varias veces a la semana. Cada vez que ejercitamos el músculo, este se fortalece un poco más, y al ejercitarlo en repetidas ocasiones durante un extenso periodo de tiempo, nos acercaremos a nuestro objetivo. Otro tanto se aplica a cómo aprende nuestro cerebro.

Sin duda te acordarás de esos terribles años de escuela en los que memorizar algo una sola vez no solía servir para que se te quedara. Recitarlo sin parar era lo que funcionaba. Aunque cada vez que usamos el cerebro este se modifica ligeramente, el tiempo y el uso reiterado son como gotas de agua que caen sobre una roca. Cada gota importa, pero ninguna de ellas, por sí sola, producirá un cambio significativo.

¡Recuerda!

El tiempo y el uso reiterado son la única forma de remodelar nuestro cerebro.

Aprendiendo contra ti mismo

Esto —nuestra capacidad para cambiar con el tiempo— es tal vez la cualidad más increíble que poseemos los seres humanos. Sin embargo, se trata de una espada de doble filo. Puede volverse en nuestra contra.

La repetición de hábitos que conducen a la felicidad —practicar el mindfulness para vivir en el momento presente, por ejemplo— puede convertir a un gruñón en un pacífico y sereno monje con los años, mientras que años de regodeo narcisista en el propio ego puede convertir a un niño normal en… bueno, Donald Trump. ¿Lo ves? Nuestro cerebro y el resto de nuestra biología no son selectivos cuando se trata de lo que elegimos desarrollar, simplemente responden al entorno al que los sometemos y desarrollan las zonas relevantes para un rendimiento óptimo en esas circunstancias.

Si vamos al gimnasio cuatro veces a la semana para tonificar el torso, los resultados serán visibles. Te pondrás en forma y estarás más fuerte, pero te parecerás a un triángulo. Si eliges hacer solo sentadillas con pesas, bueno… te convertirás en una pera enorme. Tu cuerpo no se detendrá a corregirte o alertarte de que hay otros ejercicios que deberías hacer. Seguirá adelante, por extraña que sea tu decisión. Algunas personas deciden ejercitar sus orejas para levantar grandes pesos y girar. Sí, es un deporte real. El campeón mundial de levantamiento de peso con las orejas es Erik Sprague, más conocido como Lizardman (el Hombre Lagarto), capaz de levantar dieciséis kilos con sus orejas agujereadas y girar. ¿No me crees? Compruébalo tú mismo. ¡Incluso tiene una página en Wikipedia!

El cuerpo de Erik no se sublevó y gritó: «¡Esto es una locura! ¡No lo voy a hacer!». Respondió y fortaleció sus orejas y la parte posterior de su cuello. Nunca sabré que impulsa a una persona a dedicar su vida a una ambición tan inusual. Pero tampoco comprendo a quienes dedican su vida a quejarse por cosas que ocurrieron hace muchos años, o quienes se pasan toda su existencia buscando algo que vaya mal en una vida bastante buena. No estoy juzgando a Erik. Si yo hubiera vivido su vida, probablemente tendría los mismos tatuajes y estaría girando sobre mí mismo. Tan solo intento señalar una cosa:

Tu cerebro aprenderá lo que sea que pases tiempo practicando.

Nuestro cerebro no es quisquilloso respecto a qué parte va a desarrollar. Tú decides, tú practicas y, con el tiempo, descubres los frutos del cerebro que eliges nutrir. Acabas con el lobo al que has alimentado. No parará de crecer, aunque a veces ni siquiera sepas que lo estás alimentando.

Habituación

A pesar de su capacidad, nuestro cerebro solo dispone de recursos limitados. No puede pensar en todo simultáneamente. Por lo general no queremos tener que esperar por las respuestas, pero el cerebro no es una supercomputadora, y por eso tiende a ser quisquilloso respecto a aquello a lo que decide dedicar su capacidad de pensamiento. Al actuar así, no concentra la misma atención en el resto de las tareas que deben realizarse. ¿Cómo lo consigue? Por la habituación.

Si hace poco compraste manzanas en el supermercado, probablemente llevarán una pequeña etiqueta pegada. Esa molesta calcomanía no creció en el árbol. Fue la innovación que se le ocurrió a alguien hace tiempo: etiquetar sus propias manzanas para llamar la atención, o tal vez para facilitar su clasificación. Al consumidor no le sirve de nada; más bien al contrario. Resulta molesto cada vez que nos vamos a comer una. Hay que introducir la uña por debajo de la calcomanía y desprenderla, y luego quitarte esa tozuda cosa del dedo y tirarla.

A pesar de todo, ninguno de nosotros presta atención a esa molesta calcomanía adicional que se ha añadido a la vida de todo consumidor de manzanas.

Sin embargo, ¿nos hemos planteado que cada año se consumen cientos de miles de millones de manzanas, y que de prestar atención habríamos reconocido el impacto significativo de una calcomanía diminuta? ¿Lo ves? Cientos de miles de millones de pedazos de papel que van a la basura cada año, y que conforman un pequeño bosque que podríamos haber preservado para mantener vivo nuestro planeta; a lo que hay que añadir el tiempo que la humanidad ha malgastado desprendiendo las calcomanías. Es decir, quiero que pienses en ello. Cada año se producen unos noventa millones de toneladas de manzanas. Si cada una lleva una calcomanía y nos toma cinco segundos arrancarla, solo cinco segundos, la humanidad en su conjunto invertirá 200 000 años humanos en quitar calcomanías. Todo este desperdicio pasa desapercibido porque nos hemos habituado a la calcomanía en las manzanas. Cuando forma parte de nuestra vida habitual, nuestro cerebro lo ignora. Esto se aplica a las calcomanías, y también al ruido y la contaminación en las ciudades en las que vivimos, así como a todo hábito minúsculo al que nos hemos acostumbrado, incluyendo los que nos abocan a la infelicidad. Cada vez que repetimos nuestro hábito, parece merecer menos nuestra atención. Pero si le concedemos tiempo y el suficiente número de repeticiones, junto con la ayuda de la neuroplasticidad, acabará representando una gran diferencia en nuestra forma de ser.

Dudo mucho de que cuando compres las manzanas le dediques un solo pensamiento a las calcomanías. Dudo que busques manzanas sin esos adhesivos o que recuerdes haber quitado uno de ellos. Pues bien, ahora lo harás. Estoy seguro. ¿Por qué? Porque al llamarte la atención al respecto, lo he alejado de las prácticas mecánicas acostumbradas de tu cerebro y lo situado en tu consciencia. Tenemos que hacer esto con el resto de hábitos que pululan en el trasfondo de nuestro proceso cognitivo, en especial con aquellos que nos condenan a la infelicidad.

Cuando se trata de la forma en que nuestros cerebros aprenden, un hábito que pasa desapercibido, como la calcomanía en la manzana, no solo acaba desechado en el bote de la basura. Deja una huella en nuestro cerebro a través de la neuroplasticidad, y en consecuencia experimentamos un ligero cambio. Permíteme ofrecerte unos ejemplos.

Cada vez que nuestro cerebro encuentra algo que le molesta, está habituado a invertir ciclos enteros analizándolo en silencio, en la trastienda de nuestra mente. Cada vez que realiza esta actividad, mejora su capacidad para encontrar elementos que despiertan su irritación. Con el tiempo, se convierte en un maestro del enojo. Todo esto sucede inadvertidamente, día tras día, mientras transcurre nuestra vida. Cada vez que nuestro cerebro se aferra a un pensamiento negativo y se obsesiona con él, mejora un poco su inclinación a aferrarse a pensamientos negativos, hasta que desarrolla la habilidad de pasar días o años concentrado en ellos. Cada vez que permitimos que nuestros miedos se impongan, nuestro cerebro aprende a asustarse más, y cada vez que nos dejamos arrebatar por los debates políticos en televisión, aprende a debatir en el salón de nuestra propia casa, convirtiéndose en un activista pasivo y malhumorado.

Con el tiempo, estos pequeños hábitos contribuyen a un significativo impacto negativo. Con el paso de los años, he llegado a darles un nombre. Los llamo «calcomanías» (sí, se adhieren y son molestos) y he aprendido a detectarlos y a desprenderme de ellos.

Es fundamental reconocer qué parte de nuestro cerebro se ha estado desarrollando. Si no deseas que esa parte siga evolucionando tendrás que estar bien informado y ser consciente de ello, para revertir el proceso. Sin embargo, descubrir qué regiones del cerebro están cambiando es difícil. Al ser un órgano oculto en el interior de nuestro cráneo, no apreciamos su crecimiento, como en el caso de nuestros músculos cuando vamos al gimnasio. No hay síntomas físicos que indiquen la diferencia entre un cerebro que ha sido entrenado para la felicidad y otro que se ha convertido en una máquina de miseria. Y aunque otras personas sí puedan detectar de qué lado estás, ese descubrimiento no es fácil para uno mismo. Con los años nos acostumbramos a nuestras propias conductas asiduas; nos habituamos demasiado como para percibirlas o criticarlas.

Entonces, ¿cómo podemos saber qué partes de nuestro cerebro han estado creciendo debido a lo que hemos estado practicando inconscientemente? Es sencillo. Las regiones de nuestro cerebro que han estado recibiendo un entrenamiento frecuente funcionan mejor. Suelen ser más rápidas y, en consecuencia, pasan a ser las zonas en las que más nos apoyamos y que usamos más a menudo. Esto significa que podemos —y muchos de nosotros tendemos a hacerlo así— incurrir en la práctica sistemática de convertirnos en nuestros peores enemigos. Llegamos a ser tan hábiles en ello que acaba siendo lo que mejor sabemos hacer y lo que practicamos con más frecuencia. **Con el tiempo, nuestros mejores y peores hábitos dan forma a nuestros actos y conductas más notables.**

¡Recuerda!

La práctica te hará infeliz si lo que practicas repetidamente es tu propia infelicidad.

Cuando lo escribimos con tanta claridad, parece tan obvio... Sin embargo, en el contexto de la neuroplasticidad, se trata de una conclusión. Tú tienes todo el control. Puedes moldear tu propia felicidad o infelicidad a través del entrenamiento constante y los buenos hábitos.

Con esto en mente, permíteme unirme a ti en un tour por tu propio cerebro. En primer lugar, tienes que ser consciente de tus calcomanías de manzanas. Descubramos juntos para qué has estado invirtiendo tus recursos cerebrales.

¿Qué has estado aprendiendo?

¿Recuerdas el test de sesgo cerebral (el ejercicio de consciencia que hicimos al final del último capítulo)? Te pedí que respondieras a tres preguntas y midieras el tiempo que tardabas. Vuelve ahora los resultados. La velocidad a la que contestaste a cada una de las preguntas corresponde a las partes más en forma de tu cerebro, aquellas que has estado ejercitando más a lo largo de toda tu vida.

Si has logrado encontrar algo que no te gusta de ti mismo más rápido que algo que realmente te agrada de tu persona, significa que has estado practicando la autocrítica y no tanto el amor a ti mismo (la Pregunta 1 sobre el almuerzo de ayer tan solo pretendía distraerte). Creo que a la mayoría se nos da increíblemente bien ser poco amables con nosotros mismos. Buscar aquellos aspectos en los que no destacamos parece ser ensalzado como algo positivo en nuestro mundo moderno y terriblemente competitivo, porque creemos que esto nos hará trabajar más duro para llegar a ser «mejores». Estoy en profundo desacuerdo con esta premisa. En nuestra infancia se nos enseña a sentirnos motivados por el lado negativo de las cosas. No siempre estudiamos con ahínco en la escuela para aprender (resultado positivo), sino para evitar las malas notas o para presumir de nuestro éxito (resultados inducidos por una motivación negativa). Yo también era así, hasta que descubrí que no necesitaba algo negativo para actuar. Puedo hacerlo tan bien, e incluso mejor, cuando me motiva un resultado positivo. Para mejorar no necesito creer que algo va mal en mí. Puedo esforzarme por ser mejor mientras sigo creyendo que soy una buena persona, exactamente como soy. Enseñar a nuestros hijos a ser autocríticos como motivación para el cambio y la superación es un error. Conduce a una autoestima disminuida y a una mayor presencia de la tercera A: una absoluta insatisfacción de por vida. Sin embargo, nos pasamos horas y horas al día practicando la autocrítica. «Me gustaría tener un trasero más grande, me gustaría tener más curvas, estar más en forma, tener la piel más bronceada, ser más fuerte, más flexible.» «Me gustaría no tener este trasero.» «Estoy calvo y gordo, soy feo, estúpido, inútil, irresponsable, distraído, inflexible…» La lista es interminable. Cada vez que ejercitamos el músculo cerebral responsable de la autocrítica, nos volvemos más hábiles a la hora de criticarnos a nosotros mismos, y todo el proceso se torna más fácil. La facilidad estimula esta actividad, lo cual nos hace destacar aún más en ella a medida que descendemos por un espiral infinita **y nos volvemos expertos en algo que resulta realmente nocivo para nosotros**. Por otra parte, practicar un mal hábito produce un efecto secundario. Si invertimos el tiempo de forma activa en despertar las neuronas de la autocrítica, dejamos de ejercitar las que gobiernan la autoestima. Por lo tanto, estas últimas disminuyen, lo cual conduce a una espiral descendente paralela en la que **nos volvemos incompetentes en algo que resulta increíblemente bueno para nosotros**.

Sin percibirlo, lenta e indudablemente, aprendemos aquello que va en nuestra contra.

Así que, bueno, si no te importa que te lo pregunte, ¿qué es lo que has estado aprendiendo de forma inconsciente?

Cuando ves los programas de televisión nocturnos en los que el presentador ridiculiza despreocupadamente a los demás, ¿qué? Cuando respondes con agresividad a un post en internet, ¿qué estás aprendiendo? Cuando ves una película violenta en la que se masacra o se tortura y golpea a seres humanos en la pantalla, ¿qué estás aprendiendo? Cuando celebras la muerte de un ser humano sin un juicio justo, aunque los medios te digan que es un enemigo, ¿qué estás aprendiendo? Cuando ves una película porno en la que la mujer se reduce a su cuerpo, ¿qué estás aprendiendo? Cuando pasas junto a una persona sin hogar y enfrías tu empatía ignorando su presencia, ¿qué estás aprendiendo? Cuando subes una foto a tus redes sociales que sabes que provocará sentimientos negativos en tus amigos, ¿qué estás aprendiendo?

Y lo más relevante, cuando dedicas tanto tiempo y recursos cerebrales a esos aprendizajes, ¿qué es lo que *no* estás aprendiendo?

Nuestro mundo moderno hace que nuestro cerebro se centre constantemente en la violencia, la avaricia, el miedo, el ego, el odio, la envidia, el sarcasmo, el desprecio, el narcisismo y la negatividad. Los llamamos de otra manera. Nos convencemos a nosotros mismos de que estamos practicando el patriotismo, la libertad, el humor y la ambición. Día tras día, nos transformamos en la propia negatividad y, en el proceso, caemos en una infelicidad cada vez mayor. Perdemos nuestra bella naturaleza como individuos, y las cosas no hacen más que empeorar.

El mismo círculo vicioso de refuerzo afecta a nuestra sociedad, e incluso a la humanidad en su conjunto. Si nos imaginamos como una neurona más en el cerebro acumulativo de la humanidad, ¿qué es lo que está aprendiendo ese cerebro colectivo? ¿Cómo se manifiesta lo que estamos aprendiendo? Los niveles de depresión están disparados. Los suicidios de adolescentes son más altos que nunca y siguen aumentando. Los suicidios de mujeres han alcanzado un récord. Nuestro clima está cambiando. Algunos de los recursos más valiosos del planeta están agotados, y los ecologistas están de acuerdo en que nos enfrentamos a una extinción masiva.[4]

Recuéstate un minuto y observa nuestro cerebro colectivo. Parece que la mente comunitaria de nuestro planeta padece un pésimo estado de ánimo.

Esta creciente negatividad no nos ha sido impuesta. Es el resultado de nuestras propias decisiones, de lo que seguimos aprendiendo. Por ello, invertir la tendencia no puede ser obra de un líder. No es una tarea que pueda encargarse a unos pocos. Debe ser un esfuerzo combinado que nos implique a todos. Al igual que los cien mil millones de neuronas sometidas a una reconfiguración constante en nuestro cerebro, cambiar nuestro mundo empieza por nosotros mismos. Por tu propia felicidad individual y por la de todos los que te rodean, obsérvate a ti mismo y...

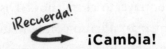

¡Recuerda!

¡Cambia!

Acciones insignificantes reiteradas a lo largo del tiempo son más letales que una única acción. Las acciones sin importancia son más difíciles de detectar, y evaluar su impacto a largo plazo en ti mismo y en los demás es incluso más difícil. Un grupo de individuos inteligentes y de mente positiva puede serte de mucha ayuda para descubrir y eliminar los malos hábitos de tu vida.

EJERCICIO PRÁCTICO
EL ESPEJO

Debate en grupo

Objetivo	Lucidez respecto a las acciones que realizamos repetidamente y que nos enseñan habilidades no deseadas Un esfuerzo conjunto en tu grupo para librarse de los malos hábitos e influir en los demás para que actúen del mismo modo
Duración	60 minutos
Repetición	Repítelo al menos una vez a la semana mientras lo necesites
Lo que necesitarás	Un lugar tranquilo donde nada te interrumpa Nota: Si prefieres trabajarlo tú solo, no hay problema; adapta el ejercicio en consecuencia

Intenta reunir a un grupo de pensadores positivos; bastará con dos o tres buenos amigos. La afinidad y la voluntad de cambiar es lo más importante.

Piensa en una actividad que tus amigos o tú tiendan a hacer varias veces a la semana. Ejemplos: «Veo las noticias todos los días»,

«Veo Instagram en el trayecto al trabajo», «Discuto con mi pareja muchas veces a la semana», «Pienso constantemente en qué pasaría si perdiera mi trabajo». No hay acciones correctas que mencionar. La idea es sacar a la luz todos los ejemplos diferentes antes de comenzar a abordar los realmente importantes.

Cuando el flujo de ideas empiece a menguar, podemos pasar al siguiente paso, que consiste en comprender el impacto a largo plazo de la repetición de estas acciones a medida que se convierten en hábitos y actitudes. Piensen en ello o debátanlo durante diez minutos. Si la conversación es interesante y lleva más tiempo, déjenla fluir.

Cuando sientan que un tema se ha abordado lo suficiente, pasen al siguiente. Pueden usar estas preguntas:

- ¿Qué aprendizajes positivos creará la repetición de este hábito en un individuo?
- ¿Qué inconvenientes es más probable que produzca?
- ¿Se te ocurren ejemplos de individuos (otros amigos, celebridades, políticos, etc.) que encarnen el tipo de características que aprendemos de esos hábitos? Por ejemplo, digamos que el hábito consiste en subir imágenes a las redes sociales que exageran la apariencia física o enmascaran la vida para hacerla pasar por maravillosa. ¿Recuerdas a alguna celebridad que lleve esta actitud al extremo? Toda esa ropa lujosa, esas opulentas posesiones materiales y esa cirugía plástica... ¿es eso lo que realmente aspiras a ser en la vida?
- ¿Qué actividades alternativas que producen los mismos resultados sería mejor adoptar? (Por ejemplo, ¿buscar titulares de noticias en Google es mejor que recibir notificaciones o ver las noticias?)
- ¿Eres capaz de imaginar ejemplos de individuos que actúen como modelos positivos, manifestando las

características que esos hábitos alternativos tienden a desarrollar? Por ejemplo, imaginemos que el hábito alternativo consiste en compartir en internet contenido útil e inspirador. ¿Se te viene a la cabeza un amigo que suela hacer eso? ¿Una figura pública, como Oprah, que solo comparte buenas vibraciones y transmite optimismo? ¿Qué admiras de esa persona? ¿Son rasgos que te enorgullecería que formaran parte de tu ser?

Anota acciones cuantificables que deseas aplicar para invertir la dirección de tu aprendizaje. Por ejemplo: «No voy a utilizar filtros faciales al subir fotografías a mis redes sociales», «Voy a compartir mensajes motivacionales positivos», «Voy a responder positivamente a los posts de otros aunque no esté de acuerdo con ellos», «Solo voy a utilizar palabras amables y respetuosas».

Establece objetivos factibles. Es difícil eliminar un mal hábito de un plumazo; hace falta una práctica reiterada para que la neuroplasticidad invierta el curso. Define un objetivo y empieza ahora mismo. No esperes a que tu compromiso quede relegado a un segundo plano cuando te arrastre el aluvión de tareas de la vida cotidiana. Al alcanzar el objetivo, celébralo, y luego auméntalo gradualmente hasta deshacerte del mal hábito por completo.

Si te acompañas de amigos, descubrirás que su apoyo te abrirá la mente y te empoderará para cambiar y desarrollaros de manera positiva. Háganse responsables unos de otros y celebren juntos el progreso. Si funciona, significa que has elegido el grupo correcto de amigos. Sigan evolucionando juntos. Como dice un antiguo proverbio islámico:

¡Recuerda!

Uno es de la religión (ideología) de sus amigos. Reflexiona sin miramientos a quién dejar entrar en tu vida y a quién sacar de ella.

Capítulo cinco

Tus dos yo

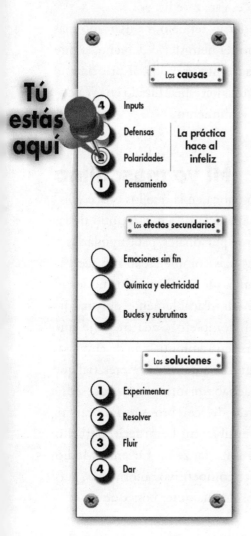

Tú estás aquí

Las **causas**

4 Inputs

Defensas

La práctica hace al infeliz

Polaridades

1 Pensamiento

Los **efectos secundarios**

Emociones sin fin

Química y electricidad

Bucles y subrutinas

Las **soluciones**

1 Experimentar

2 Resolver

3 Fluir

4 Dar

Cuando se trata de computadoras personales, una de las mayores innovaciones es la invención del procesador gráfico. Este procesador es responsable de la creación de imágenes de alta calidad en tu pantalla. Comprende muy bien las imágenes y está diseñado para producirlas a mayor velocidad que la unidad central de procesamiento (CPU) de una PC. Por su parte, al CPU se le da mejor el cálculo de cifras y la realización de tareas. Juntos convierten a la computadora personal en la plataforma predilecta para los mejores jugadores de videojuegos de todo el mundo: dos procesadores diferentes que realizan su tarea con mucha eficacia. Si le quitas el procesador gráfico a la computadora, la máquina se volverá lenta y lo más probable es que deje de funcionar.

Sorprendentemente, esto no es muy distinto de cómo funciona nuestro cerebro. Si sostuviéramos un cerebro humano en la mano, nos daríamos cuenta de que, en realidad, lo que tenemos dentro del cráneo no es uno sino dos cerebros, dos hemisferios conectados por una fino haz de fibras, el cuerpo calloso. El hemisferio izquierdo y el derecho del cerebro están diseñados para llevar a cabo funciones completamente diferentes. Se les da muy bien lo que hacen, pero muy mal lo que el otro hemisferio es capaz de hacer.

Por desgracia, en el mundo moderno, tendemos a usar uno más que el otro. A menudo descuidamos el hemisferio derecho, el que añade color, emoción y creatividad a nuestra vida, al priorizar el hemisferio izquierdo, analítico, controlador, especializado en el cálculo numérico y orientado hacia el rendimiento.

Mi yo masculino

¡Todos hemos pasado por eso!

En la misma época en la que los procesadores gráficos aparecieron en el mundo de las computadoras personales para ayudarlas a ser máquinas más completas, yo me acercaba a los treinta años y el mundo moderno me arrastraba implacablemente en una dirección que haría de mí un ser incompleto. Cada mensaje que recibía en el trabajo, desde la maestría en administración de empresas que había terminado hasta la literatura de autoayuda empresarial que consumía en abundancia, me ordenaba priorizar mi procesador analítico —el hemisferio izquierdo del cerebro— e ignorar mi procesador intuitivo, creativo y sensible: mi hemisferio derecho. Esto estaba muy en sintonía con mi crianza en Oriente Medio, donde se educa a los chicos para ser competitivos, motivados, perseverantes y a menudo desdeñosos de cualquier cosa que no sean los rasgos «viriles».

¿El resultado? Progresé increíblemente en mi trabajo, en mi carrera y en mi habilidad para ganar dinero. Y era infeliz. Sufría frecuentes y profundas temporadas de depresión. Era duro y muy estricto con mi querida familia, y en mi intento por evadirme de la depresión, me empecinaba aún más en la conducta dictada por mi hemisferio izquierdo. Me presionaba aún más. Me volví terco y rechacé los sensatos consejos que generosamente me ofrecía mi por aquel entonces esposa. Carecía de autoestima y no paraba de ordenarme a mí mismo actuar «como un hombre» y «hacer» más cosas. Cuanto más aceleraba mi motor analítico, más creía que tenía que esforzarme más y, con el tiempo, saldría triunfante (o feliz). Pero me equivocaba. Me sumergí aún más profundamente en la infelicidad, la necedad y la confusión. Me alejé cada vez más de mi amada familia. Yo tenía una personalidad tan agresiva y terrible que no te habría gustado pasar un solo minuto conmigo. Estaba solo, triste y solo.

Apenas era consciente entonces de que la mentira que me había impuesto una sociedad hipermasculina y orientada hacia el hemisferio izquierdo, exacerbada por nuestra cultura laboral egoísta y capitalista, esa mentira en la que creía tan ciegamente, me estaba privando del equivalente humano a un procesador independiente. Un procesador que no se limitaba al mero análisis y la disciplina. Mi condicionamiento me había despojado completamente de las cualidades del hemisferio derecho, y eso me cegaba a posibilidades alternativas de existencia. Me faltaban consciencia, sentimientos, emociones y la intuición necesaria para salir del agujero.

Encontrar el camino de la felicidad a través de un método de ingeniería (el tema de mi primer libro) me llevó años de investigación utilizando el hemisferio izquierdo de mi cerebro. Ocasionalmente, después de muchos meses o a veces años de investigación, descubría algo profundo. En cuanto lo conseguía, siempre buscaba a mi mentor, mi maravilloso hijo Ali, para hacerle partícipe de mis hallazgos.

A Ali nunca le faltaba el equilibrio que yo necesitaba desesperadamente. Incluso de pequeño, tenía la necesidad de descubrir la verdad, el corazón para percibir y sentir con empatía y la sabiduría para resumirlo todo en unas pocas palabras. Cuando le contaba mis hallazgos sobre la felicidad, en mi estilo terriblemente lógico y metódico, propio de un ingeniero, él respondía con unas pocas preguntas, que por supuesto no necesitaba ni formular, solo para hacerme saber que le interesaba lo que yo le contaba.

Escuchaba atentamente mis respuestas y luego sonreía y decía: «Guau, estoy orgulloso de ti, papá». Como si fuera un niño, mi corazón bailaba de alegría cuando él se portaba así. Lo único que yo quería era su admiración. Él era mi mentor autoasignado, y su aprobación a mi trabajo confirmaba que estaba en el buen camino.

Entonces tenía lugar la magia. Él me recitaba lo que yo había dicho con mi hemisferio izquierdo como si lo sintiera el corazón y lo expresara el derecho. De pronto, todo se iluminaba. Y al fin yo lo entendía.

Durante años, hasta que aprendí a valerme por mí mismo, Ali fue mi corazón. Él era mi hemisferio derecho, mi procesador gráfico. Me hizo un ser completo.

Las dificultades que afronté al acercarme a finales de la treintena no son extrañas en el lugar de trabajo o en la mayoría de las sociedades. Ciertas contribuciones a la sociedad —en especial las asociadas con la conducta «masculina» tradicional— se han ensalzado en exceso. Muchos de nosotros, hombres y mujeres, nos apoyamos solo en la mitad de nuestra capacidad de procesamiento. Son muchos los que alaban el hemisferio izquierdo del cerebro, y en consecuencia nos concentramos en actuar, actuar y actuar. Ignoramos las capacidades del hemisferio derecho y nos privamos a nosotros mismos y al mundo de un muy necesario equilibrio y de una oportunidad para limitarnos a «ser».

Creo que nuestro mundo moderno concede un énfasis excesivo al hemisferio cerebral izquierdo. Tres de cada cuatro personas con las que te reúnas hoy en el trabajo priorizarán la lógica —el CI, coeficiente intelectual— sobre el coeficiente emocional, CE. Esta es una respuesta natural a las exigencias del trabajo, donde el pensamiento analítico, la orientación a los resultados, la planificación, la competitividad y otras capacidades del hemisferio izquierdo son ampliamente valoradas. Entretanto, se supone que las emociones deben reprimirse, y la intuición, sin una sólida prueba, hay que guardarla para uno mismo. Sin embargo, ¿es cierto que un hemisferio de nuestro cerebro, la mitad de lo que nos hace humanos, es más útil que el otro?

Nuestra comprensión de la diferencia entre las capacidades de los dos hemisferios cerebrales empezó con el trabajo de Roger W. Sperry, que ganó el premio Nobel en 1981 por su trabajo sobre la epilepsia. Sperry descubrió que seccionar el cuerpo calloso —la fibra que conecta los dos hemisferios— reducía o eliminaba los ataques. En el proceso, su trabajo también nos ayudó a entender cómo cada hemisferio del cerebro trabaja en un nivel fundamental cuando se aísla del otro.

Además de la reducción de los ataques epilépticos, sus pacientes recuperados experimentaron otros síntomas. Cortar la vía de comunicación entre los dos lados del cerebro hizo que los pacientes fueran incapaces de nombrar objetos observados por el ojo izquierdo y, por lo tanto, procesados por el hemisferio derecho, aunque seguían siendo capaces de nombrar objetos procesados por el lado izquierdo y observados con el ojo derecho. A partir de esta información, Sperry sugirió que el lenguaje estaba controlado por el hemisferio izquierdo del cerebro.[1] Muchos otros siguieron el trabajo de este descubrimiento, que nos lleva a comprender mejor, y con gran detalle, ambos hemisferios del cerebro. Permíteme ahorrarte los detalles técnicos y presentarte las dos partes de tu cerebro de una forma más coloquial y narrativa.

Imagina que tus dos cerebros son dos seres humanos. En pos del argumento, llamémoslos Izquierdito y Derechito. Son dos personas

muy diferentes. Izquierdito tenderá a ser analítico; Derechito será más bien intuitivo. A Izquierdito le gustará hablar —con palabras— de los detalles, y Derechito describirá el mundo de manera más poética. Tras un análisis racional de la situación, Izquierdito recomendará un plan precavido y Derechito adoptará un planteamiento más aventurero y actuará por impulso. Mientras que Izquierdito intentará invocar cierta disciplina utilizando frases cortas y lógicas, Derechito hará un esbozo a través de la imaginación y la creatividad que no significará mucho para Izquierdito, que se dará la vuelta y empezará a **hacer** cosas mientras Derechito se recostará para limitarse a **ser** y a mantenerse fiel a lo que siente. ¿Te suena familiar? ¿Puedes reconocerlos en ti mismo?

Antes de seguir adelante, quiero aclarar algo. Estoy hablando de los atributos del hemisferio izquierdo como arquetípicamente masculinos (¡lo cual no significa que solo los tengan los hombres!) y de los atributos del hemisferio derecho como arquetípicamente femeninos (no exclusivos de las mujeres). Es una forma conveniente de explorarlos y no tienen que ver con el género de la persona. La neurociencia moderna declara inequívocamente que los cerebros izquierdo y derecho no corresponden a la biología masculina o femenina de los seres humanos. Por supuesto, todos tenemos los dos cerebros. Mi pretensión aquí es demostrar que diferentes partes del nuestro cerebro son responsables de ciertas características que asociamos con las conductas y rasgos femeninos y masculinos. Comprender el espectro más amplio de cualidades del que nuestro cerebro es capaz nos permitirá aprovecharlas mejor. El uso de estos arquetipos pretende señalar la feminidad y la masculinidad que están presentes en todos nosotros.

Un ataque de lucidez

Nunca he encontrado una explicación más clara de la distinción entre nuestros dos hemisferios cerebrales que en la obra de la neurocientífica Jill Bolte Taylor —su libro *Un ataque de lucidez* y su charla TED en 2008—, que describe la experiencia de sufrir un derrame cerebral que inutilizó su hemisferio cerebral izquierdo. Sin las restricciones que las funcionalidades de este hemisferio imponían a su forma de ver el mundo, pudo experimentar la vida exclusivamente a través del hemisferio derecho.

Estas son sus palabras:

Por un momento el revuelo de mi hemisferio izquierdo quedó totalmente callado, como si alguien hubiera pulsado el botón de silencio de un control a distancia […] Imagínate cómo sería desconectarte por completo del parloteo de tu cerebro […] Y ahí estaba yo, mi trabajo y el estrés relacionado con mi vida cotidiana habían desaparecido. Me sentía más ligera […] Me invadió una sensación de paz. Imagínate cómo sería perder treinta y siete años de bagaje emocional. ¡Euforia! Era precioso.[2]

La neurociencia nos enseña que el discurso cerebral, tanto interno como externo, y en general el uso de las palabras son una función del hemisferio izquierdo. Los extremos de esta inclinación, como el debate excesivo o una naturaleza de nerd, se asocian con nuestro lado arquetípicamente masculino. Desconectar esta parte nos aporta silencio interior y permite que nuestro hemisferio derecho despliegue todas sus potencialidades.

Así es como Jill describió la experiencia de su hemisferio derecho:

Me miré el brazo y me di cuenta de que ya no podía determinar los límites de mi cuerpo. No podía determinar dónde empezaba yo ni dónde estaba porque los átomos y las moléculas de mi brazo se mezclaban con los átomos y las moléculas de la pared y de todo lo que me rodeaba. Me sentía enorme y expansiva, como un genio que acabara de ser liberado de la lámpara, un genio dotado de toda la energía posible. Había encontrado el Nirvana.

La sensación de unidad con todo que Jill describió sin duda es una función del hemisferio derecho. También se asocia poderosamente a lo femenino. Te animo a profundizar en el trabajo de Jill para comprender mejor las diferencias entre nuestros dos hemisferios cerebrales. Por ahora, sin embargo, basta con decir que sin duda tenemos…

Dos cerebros diferentes

Si Izquierdito fuera humano, me lo imagino como un friki de las matemáticas que trabaja como supervisor en una fábrica. Si le pregunto por sus valores y actitudes, responderá: «En primer lugar, soy un individuo, y luego un miembro de la sociedad. Soy el responsable de mi propio éxito. Pienso sistemáticamente, resuelvo problemas, aprendo del pasado y planifico el futuro. Me interesan los detalles. Se me dan bien las palabras y cuando pongo la mente en algo no me desvío hasta llevarlo a buen puerto».

Por otra parte, Derechito sería un espíritu libre y joven, alguien que pasa su tiempo en la naturaleza. Si le preguntan por él mismo, responderá: «Soy uno con todo cuanto me rodea. Todos los seres vivos me hablan. Concibo, holísticamente, el panorama completo de todo cuanto existe, todo lo que puede ser percibido y sentido. Me dejo ser y fluyo donde la vida me quiera llevar. Soy creativo y aventurero. Siento e imagino. Acepto las paradojas, alimento la vida, aprecio la belleza e inspiro a los demás».

Dos personajes completamente diferentes. ¿Cuál es «mejor»? Bueno, lo curioso es que ese tipo de pregunta solo la haría Izquierdito (que quiere etiquetarlo y categorizarlo todo). La respuesta es: ninguno es mejor que el otro.

Lo que a menudo olvidamos es que la diferencia entre los hemisferios izquierdo y derecho de nuestro cerebro representa uno de los mayores regalos que la humanidad ha recibido. ¿Cómo podemos ni tan siquiera concebir que uno de los dos lados sea mejor que el otro? Su polaridad es lo que nos concede una diversidad de perspectiva y nos garantiza el acceso a un amplio espectro de procesos cognitivos y herramientas propias de la inteligencia. Es lo que produce la variedad y el ingenio humanos. Las funcionalidades de nuestro hemisferio izquierdo introducen el orden en nuestra vida. Nos ayudan a resolver problemas matemáticos y a planificar estratégicamente, a definir objetivos, llevarlos a buen puerto y tomar decisiones racionales. Ayudó a nuestros ancestros a cazar y hoy nos sirve para elaborar tecnologías increíbles. No nos equivoquemos, sin nuestro hemisferio izquierdo la humanidad habría desaparecido hace mucho mucho tiempo.

Pero si solo tuviéramos un hemisferio izquierdo, la vida sería gris, insípida y aburrida. No tendríamos arte ni música, no sentiríamos empatía hacia los demás ni formaríamos sociedades. Nos limitaríamos a pensar y no sentiríamos. No amaríamos, reiríamos ni nos aventuraríamos más allá de nuestro orden estricto para explorar y disfrutar de lo que la vida puede ofrecernos. No veríamos el panorama completo ni soñaríamos con aquello que nuestro hemisferio izquierdo nos ayuda a construir. Sin nuestro hemisferio derecho, apenas seríamos más que engranajes en una máquina. Seguiríamos cazando porque no habríamos imaginado ninguna otra cosa. Sin nuestro hemisferio derecho, la humanidad se habría extinguido por falta de creatividad y ausencia de avances. Y si eso no bastara, sin duda habríamos muerto de aburrimiento.

¡Recuerda!

Lo que nos hace prosperar como humanos no es uno u otro hemisferio. Es el equilibrio y la interacción entre ambos.

Sin embargo, nuestras sociedades modernas hipermasculinas nos animan a pensar, actuar, analizar, criticar, descubrir los errores y planificar el futuro: todas ellas funcionalidades del hemisferio izquierdo. Esto ha ocurrido a lo largo de dilatados periodos de la historia, pero nunca de una forma tan rotunda como en la actualidad. Se nos anima a suprimir la inestimable presencia alentadora de las cualidades arquetípicamente femeninas. Se nos dice que debemos estar en un estado de acción permanente, que no deberíamos confiar en nuestra intuición y que no hemos de mostrar emociones. Al no empoderar nuestro hemisferio derecho, perdemos una buena parte de lo que nos hace humanos, además de una gran parte de lo que nos hace felices. Y peor aún: estamos orgullosos de ello porque, por desgracia, tanto a hombres como a mujeres, sobre todo en el entorno de trabajo, se nos suele enseñar a pensar que abrazar nuestro lado femenino es un error.

Incorrecto y correcto

A veces, cuando paseo por las encantadoras calles del casco antiguo de mi ciudad natal, El Cairo, en Egipto, me imagino cómo tuvo que ser en los viejos tiempos. En las películas Arabia siempre aparece de la misma forma; más o menos lo que podemos ver en la película *Aladdin* (2019), de Disney. (Por cierto, buen trabajo, Will Smith. Lo hiciste muy bien.) Me gustaría ser Aladdin. Sobre todo me gustaría, más que cualquier otra cosa, poseer la lámpara. Mi primer deseo es obvio. Ese genio todopoderoso sería mi ardid para alcanzar la misión de OneBillionHappy. Frotaría la lámpara en cuanto cayera en mis manos y sin ninguna duda desearía la felicidad para miles de millones de personas, y aún me quedarían dos deseos. Probablemente nunca pediría el tercer deseo. Mantendría al genio a mi lado porque es un tipo divertido y creo que nos llevaríamos bien. Lo que me deja con un único deseo por formular. Un deseo que me otorgaría el poder de cambiar el mundo y arreglarlo. Es un dilema interesante. ¿Qué elegirías si se te permitiera cambiar una sola cosa?

Yo elegiría empoderar el lado derecho (a veces conocido como el lado correcto) del cerebro de la humanidad. Creo que este único movimiento estratégico cambiaría por completo el estado de nuestro planeta y arreglaría la mayor parte de los problemas a los que el mundo se enfrenta en la actualidad.

Piénsalo. Cada uno de los problemas de la humanidad requiere de un diferente conjunto de habilidades si pretendemos resolverlo aisladamente. Para invertir los actuales riesgos medioambientales del cambio climático, hacen falta unas habilidades distintas a las necesarias para reducir nuestra dependencia económica de la maquinaria de guerra. Nos hará falta otro conjunto distinto de destrezas para poner fin al hambre o para proteger a la humanidad contra futuras y potenciales pandemias. Cuando surgen problemas aparentemente no relacionados entre sí en un sistema funcional, la resolución de problemas propia de un ingeniero recomienda buscar la causa primordial subyacente.

¡Recuerda!

La causa subyacente de muchos de los retos que hoy afronta la humanidad es la hipercentralidad de nuestro hemisferio izquierdo.

Es evidente que como colectivo no hemos utilizado de forma plena el poder del hemisferio cerebral derecho. Necesitamos las cualidades de lo femenino para ser plenamente conscientes de lo que significa ser humanos. De hecho, para que nuestro mundo sea mejor, es necesario el liderazgo de lo femenino.

En su libro *The Master and His Emissary*, Iain McGilchrist defiende que, para restaurar el equilibrio en cada uno de nosotros y en la humanidad en su conjunto, tenemos que empoderar nuestro hemisferio derecho y otorgarle una posición preeminente. Necesitamos utilizar nuestra empatía e intuición en primer lugar, para determinar lo importante, y luego tenemos que usar nuestra creatividad para idear diferentes soluciones: todas ellas son cualidades «femeninas». Entonces, y solo entonces, podemos ceder el lugar al hemisferio izquierdo para que se ocupe de llevar la tarea a cabo. Pero la mera acción, sin el conocimiento femenino previo de qué es lo que debe hacerse, nos aboca al abismo.

En la conclusión de su libro, McGilchrist describe un mundo en el que el hemisferio izquierdo es tan dominante que suprime completamente las características del derecho (me encanta ese capítulo). Dice así:

El hemisferio izquierdo prefiere lo impersonal a lo personal y en todo caso esa tendencia se ejemplificaría en el tejido de una sociedad gestionada a través de la tecnología y administrada de manera burocrática. Lo impersonal sustituiría a lo personal. El foco se pondría en lo material a expensas de los seres vivos. La cohesión social y

*los vínculos entre personas y, lo que es igual de importante, entre la
persona y el lugar, el contexto al que pertenece cada uno, se descui-
daría o tal vez se perturbaría activamente al resultar inconveniente e
incomprensible para el hemisferio izquierdo, que actúa por su propia
cuenta [...] La relación por defecto entre los seres humanos y entre
la humanidad y el resto del mundo sería la explotación en lugar de
la cooperación.*[3]

Vuelve a leerlo, por favor. ¿No es este el mundo en el que vivimos
hoy? ¿Y sabes una cosa? Nada de todo esto nos hace felices. Construimos, hacemos, pensamos y adquirimos cada vez más cosas,
mientras que lo que realmente buscamos, nuestra felicidad, es cada
vez más difícil de alcanzar. Después de todo no somos tan inteligentes, ¿verdad, Izquierdito?

Ser humanos

Hay cientos de cualidades que nos hacen humanos. Definen nuestras actitudes y el modo en que nos comportamos. Entre ellas encontramos la empatía, la inclusión, la concentración, la disciplina, la
fuerza, la imaginación... y la lista sigue. A veces los humanos atribuyen a estas cualidades una naturaleza «masculina» o «femenina».
Me gustaría cuestionar los fundamentos de este supuesto.

En mi investigación inicial, examiné atentamente cien cualidades humanas y procuré categorizarlas a partir de la perspectiva
mayoritaria —como han hecho la sociología, la espiritualidad y las
creencias comunes— como arquetípicamente «femeninas» (hemisferio derecho) o «masculinas» (hemisferio izquierdo). Para el propósito de este libro, las he reducido a diecisiete.

Qué diecisiete y por qué las he elegido es un dato irrelevante.
Como verás, esto no es una ciencia exacta. Pretendemos comprender un tema complejo —cuál es el arquetipo femenino y cuál el

masculino— de una forma simplificada y en la que todos estemos de acuerdo.

Las diecisiete cualidades elegidas son: intuición, resiliencia, inclusión, creatividad, empatía, consciencia, pasión, comunicación, compasión, disciplina, responsabilidad, inclinación a la acción, valor, concentración, fuerza, pensamiento lineal y asertividad.

Ninguna de estas cualidades puede ser mala en sí misma. Una cualidad es una cualidad. Sin embargo, como ocurre con cualquiera cosa, el exceso es pernicioso. El pensamiento lineal, por ejemplo, es una buena forma de organizarnos para resolver problemas. Pero si nos pasamos, nos perderemos información relevante o soluciones creativas que nos podrían permitir resolver mejor el problema. En el otro extremo, la intuición también es una cualidad positiva. Nos brinda la oportunidad de consultar nuestras corazonadas cuando hay una carencia o un exceso de información respecto a un problema específico. Sin embargo, si dependemos de la intuición corremos el riesgo de volvernos irracionales y perdernos hechos importantes.

Ahora bien, asocio el pensamiento lineal con el arquetipo masculino y la intuición con el arquetipo femenino sencillamente porque la correlación estadística demuestra que quienes son percibidos como femeninos tienen más probabilidades de ser intuitivos, y aquellos a quienes percibimos como masculinos tienden a ser pensadores lineales. Observar cómo de prevalente (comúnmente presente e intensa) resulta ser cierta cualidad en aquello que identificamos como masculino la convierte en una cualidad masculina, y la medición de la prevalencia de otra en aquello que identificamos como femenino hace que la sociedad la acepte comúnmente como una cualidad femenina.

Otro aspecto importante en el que insistir aquí es que lo femenino y lo masculino no se asocian directamente con una determinada identidad biológica o de género. El reciente despertar global en torno a la fluidez de género demuestra, más allá de toda duda, que nuestra decisión de vivir en el marco de la feminidad o la masculinidad no debería ser dictada por la sociedad o la biología.

Las cualidades tanto masculinas como femeninas están presentes, en diverso grado, en cada uno de nosotros. Ninguna cualidad es exclusiva de unos pocos. Pero aquí está el truco. Cuando una cualidad está fuertemente representada en el hemisferio izquierdo a menudo suele tener una débil representación en el derecho, y viceversa. Del mismo modo, cuando una cualidad está fuertemente presente en el arquetipo femenino, su opuesta suele estar representada en el masculino. En consecuencia, si tomamos una muestra estadística lo bastante amplia, descubriremos que la intensidad de cada una de estas cualidades en nuestro interior tiende a seguir una curva de distribución que se asemeja mucho al símbolo chino que representa el yin y el yang, es decir, el equilibrio entre lo femenino y lo masculino.

Intuición
Resiliencia
Inclusión
Creatividad
Empatía
Consciencia
Pasión
Comunicación

Compasión
Disciplina
Responsabilidad
Inclinación a la acción
Valor
Concentración
Fuerza
Pensamiento lineal
Asertividad

Este gráfico es una representación visual de cuánta cantidad de las diecisiete cualidades se atribuyen al hemisferio derecho —las barras negras del yang— y cuánta al hemisferio izquierdo, las barras blancas del yin.

Cada una de estas cualidades está impulsada por diferentes regiones del cerebro. Obtienen su carácter distintivo en virtud del funcionamiento de nuestro cerebro, y no de nuestra biología.

Esto significa que siguen las mismas reglas de la neuroplasticidad que el resto de las partes en desarrollo de tu cerebro. Aceptar una de nuestras cualidades humanas nos hace dominarla mejor. Reprimir una cualidad disminuye nuestro control sobre ella.

Cuando llegamos a adultos, la sociedad o el trabajo suelen obligarnos a reprimir nuestras cualidades «femeninas», haciéndonos creer que algunos aspectos de esos atributos no son bienvenidos. Obviamente, esto conduce a la infelicidad, ya que intentamos abrirnos paso en la vida sin ser fieles a nuestra verdadera naturaleza. Sin nuestras cualidades femeninas, buena parte de lo que necesitamos para encontrar el equilibrio nos es arrebatado.

Verás, la verdad que apenas se discute es que todos nosotros andamos escasos de cualidades «femeninas» porque nuestra sociedad está estructurada así. Bajo esta nueva luz, me gustaría que nos tomáramos un tiempo para reflexionar sobre nuestras propias cualidades, para conectar con nuestra feminidad oculta. Este será un primer paso crucial para liberarnos.

¿En qué cualidades destacas? ¿Lo sabes?

Este breve ejercicio te ofrecerá cierto tiempo y espacio para reflexionar sobre tus propias cualidades y llegar a conocer tus dos lados.

EJERCICIO DE CONSCIENCIA TUS DOS YO

Objetivo	Descubrir qué cualidades te definen (el hemisferio izquierdo o el derecho, lo «masculino» o lo «femenino»)
Duración	15 minutos
Repetición	Una vez basta para adquirir consciencia
Lo que necesitarás	Un lugar tranquilo donde nada te interrumpa

Antes de seguir leyendo, tómate unos minutos para investigar qué cualidades de las mencionadas a continuación están presentes con la suficiente intensidad como para impregnar tu conducta e identificarte como individuo.

Cualidades «femeninas»	Cualidades «masculinas»
Intuición	
Resiliencia	
Inclusión	
Creatividad	
Empatía	
Consciencia	
Pasión	
Comunicación	
Compasión	
	Disciplina
	Responsabilidad
	Inclinación a la acción
	Valor
	Concentración
	Fuerza
	Pensamiento lineal
	Asertividad

Por favor, no te saltes este ejercicio. Es una introducción importante y necesaria a tu yo real.

Ser yo

Hasta ahora, espero que estés de acuerdo con la lógica de que las cualidades de los hemisferios izquierdo y derecho forman parte de todos y cada uno de nosotros. Que las cualidades que nos hacen arquetípicamente femeninos o masculinos no son en realidad más que funciones cerebrales y que, en consecuencia, pueden cultivarse o reprimirse. En nuestro mundo moderno, tendemos a reprimir lo femenino, pero precisamente necesitamos el aspecto femenino para desenvolvernos bien.

Volvamos a la intuición, que muchas culturas consideran una cualidad tradicionalmente «femenina». Para ti, en cuanto que individuo, la pregunta cuya respuesta debes conocer es qué tan intensa es tu intuición y hasta qué punto dejas que gobierne tus decisiones y tu comportamiento. Digamos, por ejemplo, que usas tu intuición la mayor parte del tiempo y que estás muy cómodo con ella. ¿Eso te definirá como «femenino»? Bueno, pues ni siquiera te categoriza como intuitivo. Verás, podrías ser más o menos intuitivo que alguien que se basa en su intuición en menor o mayor medida que tú. Se trata de algo complejo, porque tu intuición no solo se mide por la frecuencia con que la utilizas, sino también por su intensidad, además de por tu habilidad a la hora de aplicarla. La intuición no es un mero interruptor. Además de la frecuencia de uso, puedes disponer de cierta cantidad de intuición, en una escala que varía del cero al cien por ciento.

¡Recuerda!

Las cualidades que nos definen no son de naturaleza binaria, sino una escala proporcional.

Intentar encajarnos a cada uno de nosotros en una categoría discreta es un intento de aproximarnos a la verdad. Dar por hecho que hay un número fijo de categorías discretas entre el color negro y el color blanco limita nuestra comprensión de la verdadera naturaleza del gris. El gráfico de la izquierda parece mostrar, engañosamente, que solo hay catorce tonos de gris entre el blanco y el negro. Esto solo es así si creamos el gráfico y obligamos al resto de innumerables matices a ajustarse a alguna de las catorce categorías. Debe de haber al menos cincuenta tonos de gris. ¿O son más?

La verdadera naturaleza del gris se re- 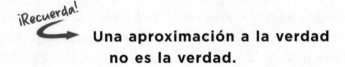 presenta mejor en la ilustración de la derecha. ¿Puedes decirme qué puntos de esta escala son grises? Prácticamente todos, en un grado variable, lo son. Es un error asignar una cualidad —lo grisáceo— a un punto específico, porque eso niega a millones de otros puntos igualmente grises el reconocimiento que merece su verdadera naturaleza.

Las categorías discretas son un intento humano de simplificar la complejidad de nuestro rico universo. Es muy difícil que nuestro hemisferio izquierdo le encuentre el sentido a nada cuando existen tantas variaciones. El acto de la categorización es una aproximación a la verdad para que nuestro limitado cerebro sea capaz de lidiar con ella. Pero…

¡Recuerda!

Una aproximación a la verdad no es la verdad.

Lo cual quiere decir que es falsa. Nos confunde.

Si, por ejemplo, tuvieras la capacidad de utilizar la cualidad «femenina» de la intuición en el extremo de su escala, si fueras la persona más intuitiva del planeta, ¿te convertiría eso en alguien femenino? No necesariamente. Podrías ser superintuitivo y sin embargo muy disciplinado, valiente, fuerte y asertivo: cualidades destacadas de lo «masculino». ¿En qué te convierte eso? Permíteme responder utilizando las categorías a las que nos hemos acostumbrado en lo que atañe a las preferencias alimentarias.

El día que cumplí veinticinco años dejé de comer carne, lo cual, según el estándar habitual, significaba que me había hecho vegetariano. Pero tampoco comía huevos ni bebía leche, lo cual habría hecho de mí un vegano de no ser por un pequeño detalle: seguí comiendo queso y yogur. A menudo tenía esa conversación durante la cena. Me preguntaban qué era. Ninguna de las categorías se ajustaba a mí, por lo tanto ¿qué opciones me quedaban? Bueno, la elección es simple.

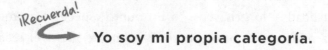

Yo soy mi propia categoría.

Cuando me preguntaban por mi dieta, respondía: «Soy Mo-tariano, como lo que le gusta comer a Mo». No tengo por qué encajar en la categoría de nadie para simplificar sus procesos cognitivos mientras me complico la vida. Yo soy yo y eso es lo que hay.

Lo mismo se aplica a mi relación con las categorías de «femenino» y «masculino». No me siento masculino, lo cual son palabras mayores para un hombre nacido en Oriente Medio. Si pretendo ser fiel a mí mismo, **me siento un 58 por ciento femenino**.

Cuando pienso en mí mismo, con mi 58 por ciento femenino, identifico la dimensión de mis verdaderas cualidades. (El cálculo es exacto, por cierto. He creado una herramienta que mide la presencia de cada una de nuestras cualidades en cada uno de nosotros —una versión más completa del anterior ejercicio «Tus dos yo»—, pero eso es un tema para otro libro). Al comprender la mezcla específica de cualidades que me definen, yo soy, de hecho, el único yo que existe. Eso significa que la única categoría a la que acepto pertenecer no es hombre, mujer, gay, hetero, femenino ni masculino. La única categoría a la que realmente pertenezco es aquella conocida como «Mo». Es el único punto en la infinita escala de la variedad humana que se ajusta a mí. De un modo análogo, la única categoría a la que tú te ajustas a la perfección es la tuya. Puedes llamarla por tu nombre, igual que los científicos les ponen su nombre a cada una

Tus dos yo **165**

de los miles de millones de estrellas que descubren en el vasto universo. Tu categoría, a la que solo tú perteneces, es una mezcla única de rasgos de intensidad variable y expresados en una infinita gama de conductas.

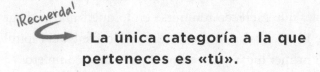

La única categoría a la que perteneces es «tú».

Una vez que reconozcas esta verdad, podrás hacer uso de tu lado masculino o femenino cuando sea necesario y expresar libremente quién eres en realidad. Al ser y comportarte de una manera fiel a tu naturaleza, alcanzarás el éxito que mereces en la vida y, lo que tal vez sea más importante, desmitificarás y eliminarás una de las razones neuronales más profundas del sufrimiento: intentar encajar.

Sé que nos ha costado muchas páginas, y unos cuantos conceptos poco tradicionales, llegar al tema de la felicidad en este capítulo, pero a partir de ahora será más fácil. Así que, por favor, si lo deseas, levántate y haz un estiramiento antes de seguir leyendo.

Hemisferio izquierdo, hemisferio derecho y felicidad

Al fin, creo que estamos listos para abordar por qué el desequilibrio entre el hemisferio izquierdo y el derecho es una de las principales causas de la infelicidad.

La vida está condenada a emplazar algunos acontecimientos difíciles en el camino de cada uno de nosotros. Si permitimos que persistan, sin duda nos harán infelices. Cuando afrontamos un desafío, es prudente aplicar todas nuestras energías en la vida. Hacer frente a un reto con solo una parte de nuestras capacidades hará más difícil que salgamos airosos. ¿Cómo reúnes todas tus fuerzas para afrontar un problema?

Según he visto, los grandes maestros de la felicidad tienden a seguir un método sistemático que les ayuda a recuperar su estado de felicidad de forma rápida y predecible. Estos pasos son tan eficaces y factibles que merecen resumirse en lo que llamo el diagrama de flujo de la felicidad, que compartiré en detalle en el capítulo once, pero en primer lugar analicemos el panorama completo.

La primera mitad de nuestro camino hacia el éxito en cualquier cosa, incluida la felicidad, tiene que ver con la consciencia. La consciencia no es algo que hagamos. Es un estado al que llegamos cuando prestamos una atención deliberada a lo que hay en nuestro interior y a nuestro alrededor. Para alcanzar ese nivel de atención, hay que dejar de actuar. Tan solo necesitamos… **ser**. La segunda mitad del camino consiste en pasar a la acción para cambiar el mundo. La consciencia, en sí misma, es pasiva. Para cambiar el mundo que nos rodea, siempre habrá cosas que… **hacer**. Aquí nos encontramos con un desafío. A la mayoría de nosotros, con independencia de nuestra biología, se nos da mejor una de estas dos cosas, ser o hacer, que la otra. Algunos no paramos de hacer cosas constantemente. A veces sin detenernos a pensar por qué hacemos lo que hacemos. El resto estamos en contacto con nuestros sentimientos y emociones, pero tendemos a no hacer nada al respecto. Nos limitamos a esperar a que todo cambie. Ninguna de las dos

actitudes nos facilita un camino hacia la felicidad. En algunas personas el hemisferio derecho es el dominante y se les da bien ser. Inician el camino a la felicidad, pero se detienen a la mitad. En los otros predomina el hemisferio izquierdo y destacan en el hacer. Pretenden acabar lo que aún no ha empezado y pierden mucho tiempo en actividades innecesarias.

Sobra decir que nuestro mundo, dominado por el hemisferio izquierdo, favorece la acción. Los artículos sobre la felicidad que aparecen en las revistas nos dicen lo que tenemos que «hacer» para encontrar el elusivo sentimiento de dicha. La mayoría de nuestros actos siguen estas recomendaciones. Reservamos vacaciones, vamos a fiestas y compramos cosas. Repetimos mantras y frases positivas. Y «hacemos» lo que se nos pide, pero rara vez alcanzamos un estado de felicidad duradera. ¿Por qué? Porque…

¡Recuerda!

El camino hacia la felicidad plena nos exige «ser» antes que «hacer».

Aprendiendo a ser

Nuestra incapacidad para acceder al espectro completo de nuestras cualidades se debe al férreo condicionamiento impuesto por nuestro mundo moderno centrado en el ego; por ejemplo, por un padre o una madre que nos obligara a asumir un solo lado de nuestra polaridad o por la presión de grupo a una temprana edad. Sin embargo, esas cualidades siguen con nosotros, aunque aletargadas. Con la práctica, todo el mundo, incluido tú, podrá pasar de ser a hacer a voluntad. La buena noticia es que, en cuanto aprendas a hacer el cambio repetidamente, le sacarás mucha ventaja a todos los demás, no solo en términos de tu felicidad, sino en todos los aspectos de tu vida. Cuando encuentres el equilibrio entre tus diferentes lados, alcanzarás un estado de plenitud que nunca habías experimentado. Llegar hasta ahí llevará tiempo, pero es indudable que vale la pena invertir tu tiempo y tu esfuerzo en conseguirlo.

Quienes comprenden la verdadera naturaleza de la consciencia también saben que este planteamiento conlleva un reto aún mayor. Ser requiere parar de hacer, y en cuanto empezamos a hacer ya no somos capaces de ser. Para dominar este camino hacia la felicidad, no solo tenemos que usar los dos hemisferios de nuestro cerebro con un idéntico nivel de solvencia, sino que también hemos de aprender a aislarlos —de forma deliberada—, de modo que podamos ser sin la interrupción del hemisferio izquierdo, y más adelante hacer sin distracciones del hemisferio derecho. Y te puedo garantizar que son unas habilidades complejas y de un nivel propio de maestro Jedi. Llegaremos ahí juntos. Pero aún nos quedan más cosas que aprender antes de ponerlo todo en práctica, porque… ¿de qué sirve hacer algo si no tenemos el conocimiento y la formación para hacerlo correctamente?

Cuando somos plenamente conscientes de dónde estamos y qué necesitamos hacer, vale la pena dedicar tiempo a aprender a hacer lo que debemos hacer lo mejor posible. Quizá ya te hayas dado cuenta de que este ha sido el eje de mi método en este libro: un modelo que llamaremos «Ser-Aprender-Hacer».

Los ejercicios de consciencia y los debates en grupo han sido concebidos para ayudarte a ser: para conectar con tu capacidad para ser más consciente de lo que sucede en tu interior en términos de pensamientos, emociones y creencias. Por otro lado, los ejercicios prácticos están diseñados para ayudarte a emprender las acciones necesarias para mejorar las cosas y hacerte más feliz. El resto del libro se centra, fundamentalmente, en el aprendizaje.

Para seguir este ritmo —ser, aprender y luego hacer— es necesario que domines la utilidad de lo que hemos aprendido sobre el cerebro hasta ahora: el hemisferio derecho sirve para ser, la neuroplasticidad para el aprendizaje y el hemisferio izquierdo para hacer.

En breve pondremos en práctica este modelo, pero, en primer lugar, me gustaría compartir una historia muy personal para transmitir mi admiración por el regalo de vivir desde el hemisferio derecho del cerebro.

Yo o nosotros

Durante su vida, nunca pude adivinar qué convertía a mi maravilloso hijo Ali en la persona que era. Tenía un magnetismo propio. Si te acercabas a él, sentías amor, un amor abarcador e inmersivo que te atraía. Sin una sola palabra, en brazos de Ali te sentías a salvo. Tenía la capacidad de hacerte sentir que todo estaba bien. Al echar la vista atrás, empiezo a reconocer que, en los últimos años de su vida, y pese a su educación masculina propia de Oriente Medio, Ali había logrado integrar plenamente lo femenino. Nibal, su madre, es el epítome del amor puro y, gracias a su influencia, también Ali se convirtió en amor puro.

Tres años antes de su muerte, invitaron a su banda —Fox Hill V— a telonear en la gira por Estados Unidos de una famosa banda de rock. Cuando tres de los miembros llegaron al país, el cuarto tuvo que cancelar su viaje por circunstancias imprevistas. Debido al breve plazo de que disponían, la banda no pudo sustituirlo y, en lugar de ir de gira, los tres acabaron pasando tres semanas en un pueblo estadounidense. Cuando Ali regresó a Dubái, no era más que piel y huesos. Mi corazón se hundió; le pregunté qué había pasado. Él me lo explicó: «Papá, América no es lo que pensaba. Hay mucho dolor y mucha pobreza. En el lugar en el que me quedé la gente no tenía dinero ni comida, se evadían consumiendo drogas». Y continuó: «Sentí el dolor de todos y cada uno de ellos. No podía comer ni dormir».

Creo que este viaje cambió el resto de la vida de Ali. Ya no pudo separarse del resto de seres vivos. El velo había caído y él llegó a ser uno con todo. Durante el resto de su existencia, sintió la felicidad y el dolor de todos. Cuanto mayor era la conexión, más exigía el cambio en todo aquel al que pudiera alcanzar. Fui testigo de cómo se expandía, cómo se transcendía a sí mismo, y pese a su insatisfacción con el estado de nuestro mundo, cada día que pasaba se encontraba más en paz. Sus palabras cambiaron. Los temas que defendía y su forma de debatir se tornaron diferentes. Lo único que quería era un mundo sin sufrimiento. Los años siguientes fueron aquellos en los que su sabiduría llegó a su punto más alto. Era como si ya estuviera muerto, aunque estuviera plenamente vivo. Como manifiestan las enseñanzas del sufismo, había muerto antes de morir.

Intentó enseñarme a abrirme, a conectar mi lado emocional con mi hiperanalítico hemisferio izquierdo. Yo era testarudo. Le expliqué que esas cualidades del hemisferio izquierdo eran las que me habían permitido tener éxito y marcar la diferencia. Que vivíamos en un mundo que se basaba en la acción y que nada iba a cambiar si no actuábamos. No pudo cambiarme, debido a mi estupidez, pero no paró de intentarlo hasta dos días antes de abandonar nuestro mundo. Ese día me espetó directamente: «Papá, no quiero que dejes de trabajar, pero hay algo que quiero que cambies. **Cuenta con tu corazón más a menudo**». Fue como un sabio moribundo que me dictara su voluntad. Sabía, sin un ápice de duda, que lo único que podría cambiar mi vida y la de quienes me rodeaban era el equilibrio entre mi lado masculino —no dejar de trabajar nunca— y mi lado femenino —contar con mi corazón—. Tenía razón.

Y aquí estoy, años después, tras haber influido más decisivamente en el mundo con mi misión —OneBillionHappy— de lo que jamás logré con mi larga carrera en las empresas tecnológicas líderes a nivel mundial. Con destellos de lo que supone vivir plenamente desde el hemisferio derecho de mi cerebro, dejando que mi corazón se imponga, he aprendido, como Ali, a encontrar la paz absoluta. Incluso me atrevo a decir que voy camino de encontrar el Nirvana en el que él vivía. Gracias, Ali.

En la parte final de la charla TED impartida por Jill Bolte Taylor, anteriormente mencionada, la autora dijo:

Aquí y ahora puedo elegir entrar en la consciencia de mi hemisferio izquierdo, donde me convierto en un individuo separado del flujo de la vida. O puedo entrar en la consciencia de mi hemisferio derecho, donde somos —soy— la fuerza vital, el poder del universo en el que soy uno con todo. Creo que nuestra primera tarea como seres humanos es amarnos unos a otros y que esta es nuestra forma primordial de ser. Es la esencia de nuestro hemisferio derecho.

He practicado la felicidad durante la mayor parte de mi vida adulta, pero no me había sentido realmente completo hasta que apareció este otro lado de mí y, madre mía, estoy encantado de haberlo conocido al fin.

¡Muy importante!

Aprende a Ser.
Activa el hemisferio derecho.

En el anterior ejercicio de consciencia —«Tus dos yo»— quise que experimentaras por ti mismo que todos tenemos cualidades propias del hemisferio izquierdo y del derecho. Sin embargo, cada uno de nosotros tiende a usar un hemisferio más que el otro. Es bueno saber por cuál te decantas tú.

Algunos habitan en mayor medida en el hemisferio del ser y otros en el hemisferio del hacer. Es importante ser consciente del lado en el que tú, personalmente, confías más. Cada lado de nuestro cerebro produce hábitos diferentes. Al observar esos hábitos podrás descubrir tu inclinación por el hemisferio izquierdo o el derecho.

Ahora, por favor, tómate un minuto para reflexionar en tus propias tendencias.

¿Tiendes a sentir y compartir o reflexionar, asociándote profundamente con tus emociones fluctuantes dondequiera que te lleven?

EJERCICIO DE CONSCIENCIA
¿DE QUÉ LADO ESTÁS?

Objetivo	Descubrir en qué lado de tu cerebro tiendes a confiar más
Duración	15 minutos
Repetición	Una vez basta para ser consciente
Lo que necesitarás	Un lugar tranquilo donde nada te interrumpa

Si es así, tu vida está más regida por lo femenino. Te resultará más fácil ser, pero debes prepararte para algunos desafíos a la hora de hacer.

¿O tiendes a fijar objetivos y trabajar incansablemente para alcanzarlos con independencia de cómo te sientas? ¿Rara vez te paras a considerar cómo esos objetivos te afectan emocionalmente o se armonizan con el mundo que te rodea (con los objetivos de los miembros de tu familia o tus seres queridos, por ejemplo)? ¿Tiendes a preferir las acciones y las soluciones a «compartir y platicar»? Si es así, te apoyas más en tu mitad «masculina». Ser es algo que te resulta extraño, aunque eres un maestro del hacer.

En un lugar tranquilo, reflexiona sobre algo que te haya hecho infeliz hace poco y cómo reaccionaste a ello. ¿Te sentaste a pensar en lo que iba mal, te quejaste, lo analizaste una y otra vez, hablaste con los demás pero sentiste incomodidad si te ofrecían soluciones? ¿Te quedaste despierto hasta altas horas de la noche dándole vueltas? Si la respuesta es afirmativa, tiendes a apoyarte en tu lado arquetípicamente femenino al afrontar un problema.

Por otro lado, si reaccionaste saltando de tu asiento y pasando a la acción de inmediato, sumergiéndote en el trabajo, en fiestas o en distracciones para olvidar el problema, si la mayor parte de tu pensamiento se centró en acciones y soluciones, no en sentimientos, si llegaste incluso a desdeñar la cuestión, diciéndote a ti mismo que eres lo bastante fuerte como para lidiar con ello sin necesidad de reflexionar, entonces, como mi antiguo yo, te apoyas de forma natural en tu hemisferio izquierdo cuando hay una razón para sentirte infeliz.

Este es un ejercicio de consciencia. No necesitas hacer ni cambiar nada respecto a lo que descubras. No quiero que te critiques por estar en uno u otro lado. Ningún lado es bueno o malo, son simplemente diferentes. El único propósito de este ejercicio es reconocer que te apoyas menos en uno de tus hemisferios. Esto es todo lo que necesitas para determinar las áreas en las que tienes que trabajar, para encontrar la felicidad con más frecuencia en el futuro.

Ahora, basándote en lo que has descubierto, repítete a ti mismo, en voz alta, una de estas dos frases:

Necesito *ser* más a menudo
O
Necesito *hacer* un poco más.

El siguiente ejercicio te ayudará a experimentar cómo es pensar con cada lado del cerebro. Al reconocer qué hemisferio participa con ciertas observaciones, tal vez seas capaz de activar a esa parte de tu cerebro a voluntad, o al menos admitir que estás atrapado en la dinámica de uno u otro lado.

Observa la siguiente imagen y anota lo que ves en ella. Tómate tu tiempo —al menos uno o dos minutos— antes de seguir leyendo.

EJERCICIO DE CONSCIENCIA
¿EXPERIMENTAS EL LADO IZQUIERDO O EL DERECHO?

Objetivo	Experimentar cómo ve el mundo cada hemisferio del cerebro
Duración	15 minutos
Repetición	Repítelo como un juego divertido, utilizando otras imágenes, cuando tengas tiempo
Lo que necesitarás	Un lugar tranquilo donde nada te interrumpa

¿Has visto una calle bulliciosa —el panorama completo— en primer lugar? ¿O primero te has centrado en algunos de los detalles? ¿Te has dado cuenta de que la imagen está curvada en los bordes y no es un rectángulo? Ver el panorama completo es una capacidad del hemisferio derecho. Centrarse en los detalles es una característica del hemisferio izquierdo.

¿Viste a las mujeres elegantes en el centro y en el lado derecho de la imagen? Podría ser tu hemisferio derecho en acción. La apreciación del arte y de la belleza suceden ahí. ¿Te percataste de que la mayor parte de las personas caminan hacia la derecha? Encontrar a los que caminan hacia la izquierda requiere atención al detalle y para eso hay que utilizar el hemisferio izquierdo. Hazlo ahora. Uno de ellos lleva un teléfono celular. ¿Dónde está el otro? Pregunta a tu hemisferio izquierdo. Este tipo de habilidad también te ayuda a detectar cosas como el tipo de bolsas y mochilas que llevan los transeúntes, así como la letra **e** oculta en la parte de atrás a la derecha. Encontrar el semáforo en la mitad de la parte superior también es una capacidad del hemisferio izquierdo, que tiende a prestar más atención a posibles amenazas y a cualquier información que contribuya a la planificación.

Si descubriste al pobre tipo que resbaló y cayó, lo hiciste con tu hemisferio izquierdo, pero si te pusiste en sus zapatos, fue gracias a la empatía de tu hemisferio derecho. Leer la señal que dice «Peligro: suelo mojado» requiere de la intervención de tu hemisferio izquierdo, que procesa las palabras, y si el número 11 te vino a la mente —la respuesta a la ecuación matemática— también fue calculado por ese hemisferio. La hora que marca el reloj, las 5:05, también se reconoce aquí, en el hemisferio izquierdo, temporal, del cerebro. Si tu hemisferio derecho está realmente activo, habrás empezado a oír los sonidos y ruidos de este bullicioso cruce de calles y quizá hayas percibido la temperatura veraniega que hace que todos vistan así. Si aprecias el dibujo y los patrones en general, también se debe a tu hemisferio derecho. El hemisferio derecho también detectará cualquier relatividad entre las posiciones e interacciones de los diferentes personajes en la imagen. Aquí es donde se reconocen todas las formas de arte. Por último, aquellos con un hemisferio derecho activo probablemente estarán pensando: «Ah, ya entiendo lo que pretende Mo. Creo que debería haber añadido esto, eso y lo otro para que quedara más claro»; este tipo de creatividad e imaginación activa es la representación de tu hemisferio derecho en su forma más refinada. Espero que este ejercicio te haya resultado divertido. La jovialidad y el dinamismo son parte de lo que hacemos con el hemisferio derecho. Ahora que conocemos las diferencias, te presento otro ejercicio importante.

No solemos respetar sinceramente las cualidades y contribuciones de los demás, porque es difícil comprender cómo piensan y se comportan quienes son distintos a nosotros. Creer que nuestra manera de hacer las cosas es la mejor forma parte de la naturaleza humana. Vamos a intentar cambiar eso.

Encuentra un grupo equilibrado de amigos o compañeros de trabajo que representen un amplio espectro de feminidad y masculinidad. Elige un reto y dile al grupo que lo van a resolver juntos. El grupo debería designar a un moderador cuya tarea consiste en asegurarse de que todo el mundo tenga un turno de palabra. Asegúrate de que nadie es interrumpido y de que todos están dispuestos a escuchar con atención.

Su objetivo como grupo no es necesariamente superar el desafío, sino, y esto es tal vez lo más importante, observar las diversas perspectivas que aportan los miembros.

Ten en cuenta que lo masculino tenderá a implicarse en el Hacer y lo femenino en el Ser. Intenten notar esas diferencias y, al final,

EJERCICIO PRÁCTICO
CONSOLIDAR EL RESPETO

Debate en grupo

Objetivo	Respetar las diversas cualidades que lo femenino y lo masculino aportan a nuestra perspectiva y a nuestras habilidades

Duración	60 minutos
Repetición	Repítelo por diversión siempre que puedas
Lo que necesitarás	Un grupo de amigos o compañeros de trabajo positivo, respetuoso y equilibrado

pide al grupo que comparta estas observaciones. Pregúntales cómo cambiarían ellos su planteamiento —si lo cambiarían— ahora que conocen las distintas perspectivas de los otros miembros para encontrar una mejor solución.

Aprender a reconocer, e incluso elogiar, el valor de la diferencia te ayudará a consolidar el respeto por el otro lado. Pero *nada* te ayudará tanto a valorarlo como ponerte en sus zapatos Aunque solo sea por un día.

Esto es lo que haremos en el próximo ejercicio, que es mucho más fácil de leer que de aplicar. En él intentaremos poner tu lado más débil en marcha hacia el equilibrio. Ahora que has observado cómo piensan otros, es hora de pensar como ellos.

EJERCICIO PRÁCTICO
INTERCAMBIAR POSICIONES

Debate en grupo

Objetivo	Aprender a cultivar tu lado más débil
Duración	60 minutos
Repetición	Repítelo por diversión, cuando tengas tiempo, utilizando otras imágenes
Lo que necesitarás	Un grupo de amigos o compañeros de trabajo positivo, respetuoso y equilibrado

Reúnete con el mismo grupo con el que hiciste el ejercicio «Consolidar el respeto». Repitan la actividad del reto, pero en esta ocasión interpreten el papel que aprendieron a respetar. Puede parecer maniqueo, pero plantea ocupar el lugar en el que se había sentado el otro e inicia tu respuesta con estas palabras: «Si tuviera que salir de mi zona de confort, así es como afrontaría este reto».

Si tiendes a Hacer, trata de concentrarte en las observaciones, las emociones y la empatía. Intenta sentir y conectar. Resiste el impulso de saltar directamente a la acción. Si, por otro lado, tiendes a Ser, procura concentrarte en lo que puede hacerse con relación a la situación. Planifica los pasos necesarios para que todo se resuelva.

Al final de este ejercicio, anima a cada miembro del grupo a expresar su experiencia utilizando las cualidades opuestas y qué dificultades encontraron.

Ahora que has vislumbrado ambos lados, practiquemos el proceso completo.

Los dos hemisferios de nuestro cerebro merecen nuestro respeto y atención. Con esto en mente y un poco de neuroplasticidad (es decir, práctica), estarás listo para acceder a todo el espectro de tus cualidades.

EJERCICIO PRÁCTICO
SER-APRENDER-HACER

Objetivo	Seguir un método sistemático para tener éxito
Duración	30 minutos (o tal vez días)
Repetición	Repítelo cada vez que tengas que hacer frente a un reto
Lo que necesitarás	Un lugar tranquilo donde nada te interrumpa, un papel y una pluma

Busca un lugar tranquilo, pon un cronómetro y escribe un desafío personal específico que te gustaría abordar. Divide equitativamente el tiempo que dedicas a la tarea: un tercio para ser, un tercio para aprender y otro para hacer.

En el tiempo dedicado a «ser», busca una consciencia integral del reto que tienes entre manos. Piensa en él desde todos los ángulos posibles: su naturaleza, sus causas, cómo te afecta, cómo su presencia da forma a tu conducta e influye en los demás, cómo está presente en otras personas que conoces, etcétera. En esta fase es esencial que anotes tus observaciones en forma de hechos y emociones, sin intentar ofrecer soluciones o pasar a la acción. Si tu consciencia fluye, dedica más tiempo a ser y sigue adelante. Deja que tu consciencia te dirija. Fluye.

A continuación, pasa a la etapa «aprender», que se manifiesta de muchos modos. Puede consistir en preguntar a un amigo para que arroje luz sobre algunas de nuestras observaciones. O en buscar información general en internet para entender la naturaleza de nuestro desafío. O podemos aprender leyendo o viendo un video en el que otros plantean sugerencias y cursos de acción.

Una vez más, apégate al aprendizaje mientras este fluya. No te prives del privilegio de descubrir y explorar. Sigue así durante días si es necesario. Yo mismo, que me considero el eterno aprendiz, suelo hacerlo así. Mientras estés en la fase de aprendizaje, resiste el impulso de actuar. Solo cuando estés plenamente informado y educado deberías pasar a la siguiente fase y empezar a «hacer».

Hacer reviste muchas formas: desde una pequeña acción, planificación y programación hasta mantener una conversación difícil o incluso dejar el trabajo, cortar con nuestra pareja, abandonar el hábito del tabaco o vender nuestra casa. Lo importante en el «hacer» es comprometerse con lo que es necesario lograr. Debes ser sistemático y disciplinado hasta alcanzar el impacto deseado. Sin embargo, si descubres que tus acciones no te llevan al resultado esperado, no las modifiques sin más. Vuelve a la fase de ser. Observa por qué tus acciones no han dado sus frutos y qué podría haber cambiado. A continuación, aprende lo que necesites basándote en esta nueva consciencia antes de volver a la fase de la acción.

Independientemente de cómo transcurra todo, recuerda que hay una regla de oro que cambiará tu vida y que tiene el potencial para cambiar el mundo entero.

¡Muy importante!

Antes de aprender tienes que ser, y antes de hacer tienes que aprender.

Capítulo seis

Cháchara

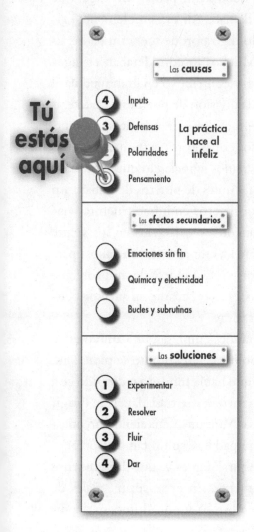

Tú estás aquí

Las causas

4 Inputs
3 Defensas
Polaridades
Pensamiento

La práctica hace al infeliz

los efectos secundarios

Emociones sin fin
Química y electricidad
Bucles y subrutinas

las soluciones

1 Experimentar
2 Resolver
3 Fluir
4 Dar

¿Cuánto son 3 + 7? ¿Encontrar la respuesta a una simple pregunta lógica o matemática despierta alguna emoción en ti? ¿Te emociona lavar los platos?

La resolución de problemas y las habilidades de control motor son funciones que nuestro cerebro realiza habitualmente. Al concentrarnos en hallar una respuesta, estos pensamientos no despiertan emociones. El tipo de pensamientos que suele hacerlo, sin embargo, son aquellos que albergamos cuando no prestamos atención, pensamientos que se desvían, que no son útiles. Pensar «Soy muy malo en matemáticas» o «Me voy a pasar el resto de mi vida lavando platos» repetidamente en nuestra mente es el tipo de pensamiento que no contribuye a resolver problemas o a cambiar el mundo, más que tal vez a hacernos infelices. Se suelen conocer como «pensamientos incesantes».

Un pensamiento que mata

¡Todos hemos pasado por eso!

Mi amor por la ciencia, las matemáticas, la lógica y la ingeniería, mi tendencia a trabajar duro, se lo debo a mi padre. Mi viejo, que también se llamaba Ali, era simplemente brillante. No lo digo porque fuera mi padre. Es la verdad. Muchos lo consideraban el inge-

niero más distinguido de su época, y contribuyó en gran medida al desarrollo de Egipto al inaugurar la división de puentes y carreteras en la empresa de construcción egipcia más grande de su tiempo. Esta división eliminó a los costosos consultores extranjeros y puso el negocio y las competencias en manos egipcias, lo que supuso un gran ahorro fiscal y creó decenas de miles de puestos de trabajo. En consecuencia, creció el apetito por invertir en infraestructuras viarias y se construyeron muchos puentes y carreteras en los veinte años en los que él lideró la división. La empresa era tan valiosa para nuestra economía que su fundador y CEO, el jefe de mi padre, fue elegido ministro de obras públicas; pero en cuanto su sucesor ocupó su cargo, todo cambió para mi padre.

Como suele ocurrir con las grandes empresas, un cambio en la dirección supuso un cambio de política. Muy pronto se pidió a mi padre que abandonara la división que había fundado y dirigido con éxito durante la mayor parte de su carrera y se trasladara para dirigir una sucursal regional de la empresa. Aunque seguía siendo un puesto muy estratégico e influyente, mi padre se sintió tan decepcionado que terminó cayendo en una espiral depresiva que duró muchos años. Su vitalidad decayó rápidamente. En él se veían señales de envejecimiento a cada semana que pasaba y, por último, su depresión acabó con su vida con un repentino ataque al corazón cuando tenía cincuenta y ocho años.

El Ali original, mi querido padre, tuvo sobre quien soy hoy un impacto tan grande como mi hijo Ali. Me quería con pasión y me enseñó con generosidad. Cuando cayó en la depresión, parecía que casi todo el mundo lo culpaba a él. Sabían que era inteligente y racional, y esperaban que saliera de ahí por sí solo. Pero la depresión no funciona así. En lugar de presionarlo, yo fui un buen hijo. Pasaba horas a su lado, le traía lo que necesitaba y lo escuchaba cuando él se permitía compartir sus pensamientos y emociones. Cuando le preguntaba por qué estaba triste, siempre respondía lo mismo: «¡Nunca apreciaron mi trabajo!».

Cuando ahora pienso en ello, me doy cuenta de que se trataba de un pensamiento erróneo. Creció y se instaló en la mente de mi padre, pero no era cierto. Apreciaron muchísimo su trabajo, durante más de veinte años, pero de algún modo su cerebro encontró la forma de ignorar ese hecho. Un pensamiento repetido incesantemente, una y otra vez, me privó de mi padre.

Cuando murió, me pasé toda la noche a su lado, llorando su pérdida, rezando por su seguridad en su nuevo viaje, disculpándome por los momentos en los que no había estado del todo presente y, sobre todo, ardiendo de ira contra la bestia que nos lo había arrebatado: la tristeza. Sin embargo, cuando me hice más mayor descubrí que su tristeza solo era un síntoma, que lo que realmente lo arrancó de mi lado fue un pensamiento. En retrospectiva, creo que fue entonces cuando nació mi obsesión con la felicidad. Juré, a pesar de que he fallado varias veces a lo largo del camino, que jamás permitiría que un pensamiento así se apoderara de mí o de uno de mis seres queridos. Fue el momento en el que todo empezó y que me llevó adonde ahora estoy, a la promesa de ayudar a mil millones de personas a abolir una de las enfermedades más peligrosas que amenazan a la humanidad...

El pensamiento incesante

El pensamiento incesante se define como un bucle de rumiación obsesiva en el que reproducimos una y otra vez el mismo pensamiento. Se llama rumiación porque el acto del pensamiento repetitivo es similar a la regurgitación del bolo alimenticio realizada por animales rumiantes como cabras, ovejas y vacas. Es el acto de traer al presente un viejo pensamiento y masticarlo otra vez... ¡Puaj!

Cuando caemos en el pensamiento incesante, la parte de nuestro cerebro que se activa es la red neuronal por defecto (RND). Se trata de una amplia red de regiones cerebrales que se activan cuando nuestra mente divaga y nos encontramos recordando o perdidos en pensamientos autorreferenciales. Por lo general, la RND se activa cuando pensamos sin prestar una atención deliberada. Este tipo de pensamientos suelen estar por todas partes, como si pretendieran explorar los rincones más lejanos, y a veces irracionales, de nuestros cerebros.

VE *ORIGEN*, MI PELÍCULA FAVORITA DE TODOS LOS TIEMPOS

Un poco de cultura popular

Una de las ideas más intrigantes de *Origen* es cómo Cobb (Leonardo DiCaprio) intenta traer de vuelta a su mujer, Mal (Marion Cotillard), de una larga misión en el mundo de los sueños plantando en su mente la semilla de la idea de que su mundo no es real. Al regresar al mundo real, la idea ha arraigado tan hondo en la mente de Mal que, incluso después de despertar, sigue convencida de que su mundo no es real, de que tienen que suicidarse para despertar. Este pensamiento incesante, esta astilla en su mente, la conduce a su trágico suicidio.

«Me dejó porque me comí el último yogur del refrigerador. ¿Por qué otra cosa podría ser? Se fue después de abrir el refrigerador, y sé que le gusta ese yogur. ¿Por qué lo hice? Podría haberme comido un bagel. La extraño. Nunca volveré a tomar yogur».

El pensamiento incesante tiene una naturaleza particular. Estos pensamientos son autogenerados y están dirigidos a nosotros mismos o a nuestros seres queridos. En ausencia de atención deliberada, nuestros pensamientos solo miran a nuestro interior y encuentran combustible para pensar solo en nosotros mismos. Esto nos da una pista de las razones por las que rumiamos.

Cuando a nuestro cerebro se le concede cierto espacio y ciclos de procesamiento libres, divaga para explorar posibles amenazas y oportunidades que no encuentra en el pensamiento concentrado y deliberado. En cierto modo se parece a buscar algo que hemos perdido. Si logramos recordar con precisión la última vez que lo utilizamos, probablemente nos dirigiremos a ese lugar específico para iniciar su búsqueda. Este proceso es análogo al pensamiento deliberado, que tiene lugar cuando abordamos de forma activa un problema bien definido. Sin embargo, si no lo recordamos, empezaremos a buscar en todas partes e indagaremos por doquier, de un bolsillo a una estantería, abarcando todo posible rincón para encontrarlo. Esto se asemeja al pensamiento incesante, con la diferencia de que este último ni siquiera sabe qué es lo que está buscando en realidad; solo sabe que algo ha desaparecido.

Dejarte vagar con libertad por los rincones más recónditos de tus pensamientos a veces resulta increíblemente valioso. Es el proceso en el que se producen todos los momentos Eureka. Prepara a tu cerebro con un problema y permite que divague libremente; los resultados te sorprenderán. «¿Cómo pongo fin a esta relación sin enfrentarme a ella? Ya sé, me comeré su yogur. ¡Le encanta ese yogur! Si me los como todos, no querrá seguir conmigo.» ¿Retorcido? ¡Sí! Pero también creativo, gracias al pensamiento incesante. Bromas aparte, algunos de los más grandes descubrimientos sucedieron en un segundo plano de la mente de los genios. El momento Eureka de Arquímedes no tuvo lugar mientras abordaba conscientemente el problema de medir el volumen de las formas irregulares del oro del rey. El agua desbordante de la bañera cuando sumergió su cuerpo en ella le ofreció ese momento de comprensión. Sí, a veces los pensamientos que fluyen y desbordan nos ayudan, pero pensar sin una atención regulada suele conducir a la infelicidad.

Matt Killingsworth, investigador de la Universidad de Harvard, realizó un interesante estudio utilizando una app que pedía a los participantes que registraran, varias veces al día, lo que estaban haciendo en un momento específico y cómo se sentían. El objetivo primordial de la app era evaluar su nivel de concentración en lo que estaban haciendo o si su mente divagaba y qué sentían al respecto. Los resultados del estudio fueron incontestables.

¡Muy importante!

Una mente que divaga es una mente infeliz.

Los participantes informaron de que eran significativamente más felices cuando se concentraban en lo que hacían. Aunque no les gustara su actividad, la plena concentración en ella incrementaba la felicidad del participante medio. Sin embargo, si su mente divagaba, tendían a sentirse menos felices, aunque les gustara lo que estaban haciendo.

Este descubrimiento es mucho más frecuente de lo que pensamos. Múltiples estudios clínicos han identificado que las personas que padecen depresión son más propensas a la rumiación y a pensamientos repetitivos de vergüenza, ira, remordimiento y aflicción.

La corteza prefrontal —la parte de nuestro cerebro que regula la atención— tiende a manifestar una escasa actividad en muchos problemas clínicos. El trastorno por déficit de atención e hiperactividad (TDAH) es la definición clínica de ese estado, pero la atención no regulada parece despertar otros trastornos desventurados como la depresión, la drogodependencia y la ansiedad.

Hay una evidencia incuestionable de que los pacientes que padecen casos extremos de infelicidad tienden a rumiar más a menudo y les es más difícil regular su atención. Les resulta complicado acceder a pensamientos deliberados que les ayuden a mejorar su situación vital o a aliviar su estado de infelicidad.

En un estudio dirigido por el doctor Paul Hamilton de la Universidad de Stanford en julio de 2015, se demostró que, más allá de cierto punto, cuando no logramos regular nuestra atención, parte de nuestro pensamiento se vuelve contra nosotros y concentra nuestros pensamientos en aspectos negativos. Esto significa que, cuanto más divaga nuestra mente, más negativos se vuelven nuestros pensamientos. Esto se traduce rápidamente en nuestras emociones.

Nuestra corteza prefrontal modula o inhibe el sistema límbico, que es nuestro sistema emocional. Un sistema de regulación emocional débil hace que nuestras emociones sean más reactivas y fuera de control. En neurociencia esto se conoce como «hipofrontalidad», y un buen ejemplo de ello tiene lugar en la adolescencia. Cuando nuestro sistema límbico empieza a activarse al principio de la pubertad, sucumbimos a grandes pasiones y emociones sin que la corteza prefrontal disponga de la funcionalidad necesaria para moderarlas, porque se desarrolla plenamente al final de la adolescencia y pasados los veinte años. La próxima vez que seas testigo de la ira o la montaña rusa emocional en adolescentes, da las gracias por tu capacidad para ejercer una atención deliberada. Muy pronto ellos también dispondrán de esa habilidad.

Aunque la correlación entre la atención no regulada y la infelicidad está clara, su causa no lo está tanto. Existe un debate sobre qué origina qué. ¿Acaso quienes carecen de la capacidad de regular su atención caen en la tristeza? ¿O quienes practican la tristeza, por medio de la neuroplasticidad, son cada vez menos capaces de atender de forma deliberada, lo cual los hunde en una tristeza aún mayor?

En mi opinión, esto no tiene gran importancia. Lo que importa es que lo que utilizamos se desarrolla, y para invertir la tendencia y evitar que el pensamiento incesante se apodere de nosotros, tenemos que concentrarnos más en ejercer una atención deliberada y rumiar menos. Con la neuroplasticidad, cuanta más atención apliquemos, más se activará el hemisferio derecho de nuestro cerebro. Es evidente que, con el tiempo y una práctica reiterada…

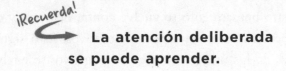

¡Recuerda!

La atención deliberada se puede aprender.

De hecho, lo que no podemos desaprender es el hecho de que la mente divague. En el cerebro del bebé hay evidencias limitadas de la red por defecto. La RND se vuelve más consistente en niños de edades comprendidas entre los nueve y los doce años, lo que sugiere que esta red experimenta cambios en el desarrollo que conducen a la infelicidad. Parece que empezamos la vida con una mente más serena y luego aprendemos a distraernos.

En ese sentido, nuestro cerebro es como una pequeña bestia en ciernes; un cachorro de pitbull, por ejemplo. Si los entrenas bien, se convertirán en animales domésticos leales y maravillosos que nos protegerán y nos harán felices. Si dejamos que vayan por mal camino, nos morderán a nosotros y a quien se crucen en su camino.

Si te pido que domes a una bestia, tu primer paso será observarla e informarte de sus patrones de conducta. ¿Correcto?

Permíteme compartir contigo algunos ejercicios para ayudarte a ser consciente de los patrones de conducta bestiales de tu cerebro. Lo primero que debes hacer es escuchar. Has de observar con atención el diálogo que tiene lugar en tu mente.

Yo llamo a mi cerebro Becky (o, a veces, Brian). Sí. Es la forma más sencilla que he encontrado de recordarme a mí mismo que mi cerebro no soy yo, y que depende de mí escuchar sus pensamientos incesantes, obedecerlo o pedirle que se calle. Becky habla mucho, sobre todo cuando se le ignora.

EJERCICIO DE CONSCIENCIA
CONOCE A BECKY

Objetivo	Observa cómo habla tu cerebro
Duración	25 minutos
Repetición	Yo lo practico al menos tres o cuatro veces a la semana
Lo que necesitarás	Un lugar tranquilo, un cronómetro, un una pluma y una libreta

He descubierto que la mejor forma de serenar mi mente es pasar cierto tiempo escuchándola: conocer a Becky. Si se siente escuchada, sorprendentemente pierde el impulso de hablar sin cesar.

Encuentra un lugar tranquilo donde nada te interrumpa. Pon el cronómetro de tu celular en veinticinco minutos y coloca el teléfono bocabajo enfrente de ti.

Esto no es un ejercicio de meditación, así que deja que tu cerebro pasee a sus anchas. Permite que afloren tantos pensamientos como le plazca. Solo hay dos reglas:

1. Escucha atentamente cada pensamiento que aflora, reconócelo y repítelo en voz alta, y luego déjalo ir. No te aferres a ningún pensamiento. No lo analices, no ofrezcas soluciones. Una vez reconocido, pídele a tu cerebro el siguiente pensamiento.
2. Tu cerebro tiene libertad para ir adonde quiera, pero no se le permite repetir un pensamiento dos veces. Si ocurre, señálaselo y pide el siguiente.

Esta práctica contradice nuestra conducta natural. Normalmente, los pensamientos se deslizan raudos por nuestra mente. Algunos se quedan pegados, como el velcro, y los dejamos quedarse. Los repetimos y reforzamos con otros pensamientos confeccionados con el mismo tejido negativo hasta que hilamos una capa oscura que oculta nuestra lucidez y conocimiento. En cuanto al resto de pensamientos, tendemos a ignorarlos por completo, de modo que se convierten en ruido blanco en el fondo de nuestra consciencia. Aprender esta nueva destreza llevará cierto tiempo. Observa cada pensamiento atentamente, déjalo ir y permite que otro ocupe su lugar. Cuando entiendas el truco, tus pensamientos fluirán siguiendo un patrón similar a este:

No pares hasta que suene la alarma. Por lo general percibirás dos cosas. En primer lugar, descubrirás que, tan pronto como empieces a escuchar atentamente, lo que era una tormenta aleatoria de pensamientos se transforma en una corriente. Es como si tu cerebro se sorprendiera de tu atención y, en consecuencia, ajustara su conducta. Analizará cada pensamiento y lo presentará uno detrás de otro, en lugar de hacerlos emerger por azar. Cuanto más reconocimiento des a tus pensamientos, tu cerebro comenzará a pensar: «Vaya, resulta que me está escuchando de verdad. Debería decir algo inteligente». Como resultado, la corriente se ralentizará hasta convertirse en un goteo.

El pensamiento	Tu respuesta
Vaya, no me había dado cuenta antes del ruido que hace el refrigerador. Es irritante.	Muy bien, el ruido del refrigerador es irritante. ¿Algo más?
Mi profesor me odia.	Recibido. El profesor nos odia. ¿Algo más?
Debo acordarme de llamar por teléfono a Aya.	Sí. Tomo nota. Llamar a Aya. ¿El siguiente pensamiento?
Me gusta el futbol.	Genial, a mí también me gusta el futbol. ¿Algún otro pensamiento?
Mi profesor me odia.	Eso ya lo dijiste. ¿Algo más?
Que te [censurado].	No seas grosero, cerebro. ¿Hay algo más?

Al insistir en no aceptar pensamientos repetidos, el goteo se irá espaciando hasta caer una gota mucho después de la anterior, antes de detenerse por completo. Pedirás que pase el próximo pensamiento y entonces observarás una pausa notable antes de que tu cerebro diga: «Hmmm… ¡bueno, lo cierto es que no tengo nada más que decir!».

Tendrá lugar entonces un buen rato de silencio y pura alegría. Este momento pasará a ser uno de los más memorables de tu vida. Será mucho mejor que el recuerdo del primer beso. Lo recordarás como tu primer momento de dicha.

Durante esos momentos de dicha, surgen ideas increíbles. Verás como tu cerebro interrumpe periodos de largo silencio con ideas geniales y plenamente formadas. ¡Eureka! Y si eres como yo, pondrás el cronómetro otros veinticinco minutos, y luego otros veinticinco más, solo para prolongar la sensación de gozo.

Al escuchar atentamente, has observado a la bestia. Felicidades. Aún no la has domesticado del todo, pero espero que hayas experimentado cómo sentimos la vida cuando está domesticada.

Si te distraes o te resulta difícil concentrarte, este ejercicio será tu favorito del libro. Lo llamo «Ojalá estuvieras aquí», en honor a *Wish You Were Here*, una de mis canciones favoritas de todos los tiempos (de Pink Floyd, por supuesto).

EJERCICIO PRÁCTICO
OJALÁ ESTUVIERAS AQUÍ

Objetivo	Emplear la neuroplasticidad para desarrollar las conexiones cerebrales necesarias para la atención deliberada
Duración	5 minutos, varias veces al día
Repetición	Repítelo durante 21 días
Lo que necesitarás	Un lugar tranquilo

Con el paso de los años, he aconsejado a mis seres queridos y a mis amigos que realicen este ejercicio durante veintiún días. De forma independiente unos de otros, todos me han dicho que les ha cambiado la vida.

La atención deliberada es el eje de la felicidad, y la concentración es la base del éxito en la vida. En este ejercicio, cultivarás las destrezas necesarias para ambas cosas.

Varias veces al día, encuentra un hueco de cinco minutos y empieza a observar el mundo físico que te rodea. Juega a un sencillo juego con tu cerebro. Bríndale instrucciones claras para buscar e identificar ciertas cosas o realizar una tarea de una forma diferente a la que estás habituado. A continuación, te presento una lista razonablemente larga para mantenerte ocupado durante unas cuantas sesiones prácticas. Plantea a tu cerebro alguna de las siguientes instrucciones y no te detengas hasta completar la tarea.

Eh, cerebro, ojalá estuvieras aquí. Busca todas las cosas blancas (rojas, negras, azules) que haya en esta habitación.

Eh, cerebro, ojalá estuvieras aquí. Dime quiénes eran las últimas diez personas a las que vi.

Eh, cerebro, ojalá estuvieras aquí. Cuenta hacia atrás desde 163.

Eh, cerebro, ojalá estuvieras aquí. Golpetea rítmicamente con el dedo índice durante dos minutos.

Eh, cerebro, ojalá estuvieras aquí. Lee esta frase al revés, letra por letra.

Eh, cerebro, ojalá estuvieras aquí. ¿Cuántos días quedan para el cumpleaños de mi madre?

Eh, cerebro, ojalá estuvieras aquí. Cuenta las flores de este arbusto.

Eh, cerebro, ojalá estuvieras aquí. Mantén la atención en esa mosca. No dejes de mirarla.

Eh, cerebro, ojalá estuvieras aquí. Recítame la letra de *Wish You Were Here*. Dímela, no la cantes.

Eh, cerebro, ojalá estuvieras aquí. Señala el número 9 cada vez que aparezca durante el viaje al trabajo.

Estas son unas pocas ideas. Puedes crear tus propios juegos. Recuerda que la neuroplasticidad se refuerza más con la repetición. Para desarrollar esos recursos de atención de la corteza prefrontal, necesitas practicar unos pocos minutos unas cuantas veces al día (no una única sesión de veinte minutos una sola vez en la jornada). Practícalo durante veintiún días y serás testigo del milagro. Gracias por estar aquí. Es encantador tenerte con nosotros.

El verdadero milagro de tu cerebro destaca cuando tu atención está regulada. Encuentra la forma de estar en el aquí y ahora centrando tu atención en la realidad de tu vida, en lugar de en los pensamientos desordenados que bullen en tu mente, y experimentarás un mundo de felicidad.

Si me preguntan por la habilidad número uno a la hora de encontrar la felicidad, mi respuesta siempre será… la atención deliberada. Conviértela en tu realidad. Deja de desearlo…

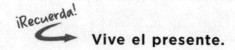

¡Recuerda!

Vive el presente.

Resumen de la primera parte

4-3-2-1, estas son las razones por las que nuestro cerebro nos hace infelices.

4 inputs *(erróneos) distorsionan nuestra percepción de la verdad. Tres de ellos proceden de nuestro interior. Se trata del condicionamiento, los pensamientos reciclados y las emociones atrapadas. Pero el mayor de ellos es omnipresente a nuestro alrededor. Son los detonantes ocultos, desde los medios de comunicación hasta la industria del entretenimiento, pasando por el consejo de un amigo que no se aplica a nuestro contexto vital. No permitas que tus pensamientos se vean influidos por tus inputs internos. Descubre su verdadera naturaleza y elimínalos. Entonces, hagas lo que hagas, deja de introducir detonantes ocultos en tu vida. Eres lo que piensas. Impide que los pensamientos de otros te hagan ser lo que eres.*

3 defensas *(exageradas) nos mantienen a salvo pero nos hacen sufrir. Nuestro cerebro tiene en su seno todos los mecanismos de defensa que han ayudado a otras especies. Un cerebro reptiliano cuya función es evitar el peligro, un cerebro mamífero que existe para buscar* recompensas y evitar el dolor, y un cerebro racional que planifica y analiza constantemente. Estas defensas nos mantienen estancados en la aversión, el apego y la absoluta insatisfacción. Aprende a hacer que tu reptil se sienta a salvo, que tu mamífero disfrute de lo que hay y recuerda a tu humano racional que todo está bien.

2 polaridades (opuestas) forman parte de cada uno de nosotros. Lo femenino y lo masculino. Estas polaridades no están determinadas por la biología, el género o la preferencia sexual. Son una forma de vida. Una tiene que ver con el ser y otra con el hacer. Nuestro mundo moderno, y todos nosotros, estamos inmersos en el hacer. Necesitamos nuestras cualidades femeninas. Tenemos que aprender a ser.

1 pensamiento (dañino), de naturaleza incesante, es el resultado de permitir que nuestros pensamientos se repitan sin el control de nuestra atención deliberada. Muchos problemas clínicos asociados a la infelicidad son el resultado de pensamientos aislados y de la divagación mental. Aprender a prestar una atención deliberada es mi consejo estrella para quienes buscan la felicidad. Vive el presente.

Si repetimos un mal hábito el tiempo suficiente, seremos unos consumados maestros en él, ya que, a través de la neuroplasticidad, **la práctica nos hace infelices**. Deja de practicar tu propia infelicidad. Invierte el proceso. Aprende a ir al gimnasio de la felicidad y trabaja los hábitos que invierten el modelo 4-3-2-1.

Practica la restricción de tu consumo de información a aquello que te hace bien. Recuerda ejercitar tu músculo de la gratitud. Utiliza tu lado femenino y presta una atención deliberada. Un pasito tras otro y conseguirás que tu cerebro convierta la felicidad en su estado por defecto.

Segunda parte

Los efectos secundarios del pensamiento

Los **efectos secundarios**

Emociones sin fin

Química y electricidad

Bucles y subrutinas

A nuestro cerebro no parece gustarle estar confinado dentro de nuestro cráneo. Se aventura fuera e influye en nuestras emociones y sensaciones físicas. Incluso afecta a su propio yo al repetir sus pensamientos predilectos una y otra vez.

Capítulo siete

¿Puedes sentirlo?

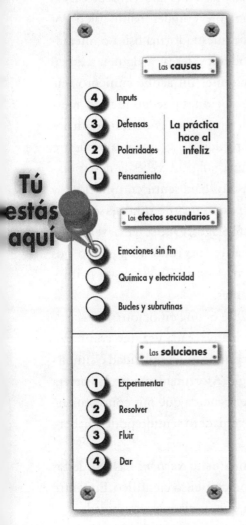

Las causas

4 Inputs

3 Defensas — La práctica hace al infeliz

2 Polaridades

1 Pensamiento

Los efectos secundarios

Emociones sin fin

Química y electricidad

Bucles y subrutinas

Las soluciones

1 Experimentar

2 Resolver

3 Fluir

4 Dar

Tú estás aquí

Como hemos establecido anteriormente, el principal propósito del pensamiento es mantenernos a salvo. Sin embargo, la autoridad de nuestro cerebro no se limita a los pensamientos que produce. Nuestro cerebro controla nuestras emociones y también las sensaciones físicas. Elige hacernos sentir de una determinada manera. Tu cerebro elige cuándo empieza un determinado pensamiento y cuándo se repite. Como un verdadero dictador, controla todos los aspectos internos de nuestra forma física y, en consecuencia, **nos controla por completo**. Entre sus herramientas se incluyen las emociones, las hormonas y las señales eléctricas, y los pensamientos repetitivos —que llamaremos «bucles»—, así como grupos de pensamientos que se juntan en cúmulos, a los que daremos el nombre de «subrutinas».

La producción de emociones

Cada minuto de cada día experimentamos muchas emociones —ira, felicidad, entusiasmo, ansiedad, deseo—, la lista es interminable, y cuando no hay emociones, caemos en el aburrimiento. Estas sensaciones no se asocian necesariamente a un detonante físico. Por ejemplo, no hace falta que nada roce nuestra forma física o interactúe con ella para sentir empatía. Podemos desear a alguien a quien no hemos conocido en persona y temer un acontecimiento que jamás hemos experimentado. Las emociones pueden incluso anestesiar nuestras sensaciones físicas o simularlas. Podemos sentirnos agotados, pero luego nos invade el pánico y eso enmascara nuestro cansancio y nos hace saltar como una pulga. A veces la desesperación debida a dificultades reiteradas nos hará sentir entumecidos, y la desaprobación por la conducta poco ética de otra persona nos hará experimentar malestar en el estómago. ¿Qué son esas sensaciones mágicas? ¿Cómo surgen? ¿Cuál es su propósito y cómo nos relacionamos con ellas para alcanzar nuestros objetivos de éxito y felicidad? Las respuestas son fascinantes.

Empecemos por el principio. ¿Qué es una emoción?

Como el inglés no es mi lengua nativa, cada vez que comienzo a escribir sobre un concepto, al margen de su complejidad o simplicidad, busco su definición en Google. Afortunadamente, la barrera del lenguaje me hace humilde y me recuerda que mis conocimientos podrían no ser exactos y que el verdadero sentido podría haberse perdido en la traducción.

¿Alguna vez has buscado la definición de *emoción*? Las respuestas te sorprenderán. No parece existir un consenso científico. Encontré muchas definiciones, pero ninguna que suscitara unanimidad.

Wikipedia empieza así: «Una emoción es *un estado mental* asociado a pensamientos, sentimientos, respuestas conductuales y cierto grado de placer y desagrado». Una búsqueda en Google me ofreció lo siguiente: «La emoción (sustantivo) es un *fuerte sentimiento* derivado de las propias circunstancias, el estado de ánimo o las relaciones con los demás». La Enciclopedia Británica la define así: «La emoción es una *experiencia* compleja de consciencia, sensación corporal y comportamiento que refleja el significado personal de un acontecimiento o una realidad».

¿Es un sentimiento? ¿Un estado mental? ¿O una experiencia? ¿Qué es?

¿Cómo algo tan omnipresente y de tanto impacto como nuestras emociones carece de una definición consensuada, y cómo un ingeniero como yo puede trabajar en algo que ni siquiera sabe lo que es? Y más interesante aún: precisamente por ser ingeniero, mi definición de emoción es diferente a todas las demás. Llegaremos a ello enseguida. Pero, en primer lugar, hemos de investigar un poco más y descubrir cómo se expresan las emociones a lo largo y ancho del mundo.

Cómodamente insensibilizado

La razón por la que no tenemos una definición tal vez se deba a que el mundo moderno desprecia las emociones. En el mundo occidental, específicamente, mostrar las propias emociones o vulnerabilidades se considera una debilidad. Nos ocultamos tras la cultura del trabajo: el «fíngelo hasta que sepas hacerlo» (el peor consejo en la historia de la humanidad), la presión de los compañeros y la necesidad de mostrar lo mejor de uno mismo para ser aceptado. Elegimos exhibir la máscara de un individuo feliz, exitoso y eficaz cuando, en realidad, en nuestro interior somos más bien unos blandengues cursis y sensibles. Adoptamos una actitud de superhéroes cuando en realidad necesitamos que nos rescaten.

Se nos pide que ocultemos nuestras emociones, por lo que decidimos escondérnoslas también a nosotros mismos. Y luego decidimos no sentirlas. Son más fáciles de disimular cuando nosotros mismos no somos conscientes de su existencia. Cuando nos preguntan cómo nos sentimos, respondemos «¡Muy bien!», sin consultar siquiera con nuestras verdaderas emociones.

Lo hacemos días tras día hasta que nuestra propia mentira nos resulta cómoda. Estamos cómodamente insensibilizados.

COMFORTABLY NUMB

Un poco de cultura popular

Pink Floyd son legendarios.
¿Qué puedo decir? Escucha esta canción.

Cuando se trata de ocultar las emociones, en general los hombres la tienen peor que las mujeres. A nivel global, en todas las culturas, se dice a los niños que no deben llorar. Se espera de ellos que sean «valientes» y repriman sus emociones.

Esta separación respecto a cómo nos sentimos está profundamente arraigada en nosotros; nos hace apretar los dientes ante la adversidad y decir «No duele», aun cuando sufrimos lo indecible. Con los años, la única forma de afrontar el dolor es fingir que no existe. Muchos hombres se insensibilizan y olvidan lo que sienten. Luego los culpamos por no expresar emociones. Por no abrir su corazón. Pero les puedo asegurar que los chicos sí lloran.

A menudo me encuentro con hombres que parecen tenerlo todo bajo control hasta que conectan con sus verdaderas emociones y entonces empiezan a llorar y llorar por los perdidos años de represión emocional autoimpuesta. Yo mismo estuve a punto de caer en esa trampa.

Al principio, imitaba los actos de quienes me rodeaban. Cuando me preguntaban cómo estaba, respondía mecánicamente: «Estoy bien». Sin embargo, dejé de hacerlo. Me di cuenta de que estaba mintiendo. A veces tenía un día duro, y en otras ocasiones todo me dolía mucho, y entonces cambié. Durante años, si al recorrer los pasillos de nuestras oficinas alguien me preguntaba «¿Cómo estás, Mo?», me paraba, miraba a la persona a los ojos, hacía una pausa y pensaba un poco. Luego decía algo así como: «Hoy me siento físicamente fuerte, pero estoy un poco estresado por este proyecto o aquel otro… ¿y tú? ¿Cómo te sientes hoy?». Al principio, la gente se desconcertaba. No era el escenario que esperaban. Se quedaban paralizados unos segundos y luego activaban el modo robot y respondían: «Estoy bien». Más tarde, muchas personas se me acercaron y me felicitaron por mi sinceridad y por mostrar mis vulnerabilidades. Sentí que muchos querían acercarse a mí e intentar conocerme mejor.

Cuando más tarde les pregunté por qué querían ser mis amigos, solían contestar: «Porque eres real. Es estimulante».

El fenómeno de la represión de las emociones en el mundo moderno no termina cuando salimos del trabajo. Tengo muchos amigos que lloran delante de mí, quejándose porque su relación sentimental los está volviendo locos. Recitan una larga lista de cosas que necesitan y merecen y que su pareja no les da, y cuando les pregunto «¿Has expresado abiertamente esas necesidades y emociones?», me miran con extrañeza y responden: «Claro que no. Se asustaría». Lo mantienen todo oculto hasta que las crecientes emociones acaban explotando y entonces es cuando su pareja se asusta.

Un día le pregunté a una amiga —ejecutiva de recursos humanos (en otra empresa)— por qué las emociones habían sido desterradas del trabajo y por qué incluso se reprimen en las relaciones personales. Esta fue su respuesta: «Bueno, las emociones son muy diversas. Parecen ser irracionales e impredecibles. Surgen inesperadamente y pueden llegar a ser muy intensas. Son muy confusas.

Creemos que los empleados no deben traer sus emociones al trabajo. No tenemos la infraestructura para gestionar esa incertidumbre y, en todo caso, el trabajo consiste en producir resultados. Necesitamos previsibilidad. Así es más fácil».

¡Estoy en completo desacuerdo! ¿A quién queremos engañar? ¿Acaso no sabemos que quienes no muestran sus emociones están fingiendo? En los últimos años, con el auge de la concienciación en torno a la salud mental y su impacto en el bienestar y la productividad de todos los que nos rodean, empezamos a darnos cuenta de que este tipo de desafíos ya no pueden ser ignorados. La emoción que no se expresa es un desastre futuro, y las consecuencias se observan cada vez más en el costo de los problemas de salud mental, en términos de agotamiento, menor compromiso y facturas médicas, que se añaden al balance general.

Por otra parte, y contrariamente a la creencia común, las emociones son sin duda predecibles. Cuando alguien me hace enojar, me enojo. Eso me parece bastante predecible. Tras la conversación con aquella amiga, quise destruir el mito de que las emociones son irracionales. Sentí la necesidad de invertir el acoso del hemisferio izquierdo: se nos debería permitir vivir como seres humanos completos que no solo piensan sino que también sienten. Me dije a mí mismo que, si era capaz de demostrar la racionalidad de las emociones, la gente se daría a sí misma permiso para volver a sentir. Tal vez se abrirían y expresarían cómo se sienten, y los seres humanos descubriríamos una forma de reconectarnos los unos a los otros.

¿Y cómo empezar a trabajar en este problema? Bueno, en mi caso, solo hay un camino. Cuando me siento confuso, recurro a las matemáticas.

Hiperpredecible

Antes de que la tecnología pudiera identificar la existencia de gérmenes, ¿qué pensaba la gente? Por aquel entonces parecía un enorme juego de azar. La gente enfermaba y nadie sabía por qué. Y en cuanto el pueblo se preparaba para cavar sus tumbas, algunos se recuperaban y nadie sabía qué les había salvado.

En la actualidad, debido a los avances de la ciencia moderna, la enfermedad parece seguir un proceso predecible. Piensa en ello: ahora, cuando te contagias de gripe, sabemos que se debe a un germen microscópico, el virus de la gripe, que entra en tu cuerpo y encuentra un entorno favorable para diseminarse y comprometer tu salud. Sabemos que el virus provoca la enfermedad y que la fiebre aparece cuando el sistema inmunitario lo combate; la inflamación es el resultado de diferentes gérmenes y bacterias que se aprovechan de nuestra inmunidad debilitada. No hay vudú en ello. ¡Todo es predecible!

Todo esto debe de haber parecido muy irracional hasta que comprendimos la explicación científica: esos diminutos gérmenes que el ojo no puede ver. ¡Lo mismo ocurre con las emociones!

Los gérmenes desencadenan enfermedades y…

Nuestros pensamientos desencadenan nuestras emociones.

Esto se aplica a cualquier emoción que hayamos sentido jamás (aparte del amor incondicional, pero eso es un tema para otro libro).

Aunque pueda parecer al revés —debido a que, al sumirnos en un estado emocional, los pensamientos recorren nuestra mente a toda prisa—, lo cierto es que la emoción es producida por un pensamiento específico. Luego, cuando estamos inmersos en las emociones, una avalancha de pensamientos toma el control mientras nuestro cerebro intenta analizar qué está sucediendo. Aquí no podemos aplicar el dilema de si primero fue el huevo o la gallina. La gallina (un pensamiento en la mente) pone los huevos (las emociones), que más tarde eclosionan en más pensamientos, que producen más emociones.

Si, por ejemplo, una mujer se siente ansiosa e irritable porque su novio no la ha llamado ni le ha enviado un mensaje, le puede asaltar la siguiente corriente de pensamientos: «¿Debería llamarlo o pareceré insegura? Pero si no lo hago, dará la impresión de que no me importa. Tengo que perder peso para seguir pareciéndole atractiva. No debería permitir que pase tanto tiempo con sus amigos. No, no, debo aceptar su libertad».

Cada pensamiento despierta una emoción ligeramente diferente, pero, en el centro de todo, un pensamiento muy específico ha desencadenado la avalancha. Quizá el pensamiento «¿Perdió el interés en mí?» o «¿Ya no me quiere?».

Personalmente, me parece que esto es así en todos los casos. Algunos pensamientos se filtran en nuestra mente y entonces surge la emoción. Y aquí es donde entran las matemáticas.

Me atrevo a decir que el camino que sigue un pensamiento para desencadenar una emoción es tan predecible como las leyes de Newton. Y si algo sigue un patrón repetible y predecible, se puede describir con matemáticas. Las emociones son así de predecibles. De hecho, lo son en tal medida que cada una de ellas se puede resumir, para disfrute de los frikis de las ciencias, en una sencilla ecuación matemática.

La envidia, por ejemplo, es una emoción desencadenada por el pensamiento «Me gustaría tener lo que tiene esa persona y yo no tengo». Es una comparación entre lo que nos gustaría tener (y otro tiene) y lo que en realidad poseemos. Esto da...

Envidia = Lo que otro tiene (y yo quiero tener) –
Lo que tengo

El remordimiento siempre aloja un pensamiento en su interior: «Me gustaría haber hecho las cosas de otro modo». Lo que da…

Remordimiento = Lo que me gustaría haber hecho –
Lo que en realidad hice

Otro tanto puede aplicarse, evidentemente, a la felicidad y la infelicidad. Cada vez que nos sentimos infelices se debe al pensamiento: «Un acontecimiento en mi vida no ha cumplido mis expectativas (esperanzas, deseos y creencias) de cómo debería ser la vida».

Felicidad $\geq$ Los acontecimientos de tu vida –
Tus expectativas respecto a cómo debería ser la vida

Ya vas entendiendo la idea. El miedo tiene lugar cuando mi percepción de la seguridad en un momento del futuro (T_1) es inferior a mi percepción de la seguridad ahora (T_0).

Miedo $\geq$ Percepción de la seguridad en T_0 –
Percepción de la seguridad en T_1

La ansiedad es un pensamiento que dice: *No soy capaz de gestionar la amenaza esperada.*

Ansiedad $\geq$ Lo que necesito para sentirme a salvo –
De lo que creo que soy capaz

El pánico tiene lugar cuando la amenaza que desencadena nuestro miedo es inminente.

Pánico $\geq$ 1 / El tiempo percibido antes de un peligro inminente

Podría seguir sin parar. Me gustan las matemáticas simplificadas. Pero te lo dejo a ti. Tómate unos minutos para pensar en la lógica, no necesariamente en las matemáticas, que gobierna otras emociones destacadas. ¿Qué es lo que produce el orgullo? ¿El optimismo? ¿La confianza? ¿El deseo sexual? Cuando conozcas el detonante, te será mucho más fácil afrontar tus emociones una vez que estas se manifiesten, porque…

¡Muy importante!

Las emociones son tan predecibles como las leyes del movimiento de Newton.

El elefante en la habitación

La resistencia de las emociones a desaparecer también es un rasgo predecible. Una emoción que no nos permitimos sentir, expresar y compartir tiende a afianzarse en nuestro interior y a convertirse en un pequeño monstruo.

Nos herimos a nosotros mismos y a los demás cuando nos impedimos expresar cómo nos sentimos. Es obviamente comprensible decidir no compartir las emociones con alguien que se ha mostrado duro o irrespetuoso; es bueno ser selectivos a la hora de compartir nuestro lado vulnerable. Pero aislarse por completo es un desastre. Garantiza una explosión futura.

Somos testigos constantes de este tipo de explosiones. Se manifiestan cuando un compañero de trabajo acaba agotado o cuando un ser querido estalla. Cuando las emociones reprimidas se liberan al fin, lo hacen con tanta energía que pueden resultar destructivas. Si se liberan cuando se sienten, su energía será más suave.

Las razones por las que no nos abrimos a los demás son muchas, entre ellas el miedo a ser heridos o juzgados, o el temor a que se aprovechen de nosotros. Y lo más importante, no nos abrimos a los demás porque nos cerramos a nosotros mismos. El condicionamiento de nuestro mundo moderno está tan arraigado en nosotros que dejamos de expresar emociones incluso a nosotros mismos. Negamos su existencia y permitimos que la insensibilización nos arrastre a una vida fría e insatisfecha, desprovista de la alegría de sentir sin tapujos. Si no reconocemos cómo nos sentimos y lo aceptamos plenamente, no lo compartimos con los demás. Compartir emociones es la única forma que tenemos nosotros, los seres humanos, de conectar de forma genuina. Si compartimos un espacio, una comida o una conversación intelectual con alguien sin mostrar sin tapujos nuestras emociones, nos convertimos en robots. Decimos palabras que no queremos decir y que hemos aprendido en el trabajo o a partir de los personajes simulados de la televisión o las redes sociales, y la conversación se convierte en algo intelectual-cerebral. Cerebros que hablan a cerebros. Sin conexión emocional nos sentimos solos, aunque estemos rodeados por millones de personas. Sin emociones, parece que falta algo porque…

¡Recuerda!

Solo nos sentimos vivos cuando sentimos.

Una mariposa en la palma de la mano

Nuestras emociones son frágiles. Son delicadas. Hay que tratarlas con suavidad, amor y aceptación, y hay que concederles el espacio que necesitan para fortalecerse y dejarse ver. Sostén tu corazón con dulzura, como si se tratara de una mariposa posada en la palma de tu mano. No lo culpes por sentir lo que siente.

Cuando lidias con tu corazón y sus efusivas emociones, imagina a una niña de seis años que se cayó y se hizo daño en la rodilla. ¿Cómo la tratarías si llora y grita? ¿La regañarías y le dirías que lo que siente es injustificado? ¿O la abrazarías, aunque grite, comprenderías sus sentimientos y le dirías que todo se va a arreglar?

Trata a tu corazón con dulzura hasta que esté listo para sentir, y entonces da un paso más: ayuda a otros a sentir. Recuerda, por favor, que tu relación con los demás puede ayudarlos a abrirse y a entrar en contacto con sus emociones más profundas. **Deja espacio**: permite a quienes interactúan contigo sentirse lo suficientemente a salvo como para mostrar cómo se sienten. **No juzgues**: si te has puesto en sus zapatos habrás sentido lo mismo. **Empatiza**: trata a los demás como te gustaría que te trataran a ti si te sintieras tan vulnerable como ellos. Por muy duro que creas ser, algún día te encontrarás en esta situación.

Prueba esto aunque sea por un solo día. Permite que sus sentimientos afloren libremente y deja que los demás manifiesten sus emociones en tu presencia, y todo tu mundo cambiará. La gente empezará a buscarte, te considerará un refugio, una de las escasas zonas seguras, alguien ante quien podrán mostrarse tal cual son. Cuando las máscaras caigan y fluyan las emociones, descubrirás la verdadera alegría: la alegría de conectar con otros seres humanos en cuanto que seres humanos, y no robots creados por el puño de hierro de la sociedad. Si se me permite decirlo, es un placer tan excelente como el del mejor sexo que hayas podido tener, solo que sin contacto físico. La verdadera intimidad es eso: conectar con la esencia de otra persona.

Tal vez cuando dejemos de juzgar a quienes abrazan y expresan sus emociones, tal vez cuando nos permitamos sentir y mostrar nuestras emociones libremente, recordaremos la esencia de lo que nos hace humanos y que las emociones son la sal de la vida; sin ellas, sería sosa e insípida. Amor, risas, emoción, incluso un poco de inseguridad, timidez y arrepentimiento, constituyen los momentos en los que realmente aprendemos, amamos y vivimos.

¡Muy importante!

¡Siente la vida! Percibe tus sentimientos a flor de piel.

Al sentir, empiezas a «ser». En cuanto tus emociones sean parte de tu consciencia, descubrirás tu verdad. **¡Sentir es la única forma de «ser»! Es el primer paso en tu camino hacia la felicidad.**

Siente y acepta plenamente lo que sientes. Y aunque al principio parezca difícil, lo único que necesitas es permanecer fiel a tu objetivo. Con el tiempo, la neuroplasticidad trabajará en tu favor. Las sucesivas emociones te reconfigurarán el cerebro, y el propio acto de sentir será más fácil.

Aprender a sentir

¿Te resististe un poco cuando dije que las emociones eran predecibles? ¿Resoplaste al seguir leyendo? ¿O tal vez llegaste a pensar: «Maldita sea, tiene razón. Son predecibles (se producen como resultado de un camino que podemos definir y rastrear lógicamente). Se pueden describir con ecuaciones. ¡Qué maravilla!»?

Espero que así sea, porque comprender este concepto por completo supone un punto de inflexión a la hora de convertirte en un atento guardián de tus emociones, para liberarlas pero dirigiéndolas hacia donde deberían estar.

¿Sabes qué otra cosa es hiperpredecible? La neuroplasticidad. Como expliqué antes, es muy habitual oír que la gente no cambia, pero eso no es cierto. Cuando estaba a punto de cumplir treinta años, yo era un fanático del control que estaba enojado y deprimido. Mírame ahora: soy tan tranquilo y plácido como una tortuga.

Con el tiempo, la neuroplasticidad siempre funciona. Incluso en lo que respecta a nuestros hábitos emocionales, con la práctica y la determinación, podemos cambiar.

La neuroplasticidad se aplica a todos los procesos que tienen lugar en nuestro cerebro. Las regiones cerebrales que usamos con más frecuencia se fortalecen. Esto significa que, al igual que con los recuerdos y habilidades...

¡Muy importante!

Con el tiempo, las emociones que practicamos son más fáciles de sentir.

Es posible que lo hayas notado antes en ti mismo o en un amigo. Quienes tienen carácter tienen más probabilidades de sufrir un arranque de ira, y los que parecen fundamentalmente tranquilos se vuelven más tranquilos con el tiempo. Nos resulta más fácil sentir lo que solemos sentir. Nos gusta nuestro drama. «Fulanita dijo tal, Menganito hizo tal otra cosa.» Nos rompe el corazón, pero repetimos la misma historia sin parar. Cada vez que la repetimos, reforzamos nuestras redes neuronales; no solo las relacionadas con la memoria, sino también las que regulan la emoción. Al actuar así, aprendemos a rompernos el corazón una y otra vez. Con cada ciclo mejoramos en esta habilidad, hasta convertirnos en verdaderos maestros en destrozarnos el corazón. Valoramos nuestro miedo, pensamos que nos mantiene a salvo y nos abrimos a él. Leemos más noticias y opiniones, seguimos a más teóricos de la conspiración. Buscamos lo que nos asusta, y lo encontramos, nos asustamos más y continuamos buscando hasta llegar a ser expertos en el arte de sentir miedo.

Es natural que tus habilidades emocionales se desarrollen como cualquier otra habilidad. Para producir cierta emoción, necesitas involucrar partes del cerebro a medida que desarrollas un tipo de pensamiento o rememoras un recuerdo especial. Al hacer esto, las neuronas que utilizas establecen una red más fuerte entre ellas, correspondiente a la forma en que se genera la emoción. Por el contrario, las que no usas —aquellas que necesitas para producir una emoción diferente— se vuelven más débiles hasta que las redes entre ellas se desvanecen.

Lo creas o no, sentirnos irritados, vulnerables o molestos es una habilidad como cualquier otra. Cuanto más practiques, más se vuelve parte de tu ser.

Así que… ¿cuáles son tus habilidades?

¿Qué músculos de tu cerebro han estado trabajando para hacerse cargo de tu paisaje emocional? Y lo más importante: ¿qué vas a hacer al respecto?

Así como al practicar la ira será más fácil que sigas sintiendo ira, también puedes practicar el agradecimiento y ejercitar ese músculo. Puedes practicar la satisfacción. Y el deseo por el ser amado. Puedes practicar la diversión y el asombro por todo lo que la vida tiene que ofrecernos. Puedes practicar el placer, e incluso la admiración, que suscitan las cosas buenas que te rodean (y dejar de practicar la crítica y la negatividad). Y lo fundamental: puedes practicar el amor, la autoestima y la compasión.

El primer paso que debes dar para cambiar aquello que practicas es ser consciente. El modelo está claro: ser antes de aprender y aprender antes de hacer. Tenemos que empezar por ser, y nada mejor para iniciar la práctica que entender a la perfección cómo funcionan las emociones. Te presento un pequeño ejercicio con ese objetivo. Lo llamo «Observa el drama».

El propósito de este ejercicio es ayudarte a observar, en acción, el proceso por el cual los pensamientos se convierten en emociones. Al ver cómo el cambio en los pensamientos modifica las emociones, te convencerás de que las emociones son un producto del cerebro. Se activan con tus pensamientos.

EJERCICIO DE CONSCIENCIA
OBSERVA EL DRAMA

Objetivo	Ver cómo tu cerebro transforma pensamientos en emociones
Duración	15 minutos
Repetición	Repítelo hasta que el concepto esté completamente asumido
Lo que necesitarás	Un lugar tranquilo donde nada te interrumpa

Busca un lugar tranquilo y resérvate el tiempo suficiente.

Evoca dos recuerdos emocionales: uno feliz y otro triste. Piensa profundamente en cómo te hace sentir cada recuerdo.

Intenta nombrar la emoción en una palabra.

Escribe la serie de acontecimientos que desembocaron en ese sentimiento. A continuación, anota un pensamiento dominante específico que hayan despertado esos acontecimientos y que puedas asociar estrechamente con la emoción, por ejemplo: «Me sentí humillado» o «Todos valoraron mi logro».

Ahora, tómate unos segundos para serenarte y luego empieza a alternar entre los dos pensamientos. Invita al pensamiento feliz, «Todos valoraron mi logro», a tu mente junto con los recuerdos del contexto y mira a ver si eres capaz de volver a producir la emoción. Cierra los ojos, piensa en un helado durante unos segundos o canta en voz alta para distraerte. Cuando el pensamiento feliz deje de estar en tu mente, céntrate en el segundo pensamiento, «Me sentí humillado», y observa cómo te hace sentir.

Presta atención a cómo la emoción se regenera cuando vuelves a pensar el pensamiento, cómo esa emoción no estaba presente antes de que surgiera el pensamiento, y cómo desaparece en cuanto dejas de pensarlo.

Sin ese pensamiento, no hay emoción. Los pensamientos son el detonante.

No es un ejercicio fácil. No tienes por qué conseguirlo la primera vez. Sigue intentándolo.

Hemos sido condicionados para creer que las emociones son cosas que sentimos aleatoriamente, que surgen sin una causa. Si aprendes a prestar atención al importante vínculo entre pensamientos y emociones, será un éxito. Practica hasta que descubras cómo cada pensamiento diferente desencadena una historia distinta, un drama y una emoción diferentes.

El propósito de este ejercicio es concederte la inestimable oportunidad de conectar con tus emociones. Al utilizar los detonantes que la sociedad nos impone con frecuencia, podremos encontrar nuestra propia y valiosa consciencia.

EJERCICIO DE CONSCIENCIA NO DIGAS «ESTOY BIEN»

Objetivo	Entrar en contacto frecuente con tus emociones
Duración	2 minutos, varias veces al día
Repetición	Repítelo durante el resto de tu vida
Lo que necesitarás	Estar alerta y hacer lo correcto

¿Te has dado cuenta de cómo respondes cuando alguien te pregunta cómo estás? ¿Te has dado cuenta de que contestas mecánicamente «Estoy bien» cuando a veces no te sientes así?

¿Con qué frecuencia respondes a los demás con un robótico: «Estoy bien»? Ellos no te escuchan y tú no te comunicas. Intercambian palabras, pero no hay una conexión humana real. Es hora de poner fin a esta situación.

En esta sencilla práctica, por favor, tómate un momento de reflexión antes de responder cuando alguien te pregunte cómo estás.

No digas: «Estoy bien». En su lugar, intenta utilizar la oportunidad para descubrir cómo te sientes realmente. «Me siento con energía, con un poco de dolor en el pulgar de tanto teclear en el teléfono celular». O «Me siento un poco irritado después de pasar una hora en un embotellamiento, pero me alegra haber podido llegar a tiempo». O «Me siento nervioso por el informe que tengo que presentar mañana, pero estoy emocionado por cómo fue mi cita de anoche. También estoy un poco estreñido».

La próxima vez que alguien pregunte «¿Algo va mal?», no respondas: «¡Para nada!».

En su lugar, responde: «¿Por qué lo preguntas? ¿Hay algo que parezca ir mal? Dame un minuto. Déjame comprobarlo».

Aprende a sentir curiosidad por tus sentimientos. Convierte en hábito responder a este tipo de microdetonante de la consciencia. Estimulará tu capacidad para estar en contacto contigo mismo más a menudo.

¡Recuerda!

Descubre cómo te sientes realmente.

Para ayudarte a hacer un seguimiento de cómo te sientes, descarga la versión gratuita de Appii de la App Store o de Google Play Store. Como una app de fitness, Appii te ayudará a hacer el seguimiento de tu estado de ánimo y personalizará tu viaje a la felicidad para ajustarse a tus necesidades exactas.

Utiliza el código promocional ThatLittleVoice para obtener una suscripción premium gratuita durante tres meses.

Como parte de tu misión de difundir la felicidad, ayuda a los demás a entrar en contacto con sus emociones. Cuando alguien responda mecánicamente a tu pregunta por cómo se encuentra, di: «Cuéntame más. ¿Qué pasó?». Muestra curiosidad y escucha con atención.

Sé empático. Te sorprenderá hasta qué punto la gente se abrirá y conectará. Será una victoria para todos.

Ahora puede ser un buen momento para tomarte un pequeño descanso y comprobar cómo te sientes contigo mismo. ¿Cómo ha estado todo últimamente? ¿Has experimentado de forma plena tus emociones?

Las emociones son importantes y no deberían ignorarse, censurarse ni reprimirse. Tómate un tiempo para reflexionar sobre el lugar que ocupan en tu vida y en lo que hemos explicado sobre ellas hasta ahora. Cuando te sientas relajado y receptivo, sigue leyendo. Aún hay algunas destrezas emocionales cruciales que tenemos que aprender y practicar.

La habilidad más importante que debes aprender aquí es a darte cuenta de inmediato respecto a cualquier cambio en tu estado de ánimo.

Al principio esto te parecerá muy extraño. Innumerables emociones pasarán inadvertidas pero, con la práctica, lo harás con tranquilidad y registrarás las emociones fundamentales en cuanto estas surjan.

EJERCICIO DE CONSCIENCIA EN ALERTA

Objetivo	Percibir el cambio en tus emociones
Duración	Una vez determinado, el nivel de interrupción está siempre activo
Repetición	Conviértelo en tu estilo de vida. Repítelo las veces que sea necesario
Lo que necesitarás	Mucha práctica

Toma cualquier emoción negativa que se manifieste en ti con cierta frecuencia —por ejemplo, la ira, la timidez o el aburrimiento— y monitorízala durante unos días. Permanece alerta y localiza con precisión el momento en el que emerge la emoción. Si así lo deseas, lleva un registro en un diario. Cada vez que detectes la emoción, añade una marca a tu registro.

En cuanto aparezca la emoción que estás monitorizando, te pediré que te «encarnes» completamente, es decir, que entres en contacto con las sensaciones físicas en tu respuesta a la emoción. Empieza percibiendo cómo te sientes cuando no te afectan emociones negativas. Esta pacífica calma la sentirás en tu cuerpo como una sensación de relajación y serenidad. Cuando aparece una emoción negativa, este estado cambia. Por ejemplo, cuando estamos ansiosos, sentimos una incomodidad física a nivel abdominal. En breve lo abordaremos con detalle. Lo llamo la firma física de una emoción, y vale la pena dominar ese vínculo entre nuestro estado emocional y nuestro estado físico. Por ahora, sin embargo, limítate a percibir el cambio: cómo te alejas de la serenidad anterior y accedes a un nuevo estado. Esto te permitirá reconocer el cambio en tu estado emocional igual que reconoces el dolor, el placer y el cansancio.

Este es un ejercicio de consciencia, por lo que no se requiere acción alguna. No intentes cambiar nada respecto a cómo te sientes. Tan solo debes aprender a percibir el cambio cada vez que acontece. Ser consciente de estos cambios físicos será tu nivel de interrupción: la consciencia que necesitas para reconocer que tu rutina tiene que cambiar.

Al final de cada día, haz balance de tus emociones. Pasa unos minutos en la cama antes de dormirte repasando cómo ha estado el día y las emociones que has sentido. Toma nota de la firma física, la sensación corporal asociada a cada emoción.

Cuando entiendas el truco de esa emoción, añade otra a tu registro, y luego otra y otra hasta que hayas registrado todas tus emociones negativas recurrentes.

Procura reflexionar sobre la secuencia de acontecimientos que ha desencadenado cada una de las emociones. Intenta encontrar algunos patrones que se repiten, por ejemplo: «Cada vez que alguien me dijo que no tenía razón, me enojé y me puse a la defensiva» o «Suelo ser tímido cuando se espera que hable delante de alguien a quien no conozco bien». Una vez más, no trates de planificar acciones correctivas. Limítate a observar. Limítate a ser.

Dominarlo puede llevarte varias semanas. Hasta que lo consigas, no dejes de practicar. Mientras tanto, sigue leyendo. Solo estás al principio del viaje.

Experimentar la tormenta

¿Sabes cuántas personas hacen preguntas en Google? Miles de millones. A veces, cuando hay noticias importantes, miles de millones de personas buscan la misma información al mismo tiempo. ¿Cómo se las arregla Google para responder a todas? Considera cada una de ellas como una solicitud independiente y la gestiona hasta su finalización. Aunque nuestro cerebro humano nunca elige participar en miles de millones de transacciones, a menudo lo distraen muchas peticiones y exigencias que llegan simultáneamente. Cualquier padre o madre con varios hijos sabe lo que es. Uno necesita un cambio de pañales mientras otro llora porque un tercero le pegó y otro más pide una galleta. ¿Cómo lo hacen? Eliminando la distracción mientras terminan de cambiar el pañal, antes de atender al que llora y extender el brazo hacia el frasco de galletas. Aprendemos a reconocer un flujo de tareas entrantes, a priorizarlas y a gestionarlas hasta su culminación. Sin embargo, muchos de nosotros no lo logramos en el caso de nuestras emociones. Cuando surgen, no las reconocemos, no las jerarquizamos ni actuamos sobre ellas. En su lugar, las reprimimos. Yo no soy una excepción. Como ejecutivo motivado y de mente analítica, durante años ignoré mis emociones hasta que me di cuenta de que no sería un ser humano pleno hasta que no las integrara. Para ello, necesitaba aprender a…

¡Recuerda!

Sentir primero, analizar después.

Creo que hay cuatro razones fundamentales que explican por qué hemos creado un mundo tan desprovisto de emociones. Se trata de las presiones y tradiciones sociales, las tormentas emocionales, el camuflaje emocional y el malestar emocional.

Ya hemos hablado de la influencia de las presiones y tradiciones sociales. Ahora trataremos los otros tres.

Tormentas emocionales

Una de las razones por las que muchos de nosotros no reconocemos muchas de nuestras emociones es porque realmente no experimentamos una sola emoción en un instante determinado. ¿Recuerdas un momento en el que hayas sentido una única emoción clara y nítida que pudieras analizar y de la que pudieras decir «Así es como me siento»? Estoy seguro de que no pasa muy a menudo. Siempre hay una tormenta en nuestro interior: una tormenta que aúna lo bueno y lo malo, la felicidad y la tristeza, las sensaciones físicas y las emocionales.

Permite que me sumerja en mi interior para contarte cómo me siento exactamente ahora mismo… *Estoy muy feliz con el progreso que he hecho en este libro. Soy optimista y creo que pronto estará listo. Aya, mi hija, está un poco decaída porque alguien a quien quiere no está bien. A mi corazón le duele su tristeza. Como siempre, siento un intenso amor por ella y la extraño. Me honra que tantas personas en el mundo me hayan dado las gracias por mi trabajo. Esto me motiva para esforzarme aún más, pero también me siento un poco culpable por mi incapacidad para responder a todos los mensajes que recibo. La sinusitis me molesta un poco. Me duele el pulgar izquierdo de tanto escribir en el celular. Ah, y tengo hambre.*

Todo esto, combinado, apenas empieza a describir con exactitud cómo me siento, pero te haces una idea.

¡Recuerda!

→ **Siempre experimentamos tormentas de emociones y sensaciones físicas…**

... lo cual dificulta analizar una emoción específica o incluso reconocer sus matices y su naturaleza, cuando se mezcla con la naturaleza del resto de emociones y sensaciones que sentimos a cada instante.

La tormenta es enorme. Tan solo echa un vistazo al collage de palabras que he incluido aquí para reflexionar sobre la amplitud y variedad de todas las emociones que podemos sentir.

Esta imagen, o al menos parte de ella, es lo que suele acontecer en nuestro interior. Piensa en ello.

Como ocurre con la teoría de los colores, cualquier color individual, por ejemplo, el beis, está compuesto por muchos colores elementales mezclados en proporciones específicas. Un artista con talento tiene la habilidad necesaria para deconstruir un color en sus constituyentes. Este tipo de habilidad es lo que nos hace falta para deconstruir las tormentas emocionales.

Lo que sentimos ahora no es una única emoción. Es una mezcla de muchas emociones y sensaciones físicas. Podemos aprender a deconstruir nuestra experiencia en una combinación de emociones claramente definidas. Todo empieza con la observación de la firma física de cada emoción. Volveré a esto después de comprender otro bloque emocional al que también se pueden aplicar estas consideraciones…

El camuflaje emocional

Las emociones son indicadores. Nuestro cerebro las utiliza para resumir un montón de análisis en una única emoción. Sentirnos preocupados no es el resultado de ver una señal de amenaza. Se trata de un análisis amplio, realizado por nuestro cerebro en un segundo plano, de muchas observaciones, recuerdos, valoraciones de las propias capacidades, etcétera. Las emociones tienden entonces a transformarse y ocultarse entre otras emociones igual de complejas. A veces cuesta decidir si nos impulsa el ego o un objetivo, si actuamos motivados por el deseo o por el miedo. Necesitamos comprender cómo funcionan exactamente las emociones para que resulte más fácil detectarlas.

Cuando Aya era pequeña, estaba llena de energía y curiosidad (todavía lo está). Esto la llevaba a vagar y explorar cada vez que salíamos. Unos minutos después de entrar en un centro comercial, si no la tomábamos de la mano con firmeza, algo llamaba su atención y ella lo seguía y desaparecía. No importaba con qué frecuencia sucediera, el pánico siempre se presentaba (tanto para Aya, dondequiera que estuviera, como para su madre, que estaba a mi lado). El pánico hacía que Aya corriera tratando de encontrarnos. Esto simplemente la alejaba aún más, lo que dificultaba su localización. Durante meses intentamos convencerla para que estuviera alerta y no se separara de nosotros dondequiera que fuéramos. Por supuesto, con su mente activa y creativa, esto no resultó viable. Al final, tuve que enfrentarme a la realidad, así que le pedí que recordara una cosa, una sola cosa: «Cada vez que mires a tu alrededor y no puedas encontrarnos, no te muevas. Quédate exactamente donde estás».

Esta simple petición fue el resultado de un largo análisis por mi parte. Me di cuenta de que durante un tiempo ella iba a seguir vagando y que a su corta edad no había forma de cambiar eso. Entendí que el pánico empeoraba mucho las cosas tanto para ella como para su madre. Y, por supuesto, me di cuenta de que, en los momentos de pánico, es difícil tomar decisiones complejas, especialmente para un niño. Si resumimos todo esto en una sencilla instrucción, será mucho más fácil de recordar y más difícil de ignorar. Aún hoy, veinte años después, Aya y yo todavía bromeamos al respecto cuando salimos juntos. Le digo: «Aya, si nos perdemos, ¿qué deberías hacer?». Ella se ríe, me abraza y dice: «Quedarme donde estoy».

Este tipo de simplificación es lo que hace nuestro cerebro para resumir un complejo abanico de situaciones. Cierta conducta negativa de un amigo se combina con un comentario que oímos en el radio, un clima invernal helado y la ausencia de luz solar durante una semana, y nuestro cerebro concluye: «Vamos a activar la señal de que nos sentimos solos».

Buena historia, Mo, pero ¿cómo puede ayudarme? Bien, nuestro cerebro utiliza un sistema de codificación para hacernos sentir las emociones después de finalizar su complejo análisis. Es casi imposible rastrear una emoción desde sus complejos orígenes. Es más fácil dejar que suceda y gestionar su firma: el impacto que tiene en nosotros. La forma en que nuestro cerebro nos hace sentir emociones es muy física. Cada emoción, al margen de lo que la produce, tiene a fin de cuentas una firma muy específica que podremos percibir en nuestro propio cuerpo. Esas sensaciones son indicadores de lo que nos está pasando. Nos ayudan a identificar las emociones examinando los síntomas físicos asociados a ellas, tal como hace el médico al examinar tu estado físico para detectar una enfermedad. No siempre realiza una prueba de laboratorio o analiza lo que has hecho en los dos últimos días, al menos no al principio. En su lugar, buscan síntomas.

Mariposas en el estómago. Un nudo en la garganta. Estas expresiones son algo más que un cliché. Tomemos un par de emociones extremas como ejemplos. Permíteme empezar con una emoción de expresión muy física: el deseo sexual.

El deseo es fácil de detectar físicamente. Hay síntomas físicos claros asociados a esa emoción que es casi imposible pasar por alto. ¿Hace falta que los enumere? Seguro que ya lo captaste.

Para alguien muy consciente emocionalmente, detectar la forma de otras emociones no resulta mucho más complicado. El pánico, por ejemplo, es una emoción que el cerebro utiliza para preparar al cuerpo para la respuesta de huida ante una amenaza inminente. Aunque la amenaza no sea física, sentimos el pánico en todo el cuerpo en forma de impulso de energía mezclado con el deseo de salir corriendo. Por otro lado, la ira es la emoción que nos prepara la respuesta de lucha. Cuando estamos enojados, nos hierve la sangre, el cuerpo está tenso y sentimos el deseo de atacar. Cuando estamos asustados, el corazón se acelera, los pensamientos vuelan y queremos escondernos. El asco nos da náuseas. Lo experimentamos de forma similar tanto si se debe a que hemos comido algo en mal estado o a la conducta poco ética de otra persona. Lo sentimos en el estómago. Retrocedemos e intentamos evitar la causa de nuestra repulsa. La tristeza nos hace sentir vacíos. Sentimos debilidad en el cuerpo y estamos sobrepasados, con una tendencia a alejarnos. El entusiasmo nos revigoriza. Nuestros pensamientos son optimistas y estamos abiertos a buscar más. Y así sucesivamente.

En un nivel mucho más profundo, algunas emociones específicas que resultan de experiencias personales únicas vienen acompañadas de sus propias firmas. La pérdida de mi maravilloso hijo Ali tiene una marca física muy concreta. Cuando lo extraño, siento una herida muy profunda en la esquina inferior derecha de mi corazón, como si me faltara esa parte. Hoy es tan intenso como el día en que nos dejó. He aprendido a reconocer ese dolor porque lo utilizo como el detonante que me mantiene atento a mi misión. En cuanto siento como si un objeto afilado penetrara en esa parte de mi corazón, salto de mi asiento y me digo a mí mismo que ha llegado la hora de honrar a Ali y crear algo que haga felices a otras mil personas hoy.

En esencia, estos síntomas físicos son el resultado del lenguaje químico que usa el cerebro a través de las hormonas. El impulso de energía que experimentamos durante el pánico o la ira es consecuencia de la secreción de adrenalina en el torrente sanguíneo. La energía que sentimos cuando estamos ilusionados se debe a la dopamina. Lo percibimos de manera diferente y nos afecta de un modo muy distinto. Exploraremos el funcionamiento químico de nuestro cerebro en el próximo capítulo. Así que continuemos y, por ahora, concentrémonos en nuestras emociones. Otra razón para negarnos a abrirnos y a aceptar por completo nuestras emociones es…

El malestar emocional

No necesitas un libro de ensayo para descubrirlo en ti mismo. A veces, el motivo por el que nos negamos a reconocer nuestras emociones es, sencillamente, que… nos resultan incómodas. Hay momentos en los que no queremos sentir el dolor del alcohol en contacto con nuestras heridas. Creemos que al ignorar la herida, esta acabará desapareciendo.

En el célebre análisis de las cinco fases del duelo —obra de Elisabeth Kübler-Ross y David Kessler—, la primera fase es la negación. En el caso de una pérdida, nuestra primera reacción es decirnos que no pasó nada. La negación es la forma que tiene el cerebro de intentar evitar el dolor. Pero el dolor siempre nos alcanza. Tarde o temprano, se vuelve demasiado grande como para ignorarlo.

Cualquier médico nos dirá que siempre es mejor atender a una infección en cuanto sentimos el dolor. Cuanto antes empecemos el tratamiento, más fácil será la cura.

Lo curioso es que, a veces, incluso las emociones positivas sufren el mismo destino. Nos negamos a sentir el amor en toda su plenitud porque la tormenta emocional que trae consigo también incluye el miedo. Tememos que el amor no dure, así que no lo aceptamos plenamente. Optamos por permanecer neutrales para evitar la posibilidad de un desengaño futuro en lugar de sumergirnos por completo y sentir la alegría, la emoción y la fuerza del momento. Es un error.

Las emociones son lo que nos hace humanos. Incluso las emociones difíciles nos hacen sentir vivos. Además…

¡Recuerda!

No podemos mejorar lo que no podemos observar.

El modelo está claro. Hay que ser antes de aprender y aprender antes de hacer. Hay que sentir primero y analizar después. **No hay forma de comenzar a trabajar en nuestras emociones y encontrar el camino a la felicidad si para empezar no las reconocemos.**

Necesitamos darnos cuenta del momento en el que surgen las emociones. Tenemos que sentirnos cómodos en la presencia de nuestras emociones más efusivas. Para dejar espacio a una emoción, primero debemos aprender a…

Dejarla estar

Cierra los ojos. Imagina a una niña. Corre hacia ti para decirte lo bien que se la pasó en el parque y que se ha columpiado muy alto, hasta casi alcanzar el cielo. ¿Qué harías?

¿Le dirías que estás muy ocupado? ¿Le explicarías que, lógicamente, un entusiasmo excesivo a veces nos nubla el juicio? ¿Le dirías que columpiarse alto no es gran cosa y que debería fijarse objetivos más ambiciosos?

Imagina a una niña que se perdió y llora porque no encuentra a su madre. ¿Qué harías?

¿Le dirías que sea fuerte? ¿La culparías por haberse perdido? ¿Utilizarías la lógica para explicar los pasos que hay que dar hasta encontrar a su madre? ¿Buscarías un plan práctico para evitar que estos errores vuelvan a suceder? No. Lo que harías es…

… abrazar a la niña y escucharla.

Tú eres esa niña herida, entusiasmada, ansiosa, tímida, confundida. Eres cada niño sensible que ha necesitado un abrazo.

Nunca envejecemos un día más allá de esos momentos emocionales. Nos hemos forzado a nosotros mismos a reprimir nuestras emociones a medida que nos hacemos mayores. Nos privamos del abrazo que tanto necesitamos.

La base para procesar el trauma en psicología consiste en avanzar gradualmente hacia aquello que intentamos evitar, conceder al paciente el espacio para descubrir, reconocer y procesar las emociones residuales que no han sido resueltas. Permitir que las emociones emerjan antes de que arraiguen en nuestra psique y nos desgasten es un planteamiento inteligente; deberíamos depurar la negatividad antes de que nos atormente.

En lugar de evitar nuestras emociones, deberíamos acercarnos a ellas. Permitamos que se manifiesten, tal como dejamos que un niño exprese lo que lleva dentro. Debemos aprender a abrazar a nuestro yo como abrazamos a un niño: con ternura. Y si al principio este proceso nos hace sentir incómodos, hemos de aprender a **dejarlo estar**.

Parte de la aceptación de la emoción tiene que ver con dejar un espacio entre la aparición de la emoción y las acciones que, en consecuencia, pretendemos adoptar.

¡Muy importante!

↪ **«Entre el estímulo y la respuesta hay un espacio. En ese espacio está nuestro poder de elegir nuestra respuesta. En nuestra respuesta está nuestro crecimiento y nuestra libertad.»**

Como anécdota: esta cita se suele atribuir, erróneamente, a Viktor Frankl. Fue popularizada por el influyente autor motivacional Stephen Covey, que no recuerda quién la pronunció originalmente.

Te pido que te acomodes tranquilamente en ese espacio, aunque resulte incómodo, y que abraces la emoción por completo, ignorando el impulso que nos incita a reaccionar. Es difícil, lo sé, pero profundamente liberador.

Para abrazar tu emoción con ternura y aceptarla, debes tener en mente la firme creencia de que…

¡Recuerda!

↪ **Ninguna emoción te puede dañar a menos que le concedas el poder de hacerlo.**

Las emociones no son acontecimientos externos que nos amenazan. Las sentimos en el interior. Una emoción suscitada por un acontecimiento del pasado no reproduce el acontecimiento ni recrea el dolor. Una emoción provocada por un pensamiento sobre el futuro no pone en marcha el futuro (aunque tienes que tener cuidado de no manifestar negatividad en tu vida prestándole una parte excesiva de tu energía). **Una emoción empieza y acaba en ti.** Acéptalo.

Por otra parte, ninguna emoción es buena o mala. Una emoción es lo que es. Es lo que sientes, y **lo que sientes siempre es cierto**, al menos para ti. Recuerda que siempre se te permite sentir lo que sientes. Hasta ahora, tu camino en la vida te ha traído hasta aquí, donde puedes albergar esa emoción.

A pesar de todo, recuerda que, por muy incómodas que a veces sean las emociones, tienen un lado positivo...

¡Recuerda!

Solo sentimos cuando estamos vivos y solo estamos vivos cuando sentimos.

La alegría de sentir plenamente —cualquier cosa, en realidad— se encuentra en la alegría de vivir. Sentir lo que sientes es una manifestación de que la vida corre por tus venas. Te recuerda que estás aquí para experimentar un nuevo día, que estás vivo, y eso siempre es bueno, ¿no te parece?

No puedo explicar con palabras lo que hemos tratado aquí. Tienes que sentirlo por ti mismo. Así que vamos a practicar...

Cada emoción es única en su forma física.

Este ejercicio te hará consciente de cómo te sientes físicamente cuando surge una emoción. Las sensaciones físicas son más fáciles de reconocer que las emociones, sobre todo cuando la emoción no es más que una pequeña parte de la tormenta.

Este ejercicio es perfecto para practicar con un amigo o un grupo de amigos.

Busquen un lugar tranquilo y reserven bastante tiempo libre.

Hagan un rápido escaneo de su cuerpo. Siéntense erguidos, relájense y examinen su actual estado físico. Este estado es el punto de partida; podemos llamarlo «estado de control».

Piensen en una emoción que deseen investigar. Intenten evocar un recuerdo emotivo que pueda desencadenar esa emoción específica y abran las puertas para sentirla todo lo intensamente que puedan.

EJERCICIO DE CONSCIENCIA
SIENTE LA EMOCIÓN (FÍSICAMENTE)

Debate en grupo

Objetivo	Experimentar la forma física de las emociones
Duración	60 minutos
Repetición	Repítelo mientras siga pareciéndote valiosa la conversación
Lo que necesitarás	Un grupo de amigos positivo y de confianza Nota: Si prefieres trabajarlo en soledad, no hay ningún problema; adapta los ejercicios Consulta atlasofemotions.org para obtener más información

A continuación, tomen unos minutos para volver a escanear su cuerpo y comprobar si se produjeron cambios en comparación con el estado de control. Estos cambios pueden ser sutiles, por lo que deben estar en plena sintonía con cómo siente su cuerpo. Como es obvio, cuanto más intensamente logren recrear la emoción, más vívidamente reconocerán su forma física. Tomen nota de la emoción y de su correspondiente forma física. Hagan pausas con frecuencia y sientan plenamente. Añadan lo que sientan a sus notas. Debatan e intercambien experiencias con el grupo. Después de conversar, revisen la descripción de esa emoción y su forma física en atlasofemotions.org.

Repitan estos pasos con otra emoción. Adopten un enfoque sistemático y examinen una amplia variedad de emociones para descubrir todo el espectro de las formas físicas. Tomen el tiempo necesario para explorar tantas emociones diferentes como les sea posible.

Las emociones nunca llegan solas, se organizan en tormentas.

Este ejercicio te prepara para reconocer todo el espectro de emociones que podrás experimentar en un momento determinado.

EJERCICIO DE CONSCIENCIA
EXPERIMENTA LA TORMENTA

Objetivo	Experimentar la tormenta de emociones
Duración	30 minutos
Repetición	Repítelo cuando sea necesario
Lo que necesitarás	Un lugar tranquilo, pluma y papel

Cierra los ojos y tómate un momento para serenar tu mente y sentirte plenamente presente. Será como un ejercicio de meditación. Empieza por lo más fácil. Concéntrate en tu cuerpo.

En tu mente, escanea cada centímetro de tu cuerpo, desde los dedos de los pies hasta la cabeza. Pregúntate cómo te sientes. Si descubres dolor, placer o sensaciones sutiles, anótalos. Un leve dolor de cabeza, sinusitis, moqueo, músculos adoloridos… ¿La luz es demasiado brillante? ¿Te hace daño en los ojos? ¿Es demasiado tenue? Toma nota de todo ello durante el tiempo que necesites.

A continuación, desplaza tu atención a tus emociones. Sigue preguntándote cómo te sientes. Expande tu consciencia para incluir todo el espectro de la tormenta. ¿La emoción por la cita de esta noche unida a un poco de estrés al no saber qué ponerte? ¿Una pizca de culpa por cómo acabó tu última relación?

Encontrar estas sutilezas es más difícil que identificar que te duele el pie (y de esto solo te has dado cuenta al sentarte a pensar). Por lo tanto, recuerda buscar la forma física de cada emoción y darle tiempo. Cultiva la introspección. Conócete a ti mismo a un nuevo nivel.

Labios secos. Dolor de cuello. Una leve indigestión. Nervios por un examen. Ilusión por las vacaciones de verano. Preocupación por perderse el partido de futbol. Un poco de sueño y... amor.

Sea lo que sea, si lo sientes, anótalo.

Este es el nivel maestro Jedi de la consciencia. No será fácil. Será necesaria mucha práctica, pero con dedicación lo conseguirás. En el proceso descubrirás que, independientemente de las emociones y sensaciones, conectar contigo mismo a este nivel es una pura alegría. Sentir esa alegría es clave para ayudarte a mantener la práctica; así es como sucederá el milagro. La capacidad para conectar plenamente con tus emociones y sensaciones. Felicidades, maestro Skywalker.

Domina la forma en que reaccionas a tus emociones para sentirte seguro a la hora de mostrarlas.

Tendemos a olvidar que incluso los líderes más ejemplares en términos de sabiduría y serenidad no carecen de emociones. No es que Gandhi no sintiera el impulso de luchar contra los británicos o que Su Santidad el Dalái Lama no sufriera el dolor de su pueblo cuando les arrebataron sus hogares. Lo que los separa del resto de nosotros es cómo eligieron reaccionar a esas emociones.

En una ocasión entrevisté a Arun Ghandi, nieto de Mahatma Ghandi, en mi pódcast, Slo Mo. Había escrito un libro titulado *The Gift of Anger*. Le pregunté en qué sentido la ira podía ser un don. Y respondió: «Bueno, la ira es energía. Puedes usarla para golpear a alguien en la cara o para levantarte, hacer un discurso y cambiar el

EJERCICIO PRÁCTICO
CONSTRUYE UN BÚFER

Objetivo	Desarrollar la habilidad para evitar responder a tus emociones
Duración	Cuanto más, mejor
Repetición	Repítelo durante el resto de tu vida
Lo que necesitarás	Un lugar tranquilo

mundo». Una emoción nunca es buena o mala. Es lo que es. **Si la sientes, es real.** Sentir una emoción no te hará daño. Las emociones solo conducen a acontecimientos reales en el mundo real si actuamos a partir de ellas.

Quienes se comprometen en la práctica de la felicidad aprenden a separar lo que sienten (puro ser) de lo que quieren hacer.

Para aprender a hacerlo, te guiaré a través de una serie de ejercicios cuya complejidad irá aumentando progresivamente.

Siéntate sobre tus manos

Solo eso. Tu tarea, por extraño que parezca, consiste en sentarte sobre tus manos durante cinco minutos seguidos. Al principio te resultará fácil, pero pronto notarás que la nariz, u otra parte de tu cuerpo, te empieza a picar. ¡Ese es el desafío! No te toques la nariz por mucho que quieras rascártela.

Te ofrezco un consejo que espero te ayude en este reto. La mejor forma de sobrevivir a la irritación provocada por la necesidad de rascarnos no es ignorarla, sino justo lo contrario… concentrarnos en ella.

Dirige tu consciencia a la zona donde registras el picor y concédele toda tu atención. **Déjalo estar.** Recuérdate que solo es picor, que en realidad no tiene poder para hacerte daño.

Recuerda que, como cualquier otro picor que has tenido, desaparecerá. Abandona el impulso de actuar. Cuando lo aceptes plenamente y aprendas a dejarlo estar, la magia sucederá. El picor se desvanecerá sin más.

Quédate con hambre

Vamos a subir un escalón. En esta práctica, eliminaremos el hábito de la hora de la comida.

STAY HUNGRY

Un poco de cultura popular

Busca *Stay Hungry*, de Twisted Sister, en internet.

Procura ver más allá del ruido, de la guitarra de heavy metal, del aspecto de la banda y de la intensidad de la música. Escucha la profundidad de la letra.

No pierdas de vista tu objetivo. Recuerda por qué estás luchando, recuerda lo que buscas. ¡Quédate con hambre!

Sí, lo leíste bien. Durante una semana, si tu constitución y tu horario laboral te lo permiten, no tomes el almuerzo solo porque es la hora. Espera hasta sentir hambre, luego espera hasta estar realmente hambriento y, entonces, aguarda aún otros treinta minutos: come solo tras ese tiempo. Puedes salir a comer con amigos, si quieres, pero tú no comas. **¡Déjalo estar!** Espera hasta que tengas hambre, y entonces espera un poco más.

Ya lo sabes. La forma de sobrevivir al hambre no es ignorarla y distraerse, sino sintonizar con ella, aceptarla plenamente. ¡Dirige toda tu atención a tu estómago rugiente y espera a que la magia suceda y el hambre desaparezca!

Muérdete la lengua

Otro impulso que a muchos nos cuesta resistir es el impulso de hablar.

Bla, bla, bla. Sinceramente, no puedo entender de qué trata gran parte del ruido. Todo el mundo parece tener algo que decir. Hablamos con los compañeros de trabajo, con los compañeros de clase, y luego seguimos hablando con los amigos. En camino a algún lugar llamamos a alguien y hablamos con nuestros pequeños audífonos Bluetooth, mientras nos apresuramos por las calles de una ciudad asolada por un alboroto de conversaciones. Escribimos un email tras otro, comentamos en las redes sociales en nuestro tiempo libre y, cuando al fin llegamos a casa, encendemos la televisión y ¿qué es lo que encontramos? Más parloteo. ¡Paremos esta locura! ¡Ssssshhhhhh-hhhhh!

 Durante una semana, promete no hablar a menos que te dirijan la palabra (o a menos que realmente lo necesites, claro). Incluso cuando en una reunión, o con los amigos, te mueras por decir algo, cállate… cierra el pico. Elige guardar silencio. Al principio será difícil, pero en poco tiempo descubrirás que el silencio es una maravilla.

Si eres el tipo de triunfador de primera categoría, extiende el ejercicio durante otra semana y practica la pureza de la palabra, un concepto que he aprendido de muchas tradiciones espirituales —islam, budismo, hinduismo y otras— y una de las prácticas más apreciadas por mi corazón…

¡Muy importante!

Di algo positivo o no digas nada en absoluto.

A lo largo de esta semana, cuando sientas el impulso de hablar, reproduce en tu mente lo que ibas a decir y pregúntate si suena positivo, si decirlo mejorará la situación. Si es así, pronuncia esas palabras con cariño. Si no, guárdatelas para ti y no digas nada.

Si lo consigues durante una semana, ¿por qué no convertirlo en un compromiso de por vida? Hazlo y observa el amor que el universo y todos los seres vivos vierten sobre ti.

Como ocurre con el picor y con el hambre, cuanto más escuches lo que se dice a tu alrededor y lo que tu cerebro dice en tu mente, más recordarás tu necesidad de guardar silencio y más se desvanecerá tu deseo de hablar. ¡Magia!

Estos ejercicios no tratan de hacerte más fuerte poniéndote a prueba. Más bien al contrario. Pretenden hacerte más flexible para que puedas abrazar y aceptar lo que sientes, a medida que pierdas el impulso de actuar.

Los árboles más fuertes no son los que sobreviven al huracán. Sobreviven los que son flexibles y se mecen con el viento, sin oponer resistencia. Al aprender a aceptar los impulsos simples como el hambre o el picor, aprendemos a mecernos con nuestras emociones. Cuanto mayor sea nuestro dominio, más preparados estaremos para experimentar una tormenta de emociones y… dejarla estar.

Con el tiempo, este ejercicio te enseñará a dar espacio a tus emociones, reconocerlas y aceptarlas plenamente.

Este debe de ser el ejercicio más duro en todo el libro. Te guiaré paso por paso y pido disculpas anticipadas si te causa dificultades.

Para empezar, admite que, más allá de ser positivas o negativas, las emociones también pueden ser pasivas o activas. Las emociones

EJERCICIO PRÁCTICO
DÉJALO ESTAR

Tareas

Objetivo	Sentir
Duración	30 minutos para cada ejercicio
Repetición	Repítelo durante el resto de tu vida
Lo que necesitarás	Un lugar tranquilo, pluma y papel

pasivas tienden a paralizarte o mantenerte inmóvil. Cuando las sentimos no tenemos energía ni el impulso de actuar. Entre ellas encontramos el aburrimiento, la tristeza y la vergüenza en el lado negativo, y la serenidad y la tranquilidad en el lado positivo. Por otro lado, las emociones activas llevan aparejado un impulso de energía que nos incita a actuar. La ira y el miedo son emociones negativas activas. La ilusión es una emoción positiva activa.

Por su propia naturaleza, es más fácil aceptar las emociones pasivas. Por ejemplo, cuando estamos aburridos, no podemos hacer más que dejarlo estar y no hacer nada. Así pues, empecemos por ahí.

Desintoxicación con ruido blanco

Busca un lugar tranquilo dentro de casa. Pon el cronómetro del reloj a treinta minutos, deja el teléfono a un lado y no hagas absolutamente nada. Eso es. Nada.

Mientras dure este ejercicio, déjate llevar y abraza plenamente tu aburrimiento. Nada de navegar por internet, ni de redes sociales, ni de televisión, ni de música, ni de libros para leer, ni de revistas del corazón para arruinarte la vida, ni siquiera de meditación, ninguna naturaleza que contemplar, nada de ver a otras personas ni de conversar con amigos. Te preguntarás por qué te pido todo esto. ¿Acaso conectar con la naturaleza, por ejemplo, no es un asombroso ejercicio de meditación? Por supuesto, pero aquí pretendemos cultivar una habilidad diferente. Conectar con la belleza de la naturaleza y todos los seres vivos es algo fantástico. Sin embargo, lo que intentamos hacer aquí es practicar la determinación necesaria para hacer frente al espacio que abre el aburrimiento. Estamos aprendiendo a dejarlo estar, y en ese proceso aprenderemos a eliminar la necesidad de reaccionar constantemente buscando distracciones. Es como cultivar la propia fortaleza como preparación para lidiar con emociones más intensas, aceptando en primer lugar otras cosas que nos molestan y nos pican. Así es como desarrollaremos la habilidad para superar la tentación de actuar a partir de un impulso.

¿Lo ves llegar? *Me abuuuuuurrooooo*. Sí, eso está bien. Acéptalo.

Cuando el impulso de tomar tu teléfono celular y comprobar los mensajes sea insoportable, resiste un poco más. Aprende a dejarlo estar. Esto será mucho más difícil que resistirse al impulso de rascarte la nariz, porque, lo creas o no, durante años todos hemos estado buscando distracciones como forma de evasión.

Las instrucciones para todas nuestras prácticas emocionales también se aplican aquí. No intentes ignorar tu aburrimiento. Concéntrate en él. Distráete sintonizando con esa emoción increíble. Abrázala. Siéntete vivo.

Re-vivir un recuerdo

Ahora, cierra los ojos y recuerda un acontecimiento que te involucra emocionalmente. Empieza con algo feliz, como un día alegre que hayas pasado con un amigo. En este ejercicio, yo recuerdo la primera vez que llevé a los niños a Disneyland cuando eran pequeños. Si tienes un álbum de fotos que te ayude a recordar, sácalo.

Recuerda cada pequeño detalle, cada olor, cada experiencia y cada color vívido. Reflexiona en profundidad no solo sobre los acontecimientos que recuerdas, sino también sobre lo que sentías al experimentarlos. Descubre si eres capaz de volver a producir esas emociones. Si lo consigues, haz una pausa. Abandónate a esos sentimientos. Ríe o sonríe si eso es lo que te gustaría. Cuando tu mente intente alejarse y evocar pensamientos de angustia sobre el futuro o malas experiencias del pasado, concéntrate en el recuerdo o en el álbum de fotos. Sigue sintiendo.

Cuando entiendas el truco empezará el verdadero cambio. Repite el ejercicio, en esta ocasión con un recuerdo difícil. Elige un recuerdo decisivo en tu vida en el que sentiste una emoción pasiva, desprovista de energía. En mi caso, cuando realizo esta práctica, elijo la muerte de Ali.

En lugar de intentar escapar de los pensamientos que desencadenan las emociones asociadas a este acontecimiento, te invito a recordarlos con detalle. En cuanto las emociones empiecen a surgir, abandónate a ellas. Deja que salga todo. Si quieres llorar, llora. Si quieres gritar, grita. Si quieres decir algo, dilo. En voz alta. No busques soluciones, no pienses en actuar ni te juzgues a ti mismo. Cuídate como lo harías con un niño. Escucha lo que siente tu corazón como escucharías a un niño que está sufriendo. No te apresures en abandonar ese estado. Abraza tus emociones con la suavidad con la que sostendrías una hermosa mariposa herida por el viento y que reúne fuerzas para volver a volar.

Sé que es duro, pero todo se hará más fácil. Como vaciar una bañera, lleva mucho tiempo y al principio no notamos nada. Pero, con el tiempo, se perciben los efectos, hasta que ya no queda nada que drenar.

Si puedes pedir ayuda a un amigo o amiga de confianza, te lo recomiendo. Pídele que te escuche y te abrace, como deberías abrazarte a ti mismo. No tiene que hacer nada más.

Cuando te hayas acostumbrado a dejar estar las emociones pasivas negativas, avanza con cuidado e intenta suscitar algunos de los recuerdos que despiertan la ira, el miedo u otras emociones activas. Haz el ejercicio en presencia de un amigo de confianza. Procura dejar estar las emociones concentrando tus pensamientos lejos de las acciones. No planifiques acciones, ni diseñes estrategias, nada de «Debería haber dicho esto» o «La próxima vez haré lo otro». Céntrate exclusivamente en lo que sientes. Exprésaselo a tu amigo. Llora si quieres. Grita si el cuerpo te lo pide. No lo reprimas. Siéntelo plenamente. Tu amigo está ahí para asegurarse de que expresas lo que sientes y solo lo que sientes. Si empiezas a expresar el deseo de actuar, tu amiga o amigo debe invitarte a perseverar en tu emoción y asegurarse de que te sientes a salvo para expresarla.

¡Recuerda!

Expresar tus emociones no es señal de debilidad. Te hará más fuerte que nunca.

Espera la tormenta

Si eres capaz de resistir el picor sin rascarte, evitas saciar tu hambre y no manifiestas tus pensamientos en forma de parloteo incesante; si eres capaz de suscitar emociones pasivas y activas, positivas y negativas, procedentes del pasado, y dejarlas estar, e incluso expresarlas sin que nada te impulse a actuar, entonces estás preparado.

Cuando yo era pequeño, tenía que esperar el autobús escolar bajo la helada matinal. Temblaba sin control hasta sintonizar con la emoción. No sé cómo lo descubrí, pero me concentraba en el temblor, ordenando a mis pensamientos que cesaran, y repitiéndome a mí mismo que sentía calor. Y cuando lo hacía, acababa experimentando realmente una sensación de calidez. Podemos hacer lo mismo con las emociones y sentimientos más activos. La próxima vez que sientas ira, sintoniza con ella. Concéntrate en tu ira. Siéntela. Nota cómo te arde la sangre, cómo los ojos se llenan de lágrimas, percibe cómo sube el tono de tu voz y escucha el latido acelerado de tu corazón. Observa cómo pierdes el control y… antes de que se te escape… déjalo estar. No hagas nada al respecto. Ni siquiera intentes detener la emoción o serenarte. Déjala ahí. Deja que te consuma. No hagas nada. ¡Absolutamente nada! Al concentrarte en ella, al dejarla estar, seguirá su curso. Cuando llegue el momento, conserva un único pensamiento en tu mente: «Estoy tranquilo». Cuando lo hagas, la ira desaparecerá. Entonces tendrás la lucidez necesaria como para idear un plan y, más importante aún, habrás activado algunas neuronas y así permitirás que la neuroplasticidad surta efecto y te ayude a aceptar la emoción más fácilmente la próxima vez que se presente.

Sé que esto suena a una película estilo *Matrix*. Pero inténtalo, por favor. Funciona. Deja estar la emoción. Y, a continuación, manifiesta lo opuesto.

La próxima vez que sientas envidia, no te digas a ti mismo que no debes experimentar esa emoción. Si es lo que sientes, vívelo.

Lo que sientes siempre es verdad.

Recuerda la regla de oro: acepta lo que sientes, pero no actúes de inmediato. Luego, cuando llegue el momento, piensa: «Estoy listo para hacerlo mejor». Cuando esto se convierta en tu realidad, y solo entonces, empieza a hablar o actuar.

Aplícalo a todas las emociones que experimentas con frecuencia, y recuerda que estas prácticas no están concebidas para eliminar ninguna de tus emociones, sino para eliminar el control que ejercen sobre ti.

Aprende a sentirte a gusto con algo que siempre te ha sumido en la incomodidad. Cuando le dejas espacio y paras de intentar controlarla, la emoción difícil se desvanecerá lentamente. Entonces podrás ser lo que quieras ser.

Aprende a disfrutar de la incomodidad. No es extraño que a los seres humanos nos encante un sentimiento negativo —un sabor amargo, un músculo dolorido o una experiencia desafiante— cuando sabemos que es bueno para nosotros.

Pero no practiques únicamente la aceptación de las emociones negativas. La próxima vez que sientas alegría, no la dejes pasar mientras saltas de una reunión a otra. Busca un lugar tranquilo y déjala estar. Deja que se apodere de ti. Saboréala. Siéntela en cada célula de tu cuerpo. Percibe la emoción, reconócela y abrázala de modo que se convierta en una visitante frecuente.

Ahora tengo noticias buenas y malas.

KARATE KID

Ponte la película original de los ochenta (la nueva no es tan buena).

Cuando el señor Miyagi se propone enseñarle al joven Daniel a defenderse de unos matones que resultan ser campeonas de karate en la modalidad de cinta negra, le pide encerar un coche y pintar una barda. La disciplina y la práctica constante son el camino a la excelencia. Recuerda, mientras practicas: dar cera, pulir cera. Ese es el camino.

La mala noticia es que no conozco otra forma de enseñarte a conseguirlo que no pase por el compromiso y el trabajo duro. Cuando se trata de desaprender los cientos de veces en que has intentado evadirte de tus emociones, el único camino de regreso implica reconocerlas en otras tantas ocasiones. Tendrás que hacer el trabajo para que esta apertura se convierta en tu nueva norma.

Sin embargo, la buena noticia es que, si haces el trabajo, lo conseguirás. Si al principio te resulta difícil, retrocede y acepta el picor, el hambre y el deseo de hablar, hasta que estés listo.

Con independencia de lo que hagas, no dejes de intentarlo hasta que tu corazón se abra. Esta será la habilidad más importante que aprenderás jamás. Aprender a sentir.

Capítulo ocho

Alquimia

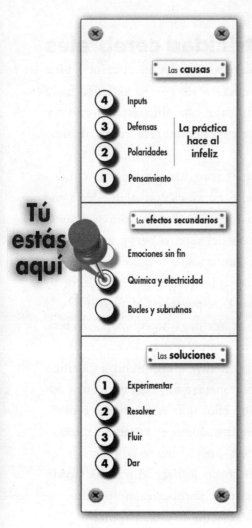

Las causas

④ Inputs

③ Defensas

② Polaridades

① Pensamiento

La práctica
hace al
infeliz

Los efectos secundarios

Emociones sin fin

Química y electricidad

Bucles y subrutinas

Las soluciones

① Experimentar

② Resolver

③ Fluir

④ Dar

Tú estás aquí

Los antiguos sistemas de computación, conocidos como «unidades centrales», se basaban en un diseño que confinaba todo el procesamiento al servidor. Los cables conectaban las pantallas a los subsistemas de comunicación. La funcionalidad de esas pantallas se limitaba al input y al output: mostrar información en la pantalla y registrar el input que el usuario introducía a través del teclado. Esas terminales «tontas» —ajá, así es como las llamábamos— dejaban todo el pensamiento y el control a la unidad central.

Con los años, al surgir la computadora personal, los smartphones e internet, la inteligencia está en todas partes. Desde la palma de tu mano hasta los sistemas masivos que alimentan internet. Cada parte de la red es inteligente y capaz de actuar por sí sola.

Una mirada a la anatomía de nuestro cerebro y su sistema nervioso podría darnos la falsa impresión de que somos similares a unidades centrales: la inteligencia se restringe al cerebro y el resto del cuerpo se limita a obedecer órdenes. Nada podría estar más lejos de la realidad.

Química y electricidad cerebrales

Tus funciones «cerebrales» no están contenidas en tu cráneo. Una buena parte del cerebro —el sistema nervioso— se extiende hasta alcanzar todo nuestro cuerpo. Esta red está ahí para transmitir y recibir datos sensoriales y las instrucciones del cerebro a cada sensor, órgano, músculo y glándula.

La información es constantemente recogida por nuestros sentidos y enviada a los nervios para que el cerebro sea consciente de su entorno. Cuando reconocemos algo que necesita una acción por nuestra parte, se envían órdenes a través del sistema nervioso somático para controlar los movimientos voluntarios. Y luego está el sistema nervioso autónomo, responsable de las funciones involuntarias de tu cuerpo físico: el latido del corazón, la respuesta de lucha o huida, la temperatura corporal, las diversas secreciones hormonales, etcétera.

Cada función individual que tu cuerpo realiza se origina en un punto específico de tu cerebro y concluye en un punto específico de tu cuerpo. Unos pocos nervios conectan directamente estos dos puntos, mientras que la mayoría de ellos se detiene en una especie de centralita conocida como «ganglio», donde se comunican intercambiando sustancias químicas para enviar una señal precisa a los receptores de tus órganos. Así es como se hace el trabajo. Como friki de las computadoras y fanático de la robótica, no puedo sino admirar el genio incomparable del diseño de esta máquina.

En el diseño de sistemas informáticos, es algo muy similar a la arquitectura de computación de la PC conocida como «modelo cliente-servidor» y de internet, donde la inteligencia existe tanto del lado del servidor como al final del cable, en el lado del cliente, que en aquella época era una computadora personal y en el presente pueden ser una enorme cantidad de dispositivos.

Nuestros cerebros y sistemas nerviosos van un paso más allá. **Procesan la inteligencia en todas partes, incluido el mismo cable.** El sistema nervioso autónomo —en el que se gestiona todo aquello que no controlamos conscientemente— está compuesto por tres sistemas independientes. El primero de ellos, el intestino humano, está revestido de más de cien millones de células nerviosas que operan independientemente del cerebro. Por esa razón se dice que el intestino es el segundo cerebro.

Los otros dos sistemas autónomos, que merecen una amplia exploración aquí, son el sistema nervioso simpático y el sistema nervioso parasimpático.

Estos dos sistemas no son opuestos: suelen discutir a menudo, pero se complementan muy bien. Se parecen a una pareja —una pareja bien avenida— que no se pone de acuerdo en la disposición del mobiliario de la casa. Uno de ellos desplaza los muebles para crear un ambiente más bonito y agradable y, en cuanto llega el otro, cambia las cosas de lugar para hacerlo todo más práctico. En cuanto el segundo se va, el primero lo vuelve a cambiar todo.

De un modo similar, el sistema simpático y el parasimpático no paran de cambiar el estado de nuestro cuerpo. Cuando interviene el sistema nervioso simpático, excita nuestro cuerpo ante el estrés o el peligro. Por su parte, el sistema nervioso parasimpático siempre busca el momento oportuno para calmarnos y llevar a cabo las necesarias funciones rutinarias mientras contrarresta la actividad del otro sistema nervioso. Son los responsables de que nuestro cuerpo pase del estrés a la relajación, del miedo al valor y de la angustia a la serenidad.[1]

En contraste con su reconfortante nombre, el sistema simpático no tiene que ver con la simpatía (recibió ese nombre a partir del origen griego de la palabra, que significa «sentir juntos», debido a su proximidad a la columna vertebral y a muchos órganos internos). Es lo que hace sonar tus alarmas internas ante el peligro o el estrés, lo que desencadena la respuesta de lucha o huida. Como el miembro de la pareja al que no le importa lo bonitas que sean las cosas y solo procura que sean prácticas, al sistema nervioso simpático le da igual lo bien que te sientas. Pasa cada momento, una vez activado, haciéndote sentir estresado para mantenerte seguro. Parte de ese plan de emergencia incluye involucrar a sus aliados, tus glándulas, para usar la química como otro método de comunicación en todo el cuerpo, y así garantizar que esta funcionalidad centrada en la seguridad se lleve a buen puerto.

Tu sistema parasimpático (*para* aquí significa «adyacente» al sistema simpático) se activa cuando llega la hora de descansar, lo cual, curiosamente, se considera una función vital para tu supervivencia. El sistema nervioso parasimpático quiere que conserves tu energía, digieras tu comida, relajes los músculos y tal vez incluso que cierres los ojos para reflexionar o dormir un poco. Es el miembro de la pareja centrado en hacer las cosas tranquilas y bonitas. Cuando se activa, nos hace sentir comodidad y paz.

La estructura del sistema simpático le permite enviar señales de peligro simultáneamente a todos los órganos relevantes. El sistema parasimpático, por otro lado, envía señales específicas a cada órgano de forma independiente. Para comprender esta diferencia, imagina una fábrica en la que los anuncios se reproducen en altavoces que tienen que sonar más alto que el ruido de las máquinas. En esta fábrica, cuando se hace un anuncio, el anunciante grita y los altavoces potencian el sonido para llegar a todos a la vez. Este es el comportamiento de nuestro sistema nervioso simpático. Incluso una pequeña señal de estrés enviada por una vía activará muchos órganos y glándulas. Es por esa razón por la que, cuando nos estresamos, sentimos ese hormigueo en casi todas las partes de nuestro cuerpo, en cada órgano y en cada glándula. El sistema parasimpático, por otro lado, es similar al ambiente de una oficina moderna, en el que notificamos a un individuo o a un pequeño grupo de personas usando un sistema de mensajería en sus computadoras o sus teléfonos, sin molestar a nadie más. Por eso te lleva un rato relajarte por completo y quedarte dormido.

Comprender exactamente cómo funciona cada uno de estos dos sistemas y dónde están sus errores en el mundo moderno es crucial para nuestra felicidad. Imagina que, mientras estás absorto leyendo este libro, uno de tus amigos decide hacerte una broma. Se acerca sigilosamente por detrás de ti y chilla como una comadreja hambrienta. ¿Acabas de dejar el libro y miraste a tu espalda? Sigue leyendo. No es más que un escenario hipotético.

Si esta broma sucediera, tu **sistema nervioso simpático** activaría la alerta. El chillido representa un peligro claro e inminente. Las señales de estrés se envían de inmediato a través de tus nervios hasta los músculos de tus piernas, dando instrucciones a los vasos sanguíneos para que se dilaten y reciban tanta sangre como sea necesario para que saltes como un resorte de tu asiento. La misma señal llega a tu sistema digestivo, donde el tejido blando que rodea tus intestinos reacciona reduciendo la sangre que recibe para que toda tu energía se concentre en la tarea urgente que tienes entre manos: mantenerte vivo frente a un amigo molesto. Por último, la misma señal de estrés llega a la glándula suprarrenal, que responde secretando adrenalina en el torrente sanguíneo. La adrenalina actúa entonces como el micrófono que potencia la señal de estrés para aumentar tu ritmo cardiaco, agudizar tu vista y prepararte para una inminente respuesta de lucha o huida.

La adrenalina es una de las hormonas importantes que afectan a nuestro estado de ánimo. Otras son el cortisol, que influye en el metabolismo y en el sistema inmunitario y desempeña una función fundamental al ayudar al cuerpo a responder al estrés; la dopamina, la hormona de la recompensa que nos estimula y nos impulsa a buscar más placer y diversión; la testosterona y el estrógeno, las hormonas que afectan a nuestra biología masculina y femenina, y además producen cambios de humor cuando varía su concentración en nuestro cuerpo. Y luego están mis dos hormonas favoritas: la oxitocina, también conocida como la hormona del amor, que ayuda a crear lazos entre madre e hijo e influye en el deseo y en la intimidad entre parejas, y la serotonina, una hormona inhibidora que nos calma cuando nos sentimos bien con la vida tal como es: ¡así es como defino la verdadera felicidad!

Las señales eléctricas y químicas, por supuesto, son la razón principal que explica por qué las emociones tienen firmas físicas. Las señales del sistema nervioso y las hormonas secretadas en respuesta a cualquier emoción desencadenan sensaciones físicas en nuestro cuerpo.

Tu amigo, sorprendido por tu reacción desproporcionada, se da cuenta de su error. Se disculpa sinceramente y, como compensación por su mal comportamiento, te ofrece un helado. Mientras te sientas y llenas el estómago de una cucharada tras cucharada de este placer, se envía una señal a tu cerebro de que las condiciones han vuelto a la normalidad y de que no hay necesidad de sentir miedo. Tu **sistema nervioso parasimpático** interviene para reducir tu ritmo cardiaco, limpiar tu sistema de la adrenalina residual, dirigir más sangre a tu sistema digestivo y permitirte relajarte. Todo vuelve a estar bien.

Al leer esto, supongo que puedes sentir una inclinación a apreciar tu sistema nervioso parasimpático y, tal vez, cierto rechazo a ese alborotador, el sistema nervioso simpático. Sería un error que sintieras eso. El estrés es extremadamente valioso si lo que te ataca es una amenaza real. Un poco de estrés no es un precio muy alto por conservar la vida. El estrés también te exhorta a finalizar tu trabajo, a encontrar una solución óptima a un problema o a advertir que tu pareja se ha enojado y así poder compensarla. Un poco de estrés está bien.

Sin embargo, lo que nos debe disgustar es la broma constante que el mundo moderno nos ha hecho.

Una broma que dura toda la vida

El problema del mundo moderno es que nos hace bromas constantemente. Llegar tarde a una reunión, tener la red de datos del teléfono celular desconectada o no encontrar tu marca favorita de leche de avena no son una forma de amenaza. Sin embargo, nos lo tomamos mucho más en serio de lo que deberíamos y, al hacerlo, comprometemos involuntariamente a nuestro sistema nervioso simpático como respuesta a su presencia. Y luego permitimos que el estrés que eso genera se quede con nosotros.

El diseño original del sistema nervioso simpático da por hecho que solo se activará en casos excepcionales de emergencia. Poner algunos de nuestros órganos a máxima potencia y privar a otros de la sangre que necesitan para funcionar está bien durante unos minutos si hay que huir de un tigre. Sin embargo, cuando pasa durante días, meses o incluso años, este estrés constante y la distribución anormal de energía en nuestros cuerpos se convierte en la mayor amenaza a la que nos enfrentamos. Se ha demostrado, estudio tras estudio, que las dolencias cardiacas, la presión arterial alta, la depresión e incluso las tendencias suicidas y muchas otras afecciones crónicas están asociadas con el estrés. Los peligros del estrés prolongado seguramente superan los riesgos de no cumplir con el plazo de pago de la factura de la luz, que es lo que ha provocado el estrés.

Al experimentar la broma del mundo moderno y sus amenazas ilusorias, tu sistema nervioso simpático ya no se convierte en tu salvador. En cambio, se transforma en una amenaza que trabaja diligentemente para matarte.

Tú eres más inteligente que eso. Creo que es hora de que le devolvamos la broma al mundo moderno.

Esto comienza con la decisión de acabar con el estrés a pesar de las presiones que percibimos en la vida diaria. Es posible que no puedas evitar los agentes estresantes diarios, pero sí puedes acabar con el estrés. Decidamos hacerlo ahora mismo.

Incluso si estás ansioso por seguir leyendo, te sugiero que te tomes unos minutos para dejar el libro, levantarte de tu asiento y hacer unos estiramientos. Activar tu sistema nervioso parasimpático no requiere nada más. Un breve descanso y un poco de tiempo de inactividad deberían ser suficientes. Sin embargo, una mejor comprensión de los detalles te será de gran ayuda.

Bienestar psicológico

El sistema nervioso autónomo trabaja eficientemente en ambas direcciones. En una dirección, pone en marcha los diferentes estados de estrés que sentimos, y en la otra, nuestro nivel de estrés dicta su comportamiento. Permíteme explicarlo.

Cuando tu sistema nervioso parasimpático está activo, te sientes descansado y relajado. Esto es evidente. Lo interesante es que también funciona en la dirección opuesta. Si te relajas de forma consciente, tu sistema parasimpático se activará como resultado. Cuando te pedí que te levantaras y te estiraras, simplemente te pedí que obligaras a tu cuerpo a relajarse. Cuando lo haces, tu sistema nervioso entra en acción para que te relajes aún más.

En un estudio del Departamento de Psicología de la Universidad de Kansas, se pidió a ciento setenta participantes que completaran dos tareas estresantes diferentes mientras sostenían palillos entre los dientes de tal manera que se formara una sonrisa o una expresión neutral. Los participantes sonrientes tenían un ritmo cardiaco más bajo durante la recuperación del estrés que el resto del grupo.[2]

¿Sabes lo que eso significa? Un simple palillo que muerdes entre los dientes y que obliga a los músculos de la cara a sonreír puede hacerte más feliz. ¿Y sabes qué? Esto también significa que usar demasiado bótox, que tiende a paralizar temporalmente los músculos faciales y hace que sea más difícil esbozar una sonrisa completa, puede afectar de forma negativa a tu estado de ánimo. Ahí lo dejo. En psicología, este fenómeno se conoce como la «hipótesis de la retroalimentación facial»: el modo en que movemos los músculos de nuestro rostro cambia nuestras emociones.

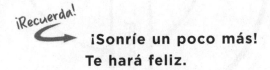

¡Recuerda!

¡Sonríe un poco más!
Te hará feliz.

Es evidente que el sistema límbico y el sistema nervioso autónomo reaccionan uno al otro. Las emociones producen firmas físicas. Eso lo sabemos ya. Lo que al parecer se conoce menos es que lo contrario también es cierto. Solo sentimos una emoción cuando su firma física se percibe en el cuerpo en primer lugar. Interesante, ¿verdad?

Una de las destacadas teorías que explican las emociones es la teoría de James-Lange, atribuida a William James y Carl Lange.[3] Sugiere que el cambio fisiológico es primario y la emoción es secundaria. Por ejemplo, si vemos que se acerca una amenaza, primero se acelera nuestro ritmo cardiaco y nuestra vista se concentra para prepararnos para correr. Estas reacciones son autónomas, involuntarias, y nuestro sistema nervioso simpático las produce en un instante. Suceden antes de ser conscientes de que hay una razón para tener miedo.

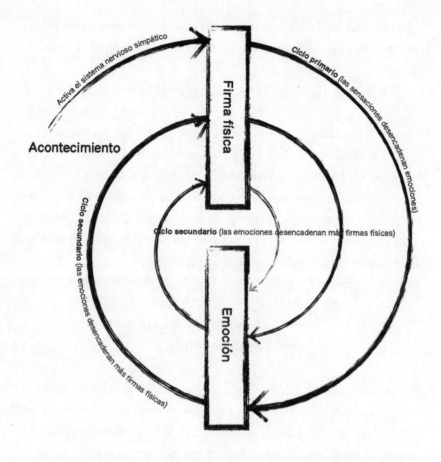

El sistema límbico interpreta las condiciones físicas cambiantes como evidencias de una posible amenaza. Esto desencadena la emoción —miedo o pánico— que ordena a tu cuerpo verificar la existencia de la amenaza que, de confirmarse, estresa aún más el sistema nervioso simpático. Esta es la razón por la que saltas de tu asiento cuando tu amigo te hace una broma, aunque luego te des cuenta de que no había nada que temer. La expresión «Me dio un vuelco el corazón» lo dice todo. Si la amenaza es «lo suficientemente grande», sentimos el síntoma fisiológico, el vuelco del corazón, mucho antes de que nos demos cuenta de lo que pasó y reaccionemos emocionalmente a ello.

¡Recuerda!

No corres porque tienes miedo. Sientes miedo porque estás a punto de correr.

Este ciclo también es cierto para las emociones positivas. La práctica de los monjes, por ejemplo, que buscan alcanzar un estado de paz perpetua, implica mucha contemplación de la naturaleza y tranquilidad. Al pasar tiempo en este estado, su sistema nervioso parasimpático está activo, aunque puedan tener otras razones de preocupación: no contar con los recursos necesarios para mantener su propia vida, por ejemplo, que es una práctica de monjes ascéticos avanzados que viajan durante años, sin dinero, dependiendo de otros, aprendiendo a confiar en que la vida siempre les va a dar lo necesario.

Obviamente, no hace falta que nos vayamos a esos extremos. De hecho, podemos activar nuestro sistema nervioso parasimpático a voluntad gracias a actividades sencillas y cotidianas.

Sonríe más, ponte una película de comedia, abraza a un amigo, ama y sé amado. Siéntate en silencio, tómate un helado, estírate en tu sillón como si no tuvieras nada que hacer. Obliga a tu forma física a activar el sistema nervioso parasimpático haciendo lo que harías normalmente cuando te sientes tranquilo y relajado. Se trata de un truco fácil. Y funciona.

¡Muy importante!

Cuando regeneres las firmas físicas de una emoción, empezarás a sentirla.

Pero espera, que esto se pone aún mejor.

Estar junto a personas que sonríen también influye en nuestro ánimo. Los seres humanos (como otros primates) tenemos lo que se conoce como «neuronas espejo»: neuronas que se activan cuando observamos una acción realizada por otro. Esto significa que cuando ves a otro ser humano haciendo algo, las neuronas que usarías para hacer lo mismo se activan a la vez. Esta es la razón por la que la industria del porno (que desearía que no existiera) tiene tanto éxito. Nosotros nos excitamos cuando vemos a otros excitados. Por ello, rodearnos de gente feliz nos hace más felices con el tiempo. Cada vez que sonríen, tu cerebro sonriente se activa, ayudándote a cambiar tu estado de ánimo a través de la neuroplasticidad. Esta es una de esas cosas que es mejor experimentar que explicar, así que vamos a ponerlo en práctica.

Este ejercicio te enseñará a encontrar paz y tranquilidad en un ambiente estresante. No eliminará las razones para el estrés, pero te proporcionará la lucidez que necesitas para empezar abordarlo.

EJERCICIO PRÁCTICO
RELAJACIÓN

Objetivo	Aprender a activar tu sistema nervioso parasimpático a voluntad
Duración	30-60 minutos por ejercicio
Repetición	Repítelo durante el resto de tu vida
Lo que necesitarás	Un lugar tranquilo

Para desactivar el sistema nervioso simpático, que induce el estrés, necesitas activar a su gemelo opuesto, el sistema parasimpático. Estas son algunas formas de conseguirlo. Estos métodos funcionan aunque la razón para el estrés siga ahí.

Relaja tu cuerpo

Cuando el sistema nervioso parasimpático se activa, nos sentimos relajados. Acercarnos a esto desde la dirección opuesta también funciona: si logramos relajarnos, el sistema parasimpático se activa y nos relajaremos aún más. Las técnicas procedentes de prácticas tradicionales de meditación, reflexología y masaje son muy eficaces a la hora de conseguirlo. En otras palabras, esto es lo que tienes que hacer.

Toma asiento en un lugar cómodo, afloja la ropa ajustada y quítate los zapatos. Pon el cronómetro de tu teléfono celular a treinta minutos (o menos si estás trabajando o estás apurado, pero concédete al menos diez minutos), coloca el celular bocabajo y no lo veas hasta que suene la alarma.

Estira tu cuerpo para asegurarte de que no hay dolores o molestias que te hayan pasado inadvertidos. Si descubres algo, sigue practicando estiramientos o masajea la zona hasta relajarte.

Busca la posición más cómoda en tu asiento y respira profundamente varias veces. Disfruta de una larga espiración que suene como un suspiro. Coloca las manos detrás de la cabeza y recuéstate. Sí, eso es. Así es este ejercicio práctico. Llamémoslo «posición de relax».

¡Sonríe! Sigue sonriendo. Respira hondo. Sigue respirando.

Sé amable contigo mismo. Masajea tu rostro con suavidad. Siente cómo circula la sangre. Masajea el cráneo con la punta de los diez dedos. Masajea los pies. Aprieta en los diferentes puntos de presión (tus pies te dirán dónde) y persiste hasta que no haya ningún dolor. Masajea cuello y hombros. Inclina la cabeza a un lado y luego al otro. Al frente. Hacia atrás. Empuja un poco con la mano hasta sentir el estiramiento completo. Cierra los ojos. Masajéalos suavemente. Masajéate detrás de las orejas. Espera un poco en silencio e intenta escuchar a tu cuerpo. Si alguna parte te llama, acaríciala con suavidad como una madre que consuela a su hijo. Puedes acompañar la sesión de relajación con un snack saludable. Alimenta tu cuerpo y asegúrale que todo está bien.

Sé amable con tu cuerpo.

De la misma manera, plantéate reducir gradualmente tu consumo de cafeína, idealmente hasta tomar no más de una taza de café y una taza de té al día. Si tomas menos, aún mejor.

La cafeína te mantiene alerta, justo lo contrario de lo que necesitas para relajarte. Al principio será difícil, pero más tarde te sentará bien la falta de adicción a la cafeína.

Piensa en cómo duermes. Activar tu sistema nervioso simpático durante el día te mantendrá despierto de noche en un círculo vicioso. Dormir es muy importante. Hay muchos recursos online y muchos expertos que te pueden ayudar. Sin embargo, aquí te doy algunos consejos básicos. Prepararte para el sueño de la noche empieza a las diez de la mañana, cuando tomas la última bebida con cafeína del día. A lo largo de la tarde debes relajarte progresivamente. Una película de acción a las nueve de la noche es muy mala idea. Te activará, mientras que lo que necesitas es estar cada vez más tranquilo una vez pasado el mediodía. Una película de terror te provocará pesadillas. Intenta eliminar todas las razones para levantarte de noche. No conviene tomar una cena pesada antes de acostarse, ni beber mucha agua —lo que te obligará a levantarte para orinar— o demasiada poca —te hará sentir deshidratado y te dará dolor de cabeza; todo ello es muy malo para conseguir un sueño reparador—. Procura que el lugar donde duermes esté a oscuras y que la temperatura de la habitación sea uno o dos grados más fría que la temperatura del día. Utiliza tapones para los oídos y un antifaz si es necesario. Dormir bien es la base de un cuerpo relajado y un sistema nervioso para-simpático activo.

Tómate el sueño en serio.

¿Ha sido necesario que escribiera todo esto? No. Ya lo sabes. La pregunta interesante es: ¿por qué no lo haces? Porque el mundo moderno te ha enseñado a establecer prioridades. Relajarse no es difícil si lo consideramos una prioridad y nos concedemos el tiempo necesario. Todo depende de ti. Siempre me sorprenden las personas que aseguran estar muy ocupadas pero de algún modo encuentran tiempo para ver muchas series o salir con amigos bulliciosos en lugar de dedicar el tiempo necesario para… ¡relajarse!

En Oriente Medio, de donde provengo, hay un proverbio:

Tienes una gran deuda con tu cuerpo.

Paga la deuda. Sé amable con tu cuerpo. Relájate.

Relaja tu mente

Relajar tu cuerpo tiene un efecto inmediato: te aleja del estrés. Sin embargo, relajar la mente tiene un efecto más profundo y mucho más duradero.

La relajación mental en nuestro mundo saturado de distracciones y presiones exige una intención deliberada y mucha práctica. Todo lo que nos encontramos está pensado para estresarnos, para mantenernos activos y querer más. La publicidad siempre nos hace sentir que carecemos de algo. Nuestros jefes nos hacen sentir que tenemos que esforzarnos más. Las revistas nos hacen sentir que no somos lo bastante buenos. Las redes sociales nos hacen sentir que a los demás les va mejor que a nosotros. Los medios de comunicación nos hacen creer que el mundo es perverso. Los políticos nos hacen creer que estamos en un gran peligro, y nuestros amigos nos hacen creer que jamás encontraremos el amor de nuestra vida o el trabajo que merecemos. Siempre hay una razón para pensar que algo va mal, que hay algún aspecto que mejorar y que no estamos a salvo. Nuestro sistema simpático está hiperactivo, estamos estresados y siempre en alerta. Pero ¿cuántas de estas cosas son realmente ciertas? ¿Es perverso el mundo? ¿Cuántas personas cometieron un crimen anoche y cuántas un acto de amor? ¿Estamos en grave peligro? ¿Desde cuándo oímos esto y aun así seguimos vivos? ¿Nos hace falta otro teléfono, una lata de Coca-Cola o un coche de lujo? ¿O tenemos todo lo que necesitamos? ¿Hay algo que de verdad vaya mal? Quiero decir, piénsalo bien. La vida no siempre es perfecta. De hecho, la vida siempre es *no* perfecta. Y sin embargo, si lo tenemos todo en cuenta, no es mala, después de todo. ¿Los acontecimientos de tu vida están ahí para fastidiarte o has decidido que te fastidien? Si trabajar con tu jefe te hace infeliz, ¿te has planteado buscar otro trabajo? Si la publicidad y los medios de comunicación vierten negatividad en tu mente, ¿por qué no te decides a desconectarlos? Si algunos amigos te hacen sentir mal, ¿has decidido que tal vez no sean buenos amigos para ti?

No estoy sugiriendo que dejes tu trabajo (o relación, o desplazamientos cotidianos, o amistad) hoy. Pero si alguna de estas cosas te provoca estrés, te animo a avanzar hacia una vida más relajada. Tómate un año para buscar un nuevo empleo, o tres para mudarte a otro lugar. Empieza a moverte. Ábrete para recibir el regalo de la vida. Da pasos firmes y con el tiempo llegarás a tu destino. Envíame un mensaje cuando lo consigas. Me hará muy feliz.

Con los años, he descubierto que relajarme y aclarar la mente sigue tres fases. Pruébalas tú mismo. En primer lugar, concéntrate en algo **tranquilo**. En segundo lugar, comprueba hasta qué punto estás **a salvo**. Y, por último, reconoce las **bendiciones** en tu vida. Vamos a practicar.

Tranquilidad

Encuentra un lugar tranquilo y seguro donde nada te interrumpa. Pon el cronómetro del teléfono celular a treinta minutos y coloca el dispositivo bocabajo. No lo veas hasta que suene la alarma.

Empieza relajando tu cuerpo, como hemos hecho antes, pero en esta ocasión añade algo más. Mientras ayudas a tu cuerpo a relajarse, piensa en cosas felices y concéntrate en aquello que te brinda una sensación de paz. Piensa en recuerdos felices. Imagina unas vacaciones maravillosas. Contempla fotos de la naturaleza. Pon música relajante y escucha con atención. Las imágenes funcionan muy bien porque activan el hemisferio cerebral derecho, íntimamente conectado a nuestro sistema emocional. Me pregunto por qué no hacemos esto todos los días cuando…

 ¡Recuerda!

Los pensamientos felices son gratis.

Podemos evocarlos a voluntad. Lo único que necesitamos es ordenar a nuestro cerebro que piense en positivo. No importa el estado actual de nuestra vida; siempre podemos encontrar un pensamiento positivo.

Hace poco una amiga mía me dijo que, cuando siente que una emoción negativa se queda atrapada en su mente sin una clara resolución, para evitar la molestia incesante, pacta una cita con ella. Reconoce cómo se siente y le dice a su cerebro algo así: «Muy bien, me doy cuenta de que te preocupa X. Soy consciente de que es un asunto importante, pero no creo que pueda resolverlo ahora. Dejémoslo a un lado y volvamos a tratarlo, por ejemplo, mañana a las 11. Hasta entonces, estaremos bien. Por lo tanto, hasta entonces vamos a pensar en algo tranquilo y bonito».

A ella le encanta el arte, así que saca el teléfono y empieza a mirar imágenes de sus artistas favoritos. Lo creas o no, funciona. Pruébalo. No es escapismo. Permite al sistema nervioso parasimpático entrar en acción y que tus pensamientos se despejen. Para cuando llega la «cita», su cerebro ya habrá resuelto la situación por sí mismo.

Pensar en positivo no es difícil si te lo propones. Tu cerebro, sin embargo, tiende a volver siempre a lo negativo. Como notar lo que está mal es más importante para tu seguridad (si algo va bien no constituye una amenaza), nuestros cerebros suelen pasar la mayor parte de su tiempo buscando qué es lo que va mal. Por supuesto, cuando buscamos algo, es mucho más probable que lo encontremos, lo que puede hacer que nuestra perspectiva de la vida sea bastante sombría. Pero hay un truco. Podemos usar la capacidad de nuestro cerebro para encontrar lo que está buscando a nuestro favor. Al buscar lo que va bien, es probable que también lo encontremos.

Si buscas pruebas, rápidamente te darás cuenta de que…

Estás a salvo

La segunda etapa para calmar tu mente trata de la comprensión de que, a lo largo de la mayor parte de tu vida, estás bien. Solo necesitas recordarlo. Te explico cómo hacerlo.

Encuentra un lugar tranquilo y seguro donde no te interrumpan. Pon el cronómetro de tu teléfono a treinta minutos y colócalo bocabajo. Ahora, déjame hacerte algunas preguntas. ¿Notaste cómo, cuando te pedí que buscaras un lugar seguro para este ejercicio, no fue difícil en absoluto? ¿Notaste cómo, cuando te pedí que dejaras tu teléfono durante treinta minutos, el mundo tal como lo conoces no colapsó? Sin embargo, constantemente buscamos nuestros teléfonos pensando que nos vamos a perder algo esencial. ¿Te das cuenta de que el mero el hecho de estar leyendo estas páginas en este momento significa que no estás amenazado de ninguna manera? Si hubiera algo realmente tan amenazador, ¿no te habrías centrado en eso en lugar de leer mis palabras?

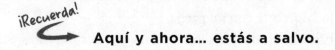

¡Recuerda!

Aquí y ahora... estás a salvo.

La seguridad es una de las muchas bendiciones de la que disfrutamos todos los días, y sin embargo la damos por sentada. Veamos qué otras bendiciones somos capaces de recordar.

Todas tus bendiciones

Es hora de hacer balance.

Toma un pedazo de papel y una pluma. Pídele a tu cerebro que te diga, sistemáticamente, todo aquello que va bien en tu vida justo en este momento. Apunta al menos cinco cosas por las que te sientes agradecido. Un ser querido que está a salvo y es feliz; el tiempo de serenidad del que dispones para leer este libro; tener trabajo (aunque lo odies); tener amigos o una familia que cuida de ti; los alimentos que tomarás hoy (¿es eso algo por lo que estar agradecido? ¡Sí! Más de dos mil millones de personas no pueden comer todos los días).

¡Recuerda!

Hay tantas cosas buenas en tu vida...
Da las gracias por ellas.

50-50

Otro poderoso ejercicio que hago a veces es insistir en que mi cerebro me ofrezca una cosa buena sobre cualquier situación específica por cada cosa mala que me trae. Verás, el sesgo de negatividad de nuestro cerebro hace que perciba más las cosas malas que las buenas. Oblígalo a ser equilibrado y equitativo con lo que piensa. Hago eso con mis amigos cada vez que se quejan:

—Jo, Mo, corté con mi pareja.

—Felicidades, al menos ya no tienes que sufrir el estrés y las discusiones que te trajeron hasta aquí.

—Es cierto, pero me engañó.

—Enhorabuena, ya no tendrás que estar con un mentiroso.

—Argh, pero eso significa que tendré que volver al mundo de las citas.

—Espléndido, será divertido conocer a alguien diferente.

Por supuesto, si observamos la vida de forma objetiva, descubriremos que, en su mayor parte, mucho más de la mitad, está bien. La mayoría de nosotros gozamos, fundamentalmente, de buena salud, interrumpida por algunos breves episodios de malestar al año. Ninguno de nosotros había vivido una pandemia antes, por lo que el covid nos ha golpeado y sorprendido a todos. Hemos pisado terreno firme la mayor parte de nuestra vida. La mayoría no ha vivido nunca un terremoto. Por lo tanto, si deseamos una exactitud matemática, deberíamos pedir a nuestro cerebro que nos ofrezca muchas más cosas buenas por cada una de las malas que nos presenta. ¿Qué tal tres buenas por una mala? No. ¡No! ¿Qué tal nueve por una? Eso sería un reflejo más exacto de la realidad.

Crear más seguridad

Si tu sistema parasimpático necesita seguridad para activarse, dale seguridad. Haz tu vida más segura. Te cuento cómo.

Yo me crie en Egipto. En general, la vida, para el egipcio medio (a juzgar por la riqueza y la calidad de vida), es mucho más difícil que para el occidental medio. Sin embargo, al hacerme adulto, me dio la impresión de que los egipcios sentían, en general, mucha menos ansiedad por la vida que el individuo medio en Occidente.

Esto no se debía a que tuvieran seguro médico o beneficios de desempleo, sino a que en Egipto, como en muchas otras sociedades de mercado emergentes, hay un pacto no escrito implícito por el que la familia, los vecinos y los amigos se apoyarán mutuamente. Creo que el sentimiento último de seguridad lo proporcionan los vínculos humanos genuinos. En sociedades muy unidas, aprendemos a confiar en nuestros hermanos y amigos más de lo que confiamos en el azar de la vida. Tal vez, si encuentras a las personas adecuadas, esto también se podrá aplicar a ti. ¿Cómo puedes encontrar a personas que estarán ahí para ayudarte en tiempos de necesidad? Encuentra a personas a las que tú también estés dispuesto a ayudar.

Te invito a recibir a más seres humanos de confianza en tu vida de forma habitual. En los países más pobres, las relaciones suelen construirse sin expectativas materiales recíprocas porque, por lo general, la mayoría de la gente no tiene suficientes posesiones materiales como para desprenderse de ellas. Normalmente lo único que buscamos es buena compañía, risas, un hombro para llorar y el amor que sentimos alrededor de nuestros amigos íntimos.

Rodearte de personas a las que quieres es la mayor señal que puedes enviar a tu cerebro para indicarle que todo va a ir bien; que todo está bien.

¡Recuerda!

Llena tu vida de personas queridas y siempre te sentirás a salvo.

Cuando te sientas a salvo y encuentres la paz asociada al sistema nervioso parasimpático, dispondrás del espacio cognitivo para preguntarte por qué has pasado buena parte de tu vida obsesionado por cosas que en realidad no importan. Yo mismo me lo he preguntado durante años. En el próximo capítulo te contaré lo que he descubierto.

Capítulo nueve

En el limbo

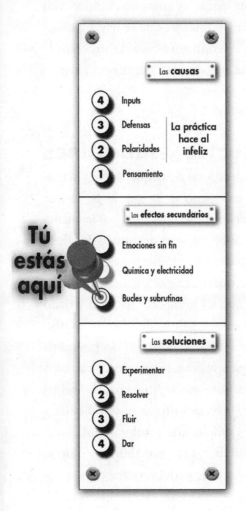

Las causas

4 Inputs
3 Defensas   La práctica
2 Polaridades   hace al
              infeliz
1 Pensamiento

Los efectos secundarios

Emociones sin fin

Química y electricidad

Bucles y subrutinas

Las soluciones

1 Experimentar
2 Resolver
3 Fluir
4 Dar

Tú
estás
aquí

¿**A**lguna vez te has despertado con una melodía rondándote la mente? Aunque se trate de tu canción favorita, al cabo de un rato se vuelve molesta. Independientemente de lo que hagas, no te la quitas de encima.

¿O alguna vez has tenido un pensamiento atrapado en la mente que no para de surgir en cualquier ocasión? ¿Era un pensamiento negativo?

Seguro que sí. Para la mayoría de nosotros, se trata de una costumbre habitual. Los pensamientos sin resolver tienden a regresar para exigir ser resueltos. Cuando son negativos, nos atacarán más agresivamente cuanto más tiempo los dejemos pendientes. A menudo, la secuencia de pensamientos va más allá de la mera reproducción del acontecimiento que te enoja. Nuestro cerebro añade un drama adicional que lo vuelve todo más colorido pero mucho peor. El acontecimiento que te enojó podría ser, por ejemplo, que tu jefe estaba cascarrabias el viernes. El sábado reproduces los hechos para torturarte a ti mismo. El domingo, lo vuelves a reproducir y lo conviertes en algo personal. Empiezas a pensar que solo estaba de mal humor contigo. El lunes lo reproducirás unas cuantas veces más, hasta que te dices a ti mismo que nadie te aprecia, no solo tu jefe, y el jueves comienzas a pensar en cómo vivirás cuando seas un indigente en las calles, una vez que te hayan despedido y no seas capaz de volver a encontrar trabajo. El proceso de reproducir mentalmente la misma negatividad nos afecta a todos. Lo llamo…

Bucles y subrutinas

Cuando comencé a codificar computadoras de pequeño, me fascinaba cómo mi computadora hacía exactamente lo que le pedía que hiciera mientras ejecutaba una línea de código tras otra. Los lenguajes de programación de la época, sin embargo, eran primitivos. Realizar una tarea llevaba muchas líneas de código. Si codificabas algunas tareas y, cuando terminaban de procesarse, querías que se ejecutaran de nuevo, tenías que repetirlas, a menos que las hubieras agrupado y dado instrucciones a la computadora para repetirlo todo. Esos grupos se llamaban subrutinas: una secuencia de instrucciones de programa empaquetadas como una unidad para realizar un grupo de tareas. A veces se le podía pedir a la computadora que repitiera una subrutina apropiada tantas veces como fuera necesario hasta que se llevara a cabo un determinado evento, por ejemplo, que el valor de un determinado parámetro fuera mayor que diez. Esto nos ahorraba mucho esfuerzo: la computadora hacía lo que se le pedía, revisaba el parámetro y, si aún no era el momento, retrocedía y repetía las tareas una y otra vez. El problema era que, en ocasiones, ese parámetro nunca llegaba a diez y así el proceso se repetía interminablemente. Es lo que llamamos un bucle.

Las normas de la sociedad, las expectativas del trabajo y cualquier otra regla que aceptamos e integramos ciegamente en nuestras vidas son las subrutinas. A menudo repetimos este conjunto de instrucciones sin apenas pensar en ellas. Dirigen nuestra forma de vida mecánica. Nos apresuramos en nuestra jornada repitiendo las mismas cosas una y otra vez, casi de manera inconsciente. Levantarnos, prepararnos, encontrar tráfico, ver Instagram, tomar café, responder los correos electrónicos, tomar más café, decir «Estoy bien» cuando nos preguntan cómo estamos y, si nos sentimos vulnerables en el trabajo, ocultarlo. Cuando tenemos una cita, fingimos ser despreocupados y no tener necesidades o traumas, y si odiamos lo que hacemos, nos callamos, tomamos más café y seguimos adelante. La «rutina» continúa hasta el final del día, solo para empezar de nuevo al día siguiente. Semana tras semana y año tras año. Cualquier desarrollador de software lo vería… **estamos en bucle**.

Los pensamientos también se quedan en bucle en nuestra mente. Los repetimos en piloto automático, sin ser conscientes de ellos. Cuando algo nos molesta, seguimos pensando en ello, a veces durante semanas o incluso años. Lo llamo el «ciclo del sufrimiento» (lo analicé en detalle en *El algoritmo de la felicidad*). El primer acontecimiento que ha desencadenado nuestra infelicidad puede tener justificación. Un jefe cascarrabias es una razón sentirse infeliz. Los siguientes ciclos de infelicidad, sin embargo, no son provocados por el jefe malhumorado ni por otro acontecimiento del mundo real. Tienen su causa en los pensamientos que reiteramos. A veces lo llamo «infelicidad a la carta», el Netflix de la infelicidad. ¿Recuerdas la escena que tuvo lugar el pasado viernes? Déjame repetirla y torturarme a mí mismo.

Estos bucles pasan a nuestro alrededor constantemente. Podemos observarlos en los rostros de la gente en un lugar abarrotado.

No podemos ver los propios pensamientos, pero sus efectos son visibles. Nos volvemos ausentes, vivimos en el interior de nuestra cabeza e inmersos en el sufrimiento.

Tu cerebro no entra en bucle porque le guste hacerte sentir mal. Por el contrario, entra en bucle porque cree que es lo mejor para ti. Si queda una cuestión pendiente, volverá a ella hasta estar seguro de que se la ha atendido o se ha resuelto. En cuanto entiendas por qué tu cerebro hace esto, te será más fácil resolverlo.

Piensa en un amigo que está hiperexcitado la mayor parte del tiempo. En cuanto algo le emociona, tiene que contártelo urgentemente... en ese preciso instante. «¿Escuchaste? ¡Beyoncé se comió una hamburguesa con queso! ¡Dios mío, Dios mío, Dios mío! ¡Cerca de casa estacionaron un coche con asientos tapizados en terciopelo!». A veces sueña contigo, ¿sabes? Te llama en cuanto abre los ojos, aunque sean las seis de la mañana. No respondes y te vuelve a llamar a las siete, luego a las ocho, a las ocho y diez, a las ocho y cuarto. Te envía un mensaje, te vuelve a llamar, te envía otro mensaje: «¡Tienes que oír esto!». A las 8:30, los emojis decepcionados empiezan a cubrir tu pantalla. Te despiertas a las nueve y respondes al mensaje: «Ey, acabo de despertarme. Me estoy preparando para ir al trabajo. ¿Te puedo llamar a las diez?». Enseguida recibes la respuesta: «Claro, ningún problema», y te envía una carita sonriente. Ese amigo es tu cerebro cuando siente la urgencia de alertarte de algo que ha despertado su excitación.

Tu cerebro, como tu amigo entusiasta, no pretende molestarte con estos pensamientos. Cree sinceramente que lo que tiene que decir es de capital importancia y que tú lo estás ignorando, y por eso lo repite. En cuanto puede, tu cerebro crea un pensamiento, produce una emoción negativa para alertarte —que te hace sufrir— y luego espera a que actúes. Si no haces nada, vuelve a producir el pensamiento, insiste en la misma emoción y espera. ¿No hay respuesta? Lo hace de nuevo... una y otra vez. Luego añade los emojis —el drama— y te despierta de noche con la esperanza de llamar tu atención: un parloteo negativo infinito que te hace sentir mal.

En términos técnicos, tu cerebro agrupa un puñado de pensamientos negativos (una subrutina), los repite interminablemente (en un bucle) y esto se convierte en la interminable plática de esa vocecita en tu cabeza. A veces, en muy pocas ocasiones, estos pensamientos repetitivos son positivos y maravillosos. «Estoy muy orgulloso de mi hija Aya» es uno de esos pensamientos. Ayuda a animarla a seguir adelante y nos mantiene unidos. Sin embargo, los pensamientos negativos conducen a la infelicidad, a veces incluso a la depresión. Esto tiene que acabar.

Los bucles no terminan hasta que les ponemos fin. Para ello, necesito tener una conversación decisiva con...

Becky

Con el paso de los años, como mencioné antes, acabé llamando Becky a mi cerebro: el nombre de un tercero, una entidad separada de mí.

Todo empezó cuando una de mis queridas amigas, Azrah, leyó uno de los primeros borradores de *El algoritmo de la felicidad*; me dijo que le fascinaba el concepto de la ilusión del pensamiento: que nosotros no somos nuestros cerebros. Tomábamos café y, mientras hablábamos de varios temas, ella hizo un comentario de autodesprecio que yo consideré injusto, por lo que la interrumpí y le pregunté:

—¿De dónde salió eso?

Ella respondió:

—Vaya, lo siento. Me lo dijo Becky.

—¿Quién es Becky?

—Becky... mi cerebro —contestó.

Me reí y pregunté:

—¿Por qué Becky?

—Era la chica más pesada de clase, la que siempre me hacía sentir mal y me obligaba a hacer cosas que yo no quería.

Imaginemos que en la escuela tú también tuviste a esta amiga. Llamémosla Becky (o, si prefieres, Brian).

Era la niña que hablaba sin parar desde el momento en que se veían hasta el último segundo antes de irte y, además, de vez en cuando, te llevaba sola a un rincón, te decía que eras una persona inútil y se quejaba sin parar. Al acabar, te dejaba sola, exhausta y estresada, preguntándote qué había sido todo eso y sin haber resuelto ni mejorado nada. Entonces, en cuanto recuperabas el aliento, ella regresaba para seguirte incordiándote.

Ahora déjame preguntarte si serías capaz de imaginarte a ti mismo yendo a la escuela cada mañana y preguntando: «¿Dónde está Becky?». Cuando ella se acercara, ¿saltarías de tu asiento y dirías: «Sí, Becky, hazme daño por favor»? ¿Dejarías que Becky hablara sin interrupción durante horas, día tras día? ¿Querrías ser amigo o amiga de Becky? Claro que no.

Sin embargo, si te sirve de algo, déjame contarte lo que me hizo Becky a mí. Entonces podrás juzgar por ti mismo. Esta es mi historia personal. La que nunca antes tuve el valor de compartir.

Mi yo depresivo

¡Todos hemos pasado por eso!

No siempre fui feliz. En realidad, en muchos momentos de mi vida he estado deprimido. Mi tristeza y depresión alcanzaron su punto más alto poco antes de cumplir treinta años.

Me casé con el amor de mi vida, Nibal, a los veinticuatro años. La amaba profundamente y creía que era el regalo más grande que jamás se me había concedido. (Lo sigo creyendo hoy, incluso después de que decidiéramos, de mutuo acuerdo, seguir por caminos distintos hace unos años.) Nuestros dos maravillosos hijos, Ali y Aya, llegaron antes de que yo cumpliera veintisiete años. Eran el mayor don con el que un hombre podía soñar. Solo le pedía a la vida la felicidad de ellos tres.

Mi primer empleo fue en IBM. Me contrataron como ingeniero de sistemas. Mi primer sueldo en la empresa era de 180 dólares al mes. Puede no parecer mucho, pero, comparado con el costo de la vida en Egipto en aquella época, era un sueldo superior al de un alto funcionario del gobierno y me convirtió, entre mis hermanos, en el que más ganaba. Pude permitirme una buena vida para mi familia y para mí mismo. Me compré un buen coche. Era el hombre más feliz que podías conocer. Todo iba bien. Hasta que dejó de ir bien, o al menos hasta que yo pensé que así era.

Eran los años del boom de los países del Golfo Árabe. Mis compañeros de trabajo pudieron trasladarse más fácilmente que yo, porque durante el proceso yo tenía que cubrir los gastos de mi familia, y empezaron a ganar miles de dólares al mes. Como hombres o mujeres solteros de veintitantos años, llevaban un tren de vida que sería la envidia de cualquier niño rico. Compraban coches de lujo, alquilaban departamentos fastuosos, daban fiestas y viajaban a lugares exóticos. Incluso aprovecharon el mercado egipcio de bajo costo a su favor y compraron grandes villas en los barrios ricos de la ciudad.

Yo respondí haciendo lo que sabía hacer. Trabajé más duro, ascendí e inicié negocios que me reportaron más dinero, según los estándares egipcios. Ofrecí una vida fantástica a mi familia, pero nada más.

Nibal y los niños eran felices, pero yo me fui deslizando lentamente hacia la depresión. De algún modo me sentía decepcionado con la vida. Y eso a pesar de ser consciente de lo afortunado que era. Tenía a mi maravillosa familia, todo el amor del mundo y todas las posesiones materiales que necesitábamos. Me deslumbraba el lujoso estilo de vida de mis amigos solteros. Un pensamiento se apoderó de mí y no era capaz de liberarme de él: «La vida es más generosa con mis amigos que conmigo, aunque yo soy el que más se está esforzando».

Ahora echo la vista atrás y descubro hasta qué punto aquel pensamiento era infundado. Yo era el que más recibía en todos los frentes: más amor, más familia e incluso más habilidades que poco después me permitirían impulsar mi carrera más lejos que todos mis conocidos. Pero mi estúpida impaciencia me cegaba y, en cuanto ese pensamiento me atrapó, fui incapaz de pensar en otra cosa.

Como un anciano, empecé a llegar a casa agotado tras una larga jornada de trabajo, me sentaba en un rincón y no paraba de pensar. La pobre Nibal volcaba todo su amor sobre mí, me decía que todo iba a las mil maravillas, pero yo no escuchaba. En cuestión de meses, pasé de ser feliz a sentirme miserable debido a un pensamiento —un solo pensamiento— que se reproducía una y otra vez. Ese tipo de pensamiento es un bucle típico: ciclos interminables que refuerzan el mismo concepto negativo. Con cada ciclo se vuelve más fuerte y más frecuente, arrastrándonos a una profunda espiral de negatividad, que nos aplasta bajo su peso.

Toqué fondo en pocos meses. Recuerdo vívidamente cómo una tarde rompí a llorar. Maldije la vida, a Dios y a mi suerte. Nibal, esa mujer extraordinaria, me abrazó y lloró conmigo. Sintió que ya no era capaz de ayudarme, por lo que se unió a mi tristeza en un intento empático por atenuarla de algún modo.

Este fue mi primer punto de inflexión. Ver a Nibal así me animó a hacer algo al respecto. Aunque, como era de esperar, no me concentré en mi depresión sino en la que yo creía que era su causa. Decidí mudarme a Dubái. Eso resolvió la cuestión del dinero y del estilo de vida, pero los pensamientos no desaparecieron. En lugar de compararme con mis amigos, empecé a compararme con los ciudadanos ricos de Dubái.

Me llevó años de profunda infelicidad darme cuenta de que en realidad no necesitaba ninguna de las cosas que anhelaba y de que no había disfrutado de verdad de todo aquello que me había esforzado por intentar conseguir. Una buena tarde, todo quedó claro. Después de años de luchar con ese pensamiento, por fin descubrí que tenía todo lo que necesitaba para ser feliz. Que todo era cuestión de decisión, de perspectiva; de cambiar mi forma de pensar. Encontré la felicidad al instante. A mi cuenta bancaria no se había añadido un solo dólar y en mi mundo material no había cambiado nada, pero era feliz.

Niveles de interrupción

Volvamos a las computadoras. En los primeros días de la codificación, cuando la computadora caía en un bucle, se detenía. La pantalla se congelaba y al presionar cualquier tecla del teclado no se obtenía respuesta. Las instrucciones se ejecutaban frenéticamente en el interior de la máquina y la mantenían ocupada por completo. Absorta en sus propios pensamientos, la máquina perdía la capacidad de expresarlos en los dispositivos externos, de conectar con el resto del mundo o de sentir las interacciones externas. Eso es exactamente lo que me pasó a mí.

En cuanto nos entregamos a la programación de nuestro mundo moderno, sufrimos los mismos síntomas que padecían aquellas viejas máquinas: la incapacidad de reconocer los pensamientos que dan forma a nuestras vidas al estar completamente absorbidos en la rutina de nuestra frenética vida.

Para solucionarlo, un desarrollador habilidoso se asegura de establecer los «niveles de interrupción» apropiados antes de empezar a ejecutar su código. Los niveles de interrupción son las instrucciones que le dicen a la computadora que preste atención a ciertos eventos, incluso mientras está ocupada haciendo otras cosas, y permiten que estos interrumpan su bucle mecánico y sin sentido una vez que ocurren esos hechos. En lenguaje sencillo, necesito decirle a mi computadora: «Mientras estás ocupada realizando una operación específica, estate atenta al atajo de teclado Ctrl + Alt + Supr. Si presiono esa secuencia especial en cualquier momento, detén lo que sea que estés haciendo y devuélveme el control a mí».

Supongo que sabes adónde quiero ir a parar con esto. Mi maravilloso amigo, es hora de que aprendas a escribir tu propio código y a establecer tus propios niveles de interrupción.

El contrato

Quedarte estancado en un pensamiento que te hace infeliz te perjudica de dos maneras distintas. En primer lugar, te hace sentir muy mal, ¿y quién querría eso? En segundo lugar, no añade valor alguno. Puedes elegir ser infeliz durante una hora, un día, un año o toda una vida. Por mucho que te dediques a la infelicidad, nada va a cambiar. Pensar que la infelicidad resolverá la cuestión es lo que llamo un falso contrato con la vida.

Quizá este bloqueo proviene de cuando de pequeños llorábamos para que un adulto viniera a ayudarnos, ofreciendo ternura y amor. Algunos creemos que esto también se aplica a la vida adulta. No sé qué nos hace actuar así. Algunos de nosotros permanecemos infelices sin hacernos cargo del detonante de nuestra infelicidad. ¿Lo hacemos con la esperanza de que la vida lo arregle? ¿Cuándo te prometió eso la vida? ¿Puedes buscar entre tus viejos papeles y mostrarme ese contrato? Bueno, tengo noticias para ti. Ya no eres un niño pequeño. Nadie vendrá al rescate aunque llores durante años. La única manera de cambiar tu vida es hacerte cargo de ella. Tienes que firmar contratos de verdad.

En mi incesante búsqueda de la felicidad, firmé uno con mi cerebro: un contrato que se cumple en cada transacción entre nosotros.

«Ya se puso metafísico Mo», podrías pensar. «¿Quién tiene un contrato con su cerebro? Es decir, cuando me siento infeliz, no puedo evitarlo.»

Contrato laboral

Yo, Becky, por la presente admito que no soy tu. Soy una función biológica diseñada para tu supervivencia. Reconozco que a veces me dejo llevar y te hago infeliz en mi incansable intento por mantenerte a salvo.

A partir de ahora, solo requeriré tu atención ante: 1) Un pensamiento alegre, o 2) Un pensamiento útil.

El resto de parloteo cerebral queda prohibido hasta nuevo aviso.

Becky (tu cerebro)

Mo

Bueno, lamento decirte que te equivocas. He compartido contigo analogías entre tu cerebro y el software desde el principio de este libro. Nada en tu cerebro se parece más al software que su plena conformidad para hacer lo que se le dice. Cualquier código de software no es nada más que un esclavo: repite exactamente las mismas tareas que se le han asignado. Ningún programa jamás escrito ha decidido improvisar o tomar decisiones por sí mismo. Si lo has codificado para mostrar un círculo en la pantalla, mostrará un círculo en la pantalla.

Esto también es cierto para tu cerebro. A pesar de su inteligencia natural, hace exactamente lo que se le indica que haga. Nadie ha ordenado nunca a su cerebro que levantara la mano izquierda y en su lugar ha sacudido el pie derecho. La razón por la cual los pensamientos presentados por nuestros cerebros a veces parecen ser aleatorios o en contra de nuestro bienestar es que nosotros hemos dado esas extrañas instrucciones a nuestro cerebro. Incluso entonces, hacen exactamente lo que se les dice.

No me crees cuando digo esto, ¿verdad? Ahí es justo donde reside la mayor disfunción en la relación con nuestro cerebro, porque ¿cómo empezamos a domesticar a una bestia si no creemos que es domesticable?

Cuando era pequeño, mi escuela organizaba una excursión una vez al año para ver el «circo nacional». Lo que más me intrigaba era cuando las fieras ocupaban el centro del escenario. Aquí tenemos un tigre enorme y de aspecto agresivo al que se acerca un hombre delgado vestido de forma extraña. En mi pequeño cerebro, yo pensaba: «Va a correr la sangre. Que alguien detenga a este idiota». Pero el domador de la bestia no parecía pensar de esa manera. Se acercaba con tanta confianza que el tigre hacía todo lo que le pedía, sin pregunta alguna. El tigre daba volteretas hacia atrás, permitía que un conejo montara sobre su lomo y sacrificaba su dignidad como depredador en todas las formas concebibles. Todos los años volvía a casa pensando que quizá lo más necesario para domar a una bestia salvaje era la firme creencia de que podías hacerlo.

Tu cerebro tal vez sea una bestia diferente, pero sigue haciendo exactamente lo que le pides. Esto es cierto incluso cuando te sientes infeliz. Algo te enoja y te obsesionas con ello en el viaje al trabajo o a la escuela. Sin embargo, en cuanto llegas allí, tu jefe o profesor te piden un informe o unos ejercicios y eso te hace recuperar la atención. «Ya basta de pensar en lo que nos enoja. Necesitamos ese informe.» Tu cerebro obedece al instante: «¡Señor, sí, señor!». Deja de pensar en pensamientos negativos y se centra en la tarea inminente.

Es factible en todo momento. Solo tienes que decirle a tu cerebro lo que debe hacer.

Entonces ¿por qué no lo haces sin que un jefe te lo diga? Bueno, ¿qué puedo decir? Necesitas un jefe porque tú no actúas como tal.

Este no es mi caso. Yo soy el jefe y Becky lo sabe. Cuando ella se queja por algo, la trato como lo haría un buen

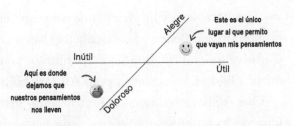

jefe. Primero la escucho atentamente durante un rato y luego le pido que vea las cosas desde otra perspectiva. Insisto para que mi cerebro empiece a pensar de forma correcta y me ofrezca pensamientos útiles o alegres.

Déjame presentarte un par de ejemplos, aunque me resulten dolorosos.

Tráeme un pensamiento mejor

¡Todos hemos pasado por eso!

No soy inmune a la infelicidad, pero sé razonablemente bien cómo aferrarme al contrato que firmé con mi cerebro cuando este empieza a hacerme infeliz, cosa que hace a menudo. Desde el momento en que mi maravilloso hijo, Ali, abandonó este mundo, no ha habido un solo día en que el recuerdo de su pérdida no haya cruzado por mi mente. A mi cerebro se le da muy bien recordarme, muchas veces al día, que Ali murió. «Ali murió» es un pensamiento muy doloroso. No hay palabras para describir lo que se siente al perder a un hijo. Todo lo que puedo decir es que despierta un dolor físico en mi corazón, como conté antes, en la esquina inferior derecha, como si alguien hubiera extirpado esa parte y en ella solo quedara el vacío. Este dolor se apodera rápidamente de mí y es tan intenso como el día de su partida. Ni un gramo menos, ni siquiera una pizca más fácil. Sin embargo, «Ali murió» solo es la mitad de la verdad, esa mitad que mi cerebro elige ofrecerme. Hay otra parte, y he ideado una estrategia, en cumplimiento con el contrato con Becky, para descubrir el lado más feliz de esta verdad. Cada vez que mi cerebro dice: «Ali murió», yo respondo con la otra mitad. Digo: «Lo sé, cerebro, pero **Ali también vivió**».

Que Ali haya vivido es un pensamiento maravilloso y muy feliz. Cuando lo pronuncio, a veces en voz alta, recuerdo todos los momentos espléndidos que compartimos. Toda la música, las bromas, las risas, los abrazos, la sabiduría. Todo el calor, el amor y la felicidad. Ali fue un regalo que no esperaba. Un regalo que ni siquiera estaba preparado para recibir. El dolor de su pérdida empalidece en comparación con la alegría de haber disfrutado de su existencia.

«Ali vivió, cerebro.» Ese es el pensamiento.

«Ali murió.» Sí, es cierto. Pero que Ali vivió también es verdad: el lado feliz de la verdad. Elijo la alegría. Cada día me recuerdo que Ali aún vive. Está vivo.

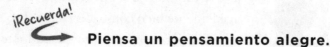

¡Recuerda!

Piensa un pensamiento alegre.

Cuando Ali murió, debido a un error humano evitable, mi cerebro me atacó vilmente. Me dijo que había fracasado en mi tarea como padre. Se suponía que yo debía protegerlo. Me dejó encallado en un pensamiento: «Tendrías que haberlo llevado a otro hospital». Durante días, no tuve otro pensamiento en mi mente… y dolía. Dolía sin parar, pero **eso no cambió nada**. Un día después de su partida, me planté y le dije a mi cerebro (en voz alta): «Lo sé, cerebro. Me gustaría haberlo llevado a otro hospital, pero no puedo volver atrás en el tiempo y cambiar lo que pasó. Y además —seguí—, este pensamiento es inútil, cerebro. Dame algo sobre lo que pueda actuar, algo que pueda mejorar las cosas».

Llevó tiempo, porque mi cerebro pretendía mantenerme atrapado en esa misma espiral de pensamiento negativo. Pero me atuve a la misma respuesta: «Dame un pensamiento **útil**». Mi persistencia dio sus frutos la noche del funeral de Ali, cuando mi cerebro me ofreció, a regañadientes, el pensamiento de que debería sentarme y escribir el método de Ali para la felicidad y compartirlo con el mundo.

«¡¡Sí, cerebro, sí!! Es una idea genial.» Eso no traería de vuelta a Ali, pero mejoraría las cosas. Y como he pasado los siguiente meses y años entregado a esa misión, créeme, todo ha ido mejor.

El día en que abracé a Ali por última vez, vi que se había convertido en un joven alto, apuesto y sabio del que cualquier padre estaría orgulloso. Fue el momento cumbre de mi vida. Al menos no espero volver pronto a ese punto, si es que alguna vez ocurre. Horas más tarde, cuando lo llevaba en hombros a su lugar de descanso, viví mi momento más bajo. Muchos padres en duelo tiran la toalla y renuncian a la vida. Se pasan el resto de la existencia en ese pozo y jamás se recuperan. Puedo asegurarte que hoy tampoco estoy en ese punto. He avanzado mucho. Estoy plenamente implicado. Siento energía y esperanza en que nuestro mundo se convertirá en un lugar mejor. Esto me hace pensar que la partida de Ali no fue en vano. Millones de personas consumidas por la infelicidad pueden haber encontrado ahora la esperanza en una vida mejor, y todo ello gracias a lo que este magnífico joven plantó en mí. Todo por un pensamiento útil: que debía honrarlo y hacer al mundo consciente de lo que me había enseñado. Sigue sin traer a Ali de vuelta, eso sí. Pero logra que cada uno de mis días sea un poco mejor que el anterior.

Piensa un pensamiento útil.

El contrato que firmaste con tu cerebro, cuando se cumple estrictamente, funciona. No solo te hace más feliz, sino que te ayuda a tener más éxito asegurándote de que no malgastas valiosos ciclos mentales atrapado en el pensamiento incesante e inútil.

A riesgo de sonar simplista en exceso, si tuviera que nombrar una causa de la mayor parte de la infelicidad que sufrimos, sin duda serían los bucles y las subrutinas del pensamiento incesante. En consecuencia, si me preguntan por una cura para la infelicidad, diría que sería el antídoto al pensamiento incesante: la atención deliberada aplicada a asegurar que el contrato sigue en vigor.

Los grandes practicantes de la felicidad son plenamente conscientes de los acontecimientos que tienen lugar en su vida. Al ser humanos, los acontecimientos negativos a veces los sobrecargan de emociones negativas o les provocan dolor. Aceptan por completo esas emociones, pero solo dejan fluir la corriente hasta ahí. Recurren a la atención deliberada para asegurarse de que esas cargas emocionales no desencadenan perniciosas corrientes de bucles de pensamientos descontrolados que se convierten en sufrimiento recurrente. En cambio, contemplan la situación de un modo holístico, encuentran el lado positivo y lo utilizan para producir pensamientos alegres. También recurren al potencial emocional acumulado para producir pensamientos útiles que puedan trabajar en su favor. Mejoran las cosas a la vez que se mantienen serenos y satisfechos.

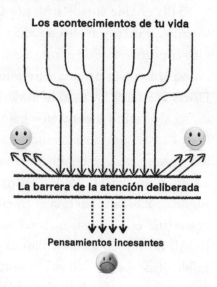

Los acontecimientos de tu vida

La barrera de la atención deliberada

Pensamientos incesantes

Creo que, aparte de los pensamientos alegres, solo hay otros cuatro tipos de pensamiento que pueden considerarse útiles.

1. Experimentar (la vida tal y como es).

2. Resolver (problemas y afrontar desafíos).

3. Fluir (para descubrir tu mejor versión).

4. Dar (para encontrar tu estado definitivo de felicidad).

Domínalos y habremos acabado.
No será fácil, pero sí realmente útil.

Resumen de la segunda parte

Sin duda, el impacto de un pensamiento no queda confinado en el interior de nuestro cráneo ni en el instante en el que el pensamiento tuvo lugar. Lo que pensamos nos cambia emocional y físicamente, y luego cambia nuestro patrón de pensamiento al repetirse de forma indefinida.

Por erráticas que parezcan, nuestras emociones son hiperpredecibles. Son suscitadas por pensamientos que siguen patrones repetibles. El mundo moderno nos enseña a ocultar nuestras emociones y eso nos desconecta de ellas, hasta el punto de llegar a negarlas. No expresar nuestras emociones nos transforma en zombis que recorren la vida sin interesarse por nada o en ollas de presión a punto de explotar.

Pero solo nos sentimos vivos cuando sentimos, y solo sentimos cuando estamos vivos. Necesitamos estar en contacto con nuestras emociones, reconocerlas —e incluso celebrarlas—, aceptarlas, experimentar sus tormentas y aprovechar su energía para seguir adelante.

Nuestro sistema nervioso autónomo responde al mundo antes incluso de que nuestros pensamientos se pongan al día respecto a lo que ha pasado. Nuestro sistema nervioso simpático nos estresa para protegernos. Nos prepara para afrontar los desafíos y amenazas con poderes sobrehumanos. Este aspecto de nuestro diseño ha salvado a nuestra especie, pero ahora, cuando la respuesta al estrés perdura, nos conduce a la infelicidad.

Necesitamos activar nuestro sistema nervioso parasimpático para recordarle a nuestro cuerpo que todo está bien. Aprende a relajarte, frecuenta a quienes ya lo practican y crea una sensación de seguridad siendo agradecido con lo que has recibido y eliminando de tu vida aquello que te estresa.

Por último, tenemos que detener el bucle infinito del pensamiento incesante. Nos arrastra a una espiral de infelicidad y no deja impacto alguno en el mundo. Para parar de pensar, trata a tu cerebro como si fuera otra persona. Yo al mío lo llamo Becky y mantengo un acuerdo firme con él: tráeme pensamientos alegres o útiles. Cualquier otro pensamiento no tiene sentido en mi vida. Firma el contrato. Obliga a tu cerebro a cumplirlo.

Tercera parte

El camino neuronal hacia una vida feliz

El cerebro es siempre bienvenido cuando produce un pensamiento feliz. De otro modo, los únicos pensamientos permitidos son pensamientos útiles y relacionados con la experiencia, como aquellos que nos permiten resolver problemas, fluir y adoptar una actitud de entrega. Este es el camino más corto para hacer del mundo un lugar mejor y para ser más feliz.

Capítulo diez

Bienvenido al mundo real

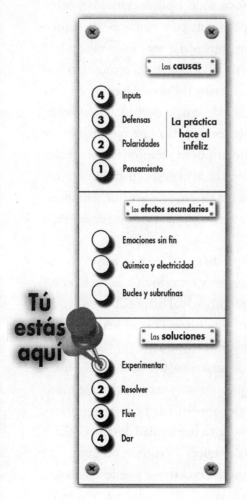

Las **causas**

4 Inputs
3 Defensas
2 Polaridades | La práctica hace al infeliz
1 Pensamiento

Los **efectos secundarios**

◯ Emociones sin fin
◯ Química y electricidad
◯ Bucles y subrutinas

Tú estás aquí

Las **soluciones**

⊙ Experimentar
2 Resolver
3 Fluir
4 Dar

¿**R**ecuerdas la red neuronal por defecto de la que hablamos en el capítulo seis, aquellas zonas del cerebro que se activan cuando pensamos en ausencia de una atención regulada? ¿Recuerdas que explicamos que una red neuronal por defecto hiperactiva se asocia a muchas de las manifestaciones clínicas de la infelicidad, como la depresión, el consumo de drogas y la ansiedad? También descubrimos que, cuando nuestra mente divaga, tendemos a ser menos felices.

En el extremo opuesto se encuentra lo que la ciencia llama red neuronal orientada a tareas. Esta red incluye las regiones de nuestro cerebro que se activan cuando nos concentramos. En el centro de esta red hay un tipo de pensamiento que normalmente no reconocemos como pensamiento en absoluto, pero sin el cual ningún otro pensamiento podría llegar a ser útil. Ese pensamiento es la forma en que percibimos el entorno que nos rodea y nuestro interior. Es el modo en que experimentamos el mundo; llamémoslo...

Pensamiento experiencial

El pensamiento experiencial incluye todo tipo de actividad cerebral implicada en la observación de la vida tal y como es. Pensamos experiencialmente al escuchar con atención a un amigo, al admirar la belleza de las alas de una mariposa, al disfrutar del olor del café o al escuchar los sonidos y la música mientras nos sentamos en una cafetería. Es percibir un cambio en el lenguaje corporal de nuestro compañero como resultado de un comentario que hemos hecho. Es mirar en nuestro interior para notar nuestra respiración al inhalar y exhalar. Es reconocer el dolor en una zona específica de nuestro cuerpo, o experimentar una tormenta de emociones que dan vueltas y producen firmas físicas en el cuerpo y una serie de pensamientos en la mente.

La atención deliberada es el ingrediente clave que activa tu capacidad de observar tu mundo interior y exterior. Cuando experimentas el mundo, involucras a tu red neuronal orientada a tareas. Al mismo tiempo, la atención también desconecta tu red neuronal por defecto y, en el proceso, aumenta significativamente tu sensación de calma, paz y felicidad, mientras desaparecen los bucles de pensamientos incesante. Esto significa que, por muy intensos que sean los pensamientos incesantes y por mucha infelicidad que te reporten, en cuanto prestas atención deliberada, tu infelicidad desaparecerá, o al menos hará una pausa hasta que empieces a rumiar otra vez.

Hay muchas razones por las que tu cerebro no puede mantener ambas redes en funcionamiento a la vez. Tres de ellas son anormalmente similares a cómo funcionan las computadoras: recursos limitados, costo del cambio y velocidad del procesador.

Recursos limitados

Cuando creas una copia de seguridad o instalas nuevas actualizaciones del sistema, ¿has visto esa irritante escala que dura eternamente? Diez por ciento completado, once por ciento completado, doce por ciento completado. ¿Por qué no acaba de una vez?

Nuestras computadoras operan en un entorno de recursos limitados. Si el archivo que descargamos de internet tiene un tamaño de un gigabyte y la velocidad de la red es de un gigabit por segundo, el archivo tardará mil segundos en descargarse. Así es como funciona. Y, aunque sean más inteligentes que nuestras computadoras, nuestros cerebros sufren exactamente la misma limitación.

Observa cómo funciona tu cerebro cuando intentas cruzar la calle. Este proceso en apariencia sencillo eclipsa a las mejores computadoras que hemos inventado hasta la fecha. Tu cerebro reúne información de los sensores, tus ojos y oídos, resuelve unos cálculos espaciales increíblemente complejos para prever la posición de cada coche en los próximos segundos, y entonces realiza unas funciones de control motor casi mágicas para permitirte cruzar la calle caminando, erguido y en equilibrio. ¡Vaya máquina! Sin embargo, si le pedimos a nuestro cerebro escuchar a un amigo y a nuestra madre hablando al mismo tiempo, fracasa estrepitosamente. ¿Por qué? Pues porque no tiene el suficiente poder de computación para realizar las dos tareas al mismo tiempo, sin más.

Para entender cómo funciona esto, hagamos un sencillo ejercicio. Por favor, pon el cronómetro a sesenta segundos e intenta sumar los números impares del siguiente sudoku mientras lees las letras de la oración que hay debajo al revés (S-E-V-E-R-L-A…, etcétera). ¿Listo? Sesenta segundos. ¡Adelante!

7	6	2	3	2	7	9	4	2
7	1	4	8	4	3	6	3	9
6	7	3	8	9	4	7	9	4
1	7	7	9	7	6	5	7	4
8	2	1	6	5	8	7	6	3
7	4	1	2	7	6	8	1	7
5	4	1	7	4	7	9	8	9
9	4	9	1	8	8	6	9	3
2	3	3	6	2	8	8	6	1

LEE LAS LETRAS DE ESTA FRASE AL REVÉS

¿Pudiste leer fluidamente las letras mientras hacías los cálculos? Incluso los frikis de las matemáticas que hayan pensado «Cada cuadro incluye un 1, un 3, un 5, un 7 y un 9, lo cual suma 25, y hay nueve cuadrados, por lo que la respuesta es 25 × 9 = 225» no habrán sido capaces de hacerlo mientras leen la frase al revés. Por otra parte, como no te has fijado en la imagen real sino que has juzgado a partir de tus conocimientos sobre el sudoku, no te habrás dado cuenta de que algunos cuadros tienen números equivocados y que no todos suman 25. La cuestión es que nadie consigue leer las letras mientras suma correctamente. No hay forma de hacerlo. ¿Por qué?

Porque, aunque nuestro cerebro sea la computadora más sofisticada del planeta, sus recursos, como en cualquier otra computadora, siguen siendo limitados. Estos recursos suelen bastar para realizar una única tarea en un momento dado.

Hay una amplia investigación científica que apunta al concepto de los recursos cerebrales limitados. Las tareas de decisión visual, por ejemplo, en las que a los participantes se les muestra una serie de letras y se les pregunta si pueden formar una palabra, se utilizan para medir la capacidad de procesamiento cerebral. A medida que aumenta la complejidad de la tarea, el cerebro de los participantes agota su capacidad de procesamiento y, en consecuencia, su tiempo de reacción se hace más lento.

La ley de Hick declara que el tiempo que lleva tomar una decisión está directamente relacionado con la variedad de alternativas posibles. Cuando la cantidad de recursos cerebrales necesarios para resolver la complejidad que le ocupa son limitados, al cerebro le lleva más tiempo encontrar la respuesta.

Moscoso del Prado Martín, de la Universidad de Provenza, en Francia, utiliza las tareas de decisión léxica, en las que se pide a los participantes que decidan, **tan rápida y exactamente como sea posible**, si una palabra que leen es una palabra real, para determinar cuánta información puede procesar el cerebro. Su investigación indica que un ser humano promedio no puede procesar más de sesenta bits por segundo.[1] Para situarlo en contexto, para comprender las palabras de una persona que nos habla, normalmente necesitamos un poco más de la mitad de esa capacidad de procesamiento. Esa es la razón por la que resulta fácil escuchar con atención a una persona mientras habla pero es muy complicado, casi imposible para la mayoría, entender lo que dicen dos personas al mismo tiempo. Sencillamente, no disponemos de suficientes recursos a nivel cerebral.

Es curioso, pero mientras escribo esto, estoy en una cafetería de Montreal. Hace unos minutos, un grupo de hablantes de árabe se sentó en la mesa contigua. Cuando hablan en árabe o en inglés, la velocidad de mi escritura desciende significativamente. En cuanto se pasan al francés, lengua que yo no hablo y a cuyo desciframiento no dedico ciclos cerebrales, regreso a mi velocidad normal.

Nuestra limitada capacidad de procesamiento cerebral es la principal razón por la que prestar atención desconecta el pensamiento incesante. En cuanto prestamos atención, dedicamos nuestros limitados recursos cerebrales a aquello en lo que estamos concentrados, y normalmente eso priva a nuestro cerebro de los recursos necesarios para el pensamiento incesante. Por lo tanto, ese pensamiento se detiene. Así de simple.

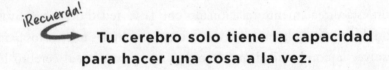

Tu cerebro solo tiene la capacidad para hacer una cosa a la vez.

¿Y qué pasa entonces con la multitarea? Puedes lavarte los dientes, escuchar las noticias y pensar en pagar la renta de tu departamento al mismo tiempo. ¿Cómo lo hacemos? Pasamos de una tarea a otra rápido y sin parar, como un malabarista que redirige toda su atención a la bola que está a punto de caer mientras ignora las otras bolas en movimiento, ya en el aire. Sin embargo, pasar de una tarea a otra exige una capacidad de procesamiento que supera la suma de la capacidad de procesamiento necesaria para realizar cada tarea individual. Hace falta cierta atención adicional para el propio cambio. Esto se conoce como…

Costo del cambio

Para entender cómo funciona la multitarea, y lo que les supone a los recursos cerebrales, veamos otro sencillo ejercicio. Pon el cronómetro a quince segundos y observa las imágenes de pájaros y animales en la página siguiente. Intenta decir, en voz alta, los nombres de todos los animales que puedas y las palabras escritas sobre ellos. Pronuncia en primer lugar el nombre del animal que estás viendo, y luego lee la palabra sobreimpresa.

¿Estás listo? Vamos.

¿Lograste hacerlo fluidamente y sin fallar? ¿O tuviste que hacer una breve pausa entre un animal y otro para recordar el nombre? ¿Cometiste errores, como leer la palabra antes de decir el nombre del animal de la imagen o pronunciar el nombre equivocado debido a la contradicción entre la imagen y la palabra?

La mayoría de nosotros tropezamos en este ejercicio porque las imágenes se procesan en el hemisferio derecho del cerebro mientras que las palabras se procesan en el izquierdo. Cuando aparecen ambas, el cerebro privilegia la palabra, porque se encuentra encima de la imagen. Tu cerebro recibe la orden de leer el nombre, por lo que lleva tiempo cambiar de tarea y procesar la imagen y, cuando hay una contradicción entre las diferentes percepciones, vacilamos aún más mientras tratamos de verificar cuál es la correcta. La única forma de realizar esta tarea a velocidad de la luz es dejar de cambiar, separando las palabras y las imágenes en dos hojas diferentes.

Incluso con la contradicción de información, el cambio sigue teniendo un costo. En pruebas realizadas por el Departamento de Medicina Nuclear de la Universidad de Michigan, se pide a los sujetos que realicen una tarea de memoria a la vez que verifican sencillas ecuaciones matemáticas. Los resultados demostraron que hay un costo en precisión y retardo cuando ambas tareas deben llevarse a cabo simultáneamente en comparación a la realización de cada una de forma individual. Este costo es el resultado de que el cerebro dedique parte de su capacidad de procesamiento a regiones de la corteza prefrontal que estaban activas en las pruebas de tarea dual pero que manifestaron inactividad en la ejecución de las tareas individuales.[2]

Cambiar de tarea exige tiempo y recursos cerebrales. Por lo tanto, la atención dividida parece agotarnos, ya que progresamos muy poco. Por esta razón, las personas que se distraen a menudo tienen pensamientos que tienden a ser superficiales y repetitivos.

¡Recuerda!

Cambiar de tarea consume valiosos recursos del cerebro.

Hay otro aspecto que conviene tener en cuenta. Por lo visto, nuestro cerebro es más rápido al realizar ciertas tareas y más lento en otras.

Velocidad de procesamiento

Tu cerebro no lleva a cabo todas las tareas a la misma velocidad. No estoy diciendo que unas tareas se realicen más rápido que otras, sino que tu propio cerebro es más rápido al abordar unas y más lento al procesar otras.

Cuando yo era un joven friki, lo que más me importaba al comprar una computadora era su capacidad para hacer cálculos. En aquella época esto se medía en velocidad de reloj, o megahercios, el número de veces que el reloj del procesador podía oscilar por segundo. Con cada tic de ese reloj, nuestros primitivos procesadores podían realizar un único cálculo. Obviamente, los procesadores más rápidos eran mejores, porque podían llevar a cabo un mayor número de cálculos.

Con los avances en el electroencefalograma (EEG), se ha evidenciado que nuestro cerebro se comporta de una forma muy similar. La velocidad de reloj de tu cerebro parece acelerarse o ralentizarse en función de la tarea específica que está realizando. Me resulta fascinante.

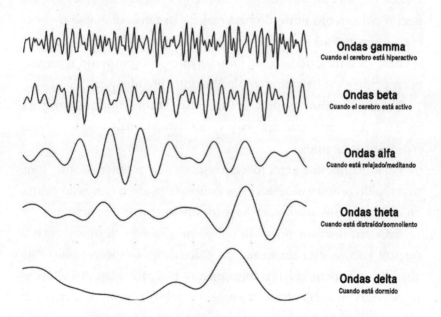

Ondas gamma
Cuando el cerebro está hiperactivo

Ondas beta
Cuando el cerebro está activo

Ondas alfa
Cuando está relajado/meditando

Ondas theta
Cuando está distraído/somnoliento

Ondas delta
Cuando está dormido

Las neuronas operan enviando impulsos nerviosos —señales eléctricas— a las neuronas vecinas, transfiriendo mensajes en el cerebro y por todo el cuerpo. Esta actividad eléctrica, que a veces recibe el nombre de «ondas cerebrales», es recogida por los escáneres EEG.[3] Estas ondas tienen una frecuencia diferente según el estado del cerebro y la función que estén realizando. Los estudios EEG tienden a agruparlas en diferentes bandas de frecuencia.

Las ondas delta oscilan lentamente hasta 4 veces por segundo (hercios). Suelen aparecer en estados de sueño profundo y reparador. Las ondas theta oscilan a velocidades de entre 4 y 8 hercios y se producen cuando estamos despiertos pero distraídos, somnolientos o poco atentos, cuando la mente divaga o durante el sueño ligero. Podemos acceder deliberadamente al espectro theta cuando meditamos, y también se manifiestan cuando estamos profundamente relajados, lo que significa que no las perturba ni siquiera nuestro pensamiento interior. Las ondas alfa marcan entre 8 y 13 hercios. Las ondas beta oscilan entre 13 y 30 hercios cuando practicamos la atención concentrada, cuando resolvemos problemas. Este es el espectro del cerebro utilizado para realizar las tareas diarias con eficacia. Luego, por último, las ondas gamma, que están en el rango de 30 hercios o más, ocurren cuando estamos comprometidos en una percepción elevada; por ejemplo, cuando aprendemos.[4]

Nuestro cerebro modula su velocidad en un sentido u otro para ajustarse a la tarea que realiza y va claramente más rápido cuanto más atentos estamos.

Cuando nuestro cerebro está resolviendo problemas, funciona más rápido porque necesita los recursos. Cuando estamos en calma, en estado de meditación, el cerebro funciona más despacio.

Esto requiere un poco de reflexión. Cuando dejamos vagar a nuestra mente, esta serpentea y se sitúa en el espectro alfa. Para abandonar el pensamiento incesante, se nos presentan dos alternativas. Podríamos ralentizar aún más el cerebro, a través del acto de la meditación. De esa forma, con un procesador más lento, privas a los pensamientos en bucle de la potencia de procesamiento que necesitan para existir. Alternativamente, podrías pisar el acelerador, a través de un acto de atención deliberada. Si bien eso aumenta el poder de procesamiento incrementando el número de cálculos que el cerebro puede realizar por segundo, también consume la potencia de procesamiento disponible para centrarse en las tareas a las que prestamos atención.

¡Recuerda!

→ La velocidad a la que tu cerebro realiza el pensamiento incesante es demasiado rápida para la meditación serena y demasiado lenta para la atención reforzada.

Acelera o ralentiza tu cerebro. No vagues sin rumbo.

¿Y sabes qué es lo mejor? La meditación regular te ayuda a alcanzar más fácilmente estados de hiperpercepción y mejora las capacidades operativas generales del cerebro. Unos investigadores de la Universidad de Wisconsin-Madison descubrieron que, durante la meditación, los monjes budistas zen producían ondas gamma de gran amplitud (profundidad de las ondas). Las ondas de regiones dispares del cerebro registraban un ritmo prácticamente idéntico (lo que demuestra que el cerebro manifiesta una sólida sincronicidad a través de sus diversas funciones), que se mantuvo durante períodos notablemente largos.[5]

¿Qué es lo que comparten los estados de meditación y los estados de hiperpercepción? Solo una cosa: una sensación de atención deliberada para experimentar y comprometerse con todo cuanto existe: las formas más elevadas de rendimiento cerebral que un ser humano puede alcanzar.

¡Recuerda!

➜ **El primer paso para encontrar la felicidad es empezar a prestar atención.**

Tu complejo procesador

Si tenemos en cuenta los recursos limitados del cerebro, el costo del cambio de tarea y la velocidad variable del procesador, es evidente que el camino a la felicidad reside en dedicar los recursos limitados de nuestro cerebro al tipo de atención deliberada que nos mantiene concentrados. En ese sentido, el pensamiento experiencial —como en la atención concentrada y sin distracciones— suspende por completo nuestro pensamiento incesante. Funciona.

Es una cuestión de simples matemáticas…

Para realizar cualquier tarea cognitiva, se tiene que cumplir la siguiente ecuación…

Capacidad de procesamiento necesaria para la tarea + Tiempo de cambio = Recursos cerebrales disponibles

Si los recursos cerebrales disponibles no bastan para la tarea que hay que realizar, nuestro cerebro prioriza la tarea que (nosotros) le hemos ordenado llevar a cabo y renuncia a todo lo demás. Así, suspenden las tareas en segundo plano, como los pensamientos incesantes, para liberar recursos en caso de que sean necesarios. Si instruyes a tu cerebro para que experimente plenamente el momento presente, cada olor, cada sonido y cada sensación, no le quedarán recursos para pensar en nada más.

¡Recuerda!

➜ **¡Concéntrate en algo real y el cerebro dejará de parlotear!**

Si el pensamiento experiencial fuera un deporte, sin duda los campeones olímpicos serían los monjes de las religiones orientales que practican diligentemente este tipo de meditación.

La meditación funciona

La meditación tiene que ver con el dominio del pensamiento experiencial. Al meditar no utilizamos nuestro cerebro para aprender, planificar o resolver problemas. No lo usamos para un fin. Lo usamos para ser. La meditación tiene que ver con dedicar los recursos de nuestro cerebro a observar el mundo exactamente tal y como es.

La meditación funciona porque el acto de la atención deliberada activa esas regiones del cerebro que queremos que permanezcan activas y suspende aquellas que preferimos ver desactivadas. La atención consume todos los recursos neuronales disponibles, que tienden a reducirse cuando el ritmo del cerebro es más lento. Así que no queda nada para que tu mente divague con pensamientos que pueden molestarte.

Gracias a la neuroplasticidad, años de diligente práctica meditativa bastan para reconfigurar nuestro cerebro por completo. Sarah Lazard, de la Universidad de Boston, dirigió un estudio para medir el impacto a largo plazo que la meditación tiene en la estructura del cerebro humano. Los cerebros de los participantes fueron sometidos a escáner de resonancia magnética antes y después de un programa de reducción del estrés basado en la meditación de ocho semanas de duración, en el que se les pedía meditar entre treinta y cuarenta minutos al día. Los resultados demostraron que las áreas del cerebro responsables del aprendizaje, la memoria y la regulación de las emociones se volvieron más grandes. Estas son exactamente las zonas del cerebro que disminuyen en los individuos que padecen depresión o un trastorno de estrés postraumático. Otra región que crece es aquella que nos otorga perspectiva, empatía y compasión, y también hay una disminución en las zonas del cerebro que buscan amenazas constantemente, desencadenando así la respuesta del estrés. La meditación utiliza la mejor parte del cerebro, y ya conoces la regla: aquello que usas crece, y lo que no, disminuye.

El doctor Richie Davidson escaneó los cerebros de un grupo de monjes tibetanos por medio de electroencefalogramas y escáneres de resonancia magnética. Uno de los participantes, Matthieu Ricard, escritor, fotógrafo, traductor y monje budista francés, se convirtió en el rostro de esta investigación cuando los medios lo coronaron como el hombre más feliz del mundo. Los escáneres mostraron que, cuando meditaba sobre la compasión, el cerebro de Ricard producía un nivel de ondas gamma (relacionadas con la consciencia, la atención, el aprendizaje y la memoria) «nunca antes visto en la literatura neurocientífica», según explicó el doctor Davidson. Los escáneres también mostraron una actividad excesiva en la corteza prefrontal izquierda en comparación con la derecha, lo que le permitía una capacidad de ser feliz anormalmente grande y reducía la propensión a la negatividad.[6]

Te lo estoy diciendo. Esto funciona.

¡Recuerda!

**→ Si se practica correctamente,
la meditación nos reconfigura para hacernos
más felices, más empáticos y más compasivos.**

Pero hay un truco.

Los monjes que participaron en este estudio llevaban toda la vida meditando, acumulando una media de treinta y cuatro mil horas de práctica, según el doctor Davidson. Por eso sus escáneres de resonancia magnética mostraban unas capacidades casi sobrehumanas y por eso son un ejemplo para todos nosotros respecto a cómo encontrar la serenidad, la empatía y la compasión.

Me gustaría seguir sus pasos, pero ¿cuántos de nosotros podemos realmente llegar hasta ahí? Dada la abrumadora velocidad de nuestra vida moderna, ¿cuántos son los que logran realizar una práctica de meditación al día? Muy pocos.

¿Cuándo fracasa la meditación?

En el lanzamiento de *El algoritmo de la felicidad*, hablé en la World Happiness Summit. Ante un auditorio de más de mil personas, pregunté: «¿Quién medita aquí?». La mayor parte de los asistentes levantaron la mano. Así que repliqué: «Que mantengan la mano levantada quienes hayan meditado todos los días durante el último mes». La mitad bajaron la mano. Entonces me dirigí a los que meditaban cada día: «¿No se sienten muy bien al final de la meditación?». Todos asintieron. Luego dije: «Mantengan la mano levantada si siguen sintiéndose así de bien tres horas después, cuando hayan vuelto a quedar atrapados en el ajetreo de la vida». Casi todas las manos desaparecieron.

Comprometido con su camino, Matthieu Ricard ha dedicado más de cincuenta años de su vida a su práctica. Ha vivido en la India, Bután y Nepal. Su lugar de retiro, una remota choza en la cima de una montaña, de 2.7 metros por 2.7 metros con una gran ventana, sin calefacción ni agua caliente, ni ninguno de los lujos de la vida. Había pasado allí cinco años en aislamiento solitario, despertándose a las 3:30 de la mañana para practicar. Cuando lo invité a mi pódcast, Slo Mo, le pregunté cómo podía soportar unas condiciones tan duras. Él respondió: «¿Qué condiciones duras? Es mi lugar favorito en el mundo».[7]

La meditación es una práctica que se ideó en una época diferente y para un estilo de vida distinto. Los monjes necesitan meditar cuatro horas al día durante diecisiete años o más para reconfigurar su cerebro a fin de ver el mundo correctamente aun después de abandonar la sala de meditación. Te animo a hacerlo, o al menos en la medida de tus posibilidades. Cuando practicas, las recompensas son inmensas. Yo medito intensamente y llevo más de seiscientos días seguidos de práctica. Supone una gran diferencia, pero necesito aún más. Sin todas esas horas, te engañas a ti mismo pensando que la meditación, en su forma tradicional, es una práctica lo suficientemente buena como para ayudarte a encontrar una felicidad ininterrumpida.

Cuando el estrés de la vida se hace insoportable, quienes están un poco iluminados se apresuran a entrar en la sala de meditación. Mientras se ejercita la atención deliberada, durante la meditación, sentimos vívidamente el impacto. Pero es habitual que, al salir de la sala de meditación y regresar al torbellino estresante de la vida, recuperemos nuestro estado de estrés. El impacto a corto plazo de la meditación en todos nosotros es innegable. Incluso quince minutos al día marcarán la diferencia. Pero si de vez en cuando te saltas la práctica durante unos días, no cosecharás las recompensas a largo plazo. Si quieres obtener todos los beneficios…

La meditación debe convertirse en un estilo de vida.

Meditar, en su sentido tradicional, durante varias horas al día, es una opción que la mayoría de nosotros, que estamos en la calle luchando con la vida, no tenemos. ¿Qué deberíamos hacer entonces? Encontrar una forma alternativa de meditación adecuada al mundo en que vivimos. Permíteme compartir lo que a mí me funciona.

Meditación para el mundo moderno

Para meditar no hace falta sentarse con las piernas cruzadas y la palma de la mano esbozando el chin mudra mientras pronunciamos la sílaba *om*. Puedes practicar cultivando cualidades como la presencia plena y la atención deliberada en cada momento del día. Para ello, yo recurro a juegos mentales. Aquí he enumerado algunas ideas; no tienes por qué aplicarlas todas. Elige las que te gusten y practícalas el tiempo suficiente como para hacer de la atención deliberada un aspecto notable de tu estilo de vida.

Algo bonito

Elijo ir a pie siempre que puedo en lugar de utilizar el transporte. Es muy habitual que vaya al trabajo y a las reuniones caminando. En el pasado, mientras caminaba, como todo ejecutivo ocupado, leía mis emails, hacía llamadas y pensaba en la jornada que me esperaba. Practicaba la multitarea: me ahorraba un poco de tiempo y los libros sobre la materia decían que era bueno. Pero se equivocaban. Aunque lograba acabar algunas tareas extra, mi atención dividida también añadía estrés y me privaba de una oportunidad para experimentar la vida en lugar de correr a través de ella.

Un día reconocí que aquellos paseos eran una increíble oportunidad para serenar mi cerebro. Me obligué a realizar una sencilla tarea: **tomar una fotografía bonita al día**. Con esa instrucción tan simple, empecé a experimentar mi entorno como correspondía. Incluso en ciudades concebidas como junglas de asfalto, encontré más mariposas, más rosas y más rostros sonrientes de los que había visto antes. Durante años, mi habitual paseo de cuarenta minutos hasta el trabajo se convirtió en un refugio en mi acelerada vida, en un remanso de cordura en medio de la locura, en un oasis de calma en mitad del ajetreo que me rodeaba por todas partes. No era solo que la belleza que encontraba me reconfortara. El propio hecho de prestar atención buscando esa belleza serenaba mi mente.

Solo buena música

Cuando manejo o viajo a alguna parte, utilizo la música para activar mi atención concentrada. Nunca pongo música de fondo mientras estoy distraído con otra cosa. En su lugar, sintonizo seis emisoras en mi radio y estoy atento para asegurarme de que **solo escucho canciones que me gustan**. Le doy a mi cerebro un objetivo claro: no escucharé a un locutor molesto y charlatán, no escucharé una canción que no me gusta y prescindiré de los anuncios. Si pasa una de estas cosas, mi cerebro en alerta lo detecta y cambio a la siguiente emisora. Si tampoco en ella suena una canción de mi agrado, paso a la siguiente, y luego a otra, y si no encuentro música que me gusta en ninguna de las seis, apago el radio durante sesenta segundos antes de encenderla y repetir el ejercicio.

Es muy divertido hacerlo así. Cuando experimentamos la música intencionadamente, no como sonido de fondo, nos fijamos en las letras, escuchamos el bajo y cada melodía sutil. Es música a otro nivel. El acto de prestar atención a la búsqueda de canciones constituye una meditación activa. Por lo tanto, no digas que la meditación es difícil; puede ser muy divertida.

Números

En el trabajo, es fácil distraerse con las prisas, los emails y la política. Nuestra mente vaga cuando una reunión es aburrida o una conversación resulta irrelevante. Para mantener mi mente concentrada, aprendí a centrarme en los números que aparecían en las diapositivas. Paraba a quien hacía la presentación y le pedía que explicara de dónde salían y qué significaban. Me decía: «Pero, Mo, eso no es importante», y yo respondía: «Si no es importante, no lo incluyas en la diapositiva». Muy pronto el equipo aprendió a elaborar diapositivas limpias y claras y nuestras conversaciones se volvieron más concisas. Aprendimos a estar plenamente presentes y a centrarnos solo en lo importante. Cuando me reúno con una persona, dejo el celular a un lado, la miro a los ojos y le ofrezco toda mi atención. Hago preguntas y siempre atiendo a las respuestas en un estado de presencia plena. Esto ayuda a serenar mi mente y la entrena para experimentar el trabajo con una mayor plenitud. También me sirve para aprender más, profundizar y tomar mejores decisiones. Mi equipo se siente más valorado, escuchado y reconocido. Este sencillo gesto me ha ayudado y sigue ayudándome a tener éxito en mi carrera.

Tiempo para Mo

Luego tengo mi tiempo personal. Lo llamo «tiempo para Mo». Si me ves en esos momentos, te resultará curioso, porque estaré sentado solo en una habitación, durante quince minutos, cada tres o cuatro horas de trabajo. Sin un teléfono celular a la mano. Sin hablar con nadie, ni responder emails ni escribir. En esos ratos no hago literalmente nada más que observar los pensamientos en mi mente. Practicarlo con regularidad resetea nuestro cerebro y lo pone en modo silencio y observación, para apaciguar por completo a la bestia.

¿Tenso?

He descubierto que, cuando pienso incesantemente, por ínfimo que sea el pensamiento, siento una tensión en los músculos de la frente y del cuero cabelludo. Así, la percepción de esa tensión me ha enseñado a notar el nivel de serenidad de mi cerebro. Aprende a dirigir la atención a las zonas de tu cuerpo que percibes como tensas. En cuanto las observes, podrás concentrarte no en detener los pensamientos, sino en liberar la tensión. Es una sensación increíble. He descubierto que, si logramos relajar esa tensión, los pensamientos realmente se detienen; y cuando los pensamientos se detienen, la tensión se disuelve. Pero no es un interruptor de encendido y apagado. He llegado a reconocer que, cuando me relajo, hay presente otro nivel de tensión, que procuro liberar, y a veces sigue habiendo algo de tensión. Este atajo es uno de mis ejercicios favoritos para detener mi corriente mental. No sé si a ti te funcionará, pero puedes probarlo de todos modos.

Una cosa detrás de otra

La multitarea es un mito. La única forma de prestar una atención plena a lo que hacemos es concentrarnos en una sola cosa. Caemos en la trampa de la multitarea porque queremos sacar el máximo partido a nuestro tiempo limitado o porque no soportamos el aburrimiento de hacer las cosas atentamente. Intentamos manejar y hablar por teléfono al mismo tiempo, o hacer ejercicio mientras escuchamos un pódcast para ser más productivos. Luego escuchamos música mientras llenamos formularios, en un intento por que la tarea sea menos tediosa. Bueno, pensemos en la experiencia de hacer una llamada telefónica o escuchar música mientras respondemos emails. Descubrirás que, cuando te concentras en la música, no progresas mucho en los emails, pero en cuanto te decides a responderlos, la música pasa a un segundo plano y tal vez ni siquiera recuerdas qué canciones estaban sonando. Para experimentar tu vida en toda su plenitud, esfuérzate por hacer una cosa detrás de otra. Si hablas con un amigo, disfruta plenamente de la conversación. Si pones música, sintoniza completamente con ella y baila. Incluso al cumplimentar la declaración de la renta, concédele una atención individual y disfruta del progreso realizado cuando esta tarea mundana se acerca a su fin. La tarea será más fácil, acabarás más rápido y, lo más relevante, habrás vivido plenamente el tiempo que le has dedicado.

A veces aplico esta estrategia a la comida, no mezclando los sabores. Toma un bocado. Saboréalo plenamente, mastica bien, traga y luego toma otro bocado. La alimentación consciente o *mindful eating* es una refinada forma de meditación. Pruébalo con un surtido de frutos secos. Toma uno, saboréalo plenamente y luego experimenta con otro diferente. Mejor aún, prueba a aislar tus sentidos. Ponte tapones mientras contemplas la naturaleza o un antifaz cuando escuches música. Utiliza ambas cosas mientras realizas estiramientos. Así es como concentrarás todos tus recursos cerebrales en lo que estás percibiendo y realzarás la intensidad de cada experiencia.

Hazlo como si fuera la primera vez

Otro truco interesante es obligarnos a hacer cualquier tarea como si fuera la primera vez. Ten curiosidad, concéntrate en cada paso y asegúrate de hacerlo todo lo mejor posible. Es importante que las tareas estén bien hechas, pero es más importante aún experimentarlas a fondo. El primer email que enviaste el primer día de trabajo requirió mucha atención y concentración. Leíste lo que recibiste y luego lo releíste. Escribiste una respuesta, la guardaste, esperaste un poco, la volviste a leer, la editaste, la leíste de nuevo, le preguntaste a un compañero si estaba bien así y, por último, cuando creías que estaba perfecta, pulsaste enviar. ¿Por qué no hacerlo cada vez? Cuando cocines, lee la receta de nuevo, prueba lo que estás cocinando, ajusta las especias. Cuando juegues un videojuego, imagina que es la primera vez que tocas un control. Déjate sorprender por los gráficos y explora cada rincón del juego. ¿Recuerdas ese primer beso? (¿Hace falta preguntar?) ¿Por qué no convertir cada beso en el primero? Si realmente quieres estar atento, hazlo todo como si fuera la primera vez, la mejor de todas.

Escáner corporal

Sentir cada sensación en el cuerpo es un acto deliberado de observación que nos permite sintonizar plenamente con nosotros mismos como forma de meditación. Dirige tu atención a cada centímetro cuadrado de tu cuerpo, de la cabeza a la punta de los pies. **Sintoniza y descubre cómo te sientes.** Si encuentras tensiones o estrés, sé amable contigo mismo. Haz estiramientos o masajea con suavidad la zona dolorida. Intenta escuchar lo que te dice tu cerebro en lugar de ignorarlo o tomar medicinas para silenciarlo. (Un poco después este capítulo incluiré un ejercicio de consciencia relacionado con esto.)

Experimenta la tormenta

Conectar con tus emociones es más difícil que conectar con tus sensaciones físicas. Esto requiere un nivel de consciencia de cinta negra Descubrir cómo te sientes, reconocerlo, aceptarlo y, por último, abrazarlo requiere de introspección y de una intención deliberada. Esto también es una forma de meditación. Recupera el ejercicio de consciencia «Experimenta la tormenta» que hemos visto anteriormente (pág. 232) y haz que forme parte de tu día a día, o incluso varias veces al día.

Conexión humana

Esta es mi forma favorita de prestar atención: conectar contigo y con cualquier ser humano con el que me encuentre. Intenta mirar a la gente a los ojos y escuchar con atención. Deja el teléfono a un lado y sintoniza completamente con la energía de los otros. No juzgues lo que dicen. No te permitas juzgar su aspecto. No presupongas sus sentimientos ni imagines nada respecto a quiénes son y por qué se han convertido en quienes son. Pregunta. Y, a continuación, calla y escucha. En cuanto nuestro cerebro ha detenido su parloteo, escuchar es una alegría mayor que hablar. No hay nada más disfrutable que estar plenamente presente en una conversación. Nada es más humano que conceder a otro ser humano un espacio seguro para compartir. Al dejarte arrastrar por el mundo de otro, vives dos veces. Aprendes el doble. Soy un adicto a la conexión humana; te darás cuenta si nos encontramos (ojalá tengamos esa suerte). Me hace sentir vivo.

Sin embargo, hay que señalar que conectar con la energía negativa de otro es contraproducente. Si la conversación pretende evaluar objetivamente la realidad, se convierte en una forma de experimentar el mundo para los dos. Pero si se centra en quejas y gimoteos, hundirá a los dos con una fuerza doble.

Estos son algunos de los juegos a los que juego con mi cerebro. Utilízalos a tu gusto o inventa otros. Busca la manera de llevar a tu cerebro a estados de presencia plena y de atención intensa a lo largo del día. El mundo moderno nos enseña que ser productivos y eficaces tiene que ver con ofrecer resultados en el mundo material. A menudo los juegos mentales que necesitas para activar la atención deliberada no reportarán ninguna ganancia material, y eso es perfectamente válido. El valor del pensamiento experiencial lo percibimos sobre todo en nuestro interior. Nos relaja, y por tanto nos permite tomar mejores decisiones. Nos hace más conscientes e informados, y más inteligentes. Y con el impacto de la neuroplasticidad a lo largo del tiempo, la atención deliberada que practicamos situará al cerebro en un estado de calma por defecto, por lo que cada vez serán menos las cosas que te molesten o importunen. A largo plazo, estos cambios en tu cerebro te ayudarán a lograr el éxito, además de la felicidad.

Sumando todos los juegos, logré reunir entre tres y cuatro horas de atención deliberada todos los días, durante años. No daba la impresión de ser una meditación y desde luego no lo viví como un trabajo duro. Fue simplemente divertido, y el impacto en mí fue innegable. Tú también puedes hacerlo. Te cambiará la vida. Experimenta la vida cada minuto del día.

Todos los juegos mentales (aparte del tiempo para Mo) que he enumerado antes se centran en observar el mundo exterior, por si no te habías dado cuenta. En nuestro interior también hay todo un mundo que explorar y experimentar. Aquí van algunos ejercicios que te ayudarán a dirigir tu atención y experiencia hacia el interior.

Esta es una conocida técnica de meditación utilizada para ayudarte a calmar la mente por medio de la concentración en una parte de tu cuerpo y percibiendo la vida que late en ella.

EJERCICIO DE CONSCIENCIA
ESCÁNER CORPORAL

Objetivo	Ser consciente de tu cuerpo
Duración	15 minutos
Repetición	Repítelo diariamente
Lo que necesitarás	Un lugar tranquilo Atención deliberada

Lo utilizaré para ayudarte a escanear tu cuerpo, como haría un ingeniero con una máquina defectuosa, centímetro a centímetro, hasta que seas plenamente consciente de cada dolor, fatiga, irregularidad o disfunción.

Encuentra un lugar tranquilo y asegúrate de que nada te va a interrumpir durante al menos diez o quince minutos. Siéntate erguido, en una postura cómoda. Pon los pies en el suelo y las palmas de las manos en una posición en la que sientas los brazos descansados.

Ahora comienza a escanear cada parte de tu cuerpo y cada uno de tus órganos, empezando por la cabeza y bajando hasta los dedos de los pies.

Procedamos así: dirige la atención a tu cabeza. ¿Sientes algún dolor? ¿Puedes señalar exactamente dónde está?

No tienes que hacer nada con tus hallazgos. Toma nota y sigue adelante. Ahora, centra la atención en la frente. ¿Percibes alguna tensión?

Tus ojos. Tus mejillas. Tu nariz. ¿Algún malestar? ¿Alguna sensación anormal? ¿Y los senos nasales, las orejas? ¿Algún dolor?

Concentrémonos en la garganta, ¿cómo la sientes?

Los dientes. ¿Los aprietas? ¿Sientes la mandíbula?

Continúa. ¿Cómo está tu estómago? ¿Has tenido problemas con él últimamente? ¿Algún otro dolor abdominal? ¿Hinchazón? ¿Incomodidad?

Pasemos a los pulmones. ¿Todo bien? ¿Los ensanchas al respirar? Pruébalo: inspira profundamente, tanto como puedas y algo más allá. ¿Es diferente a como sientes una respiración normal?

¿Qué tal el cuello? Tal vez acumules un poco de tensión ahí. Mueve la cabeza a la izquierda y a la derecha, ¿todo bien? Inclínala hacia delante y hacia atrás. ¿Algún problema?

Los hombros, ¿están bien? La espalda, ¿relajada?

¿Y las piernas? ¿Los pies? ¿Están cansados?

Bien.

Ahora que has concluido una primera ronda de consciencia plena en tu cuerpo, realiza otro escáner. Haz todo el proceso otra vez, sin esperar. Procura sentir todo aquello que has detectado previamente. Asegúrate de que no se te escapa nada.

Ahora que conoces la técnica, conviértela en una práctica diaria. Hazla dondequiera que estés: en una cafetería, en clase o en la cama antes de dormir. Una vez al día, practica el pensamiento experiencial conectando plenamente con tu cuerpo.

Nuestros cuerpos nos hablan todo el tiempo, pero somos pocos los que escuchamos. Nos dicen todo lo que necesitan y a menudo el remedio a su dolor. Si escuchamos, podremos arreglar muchas cosas.

EJERCICIO PRÁCTICO AUTOCURACIÓN

Objetivo	Aprender a dar a tu cuerpo lo que necesita
Duración	30 minutos
Repetición	Repítelo cuando sea necesario
Lo que necesitarás	Un lugar tranquilo, papel y pluma

Muy bien, no nos pongamos nerviosos. Lo que voy a enseñarte aquí no es magia ni requiere una titulación. No tienes que ser médico para eliminar la mayor parte de los dolores y molestias que tu cuerpo padece. Lo único que necesitas es un poco de tiempo, amor y atención.

Empieza con un escáner corporal completo, tal como hemos descrito más arriba. Pero en esta ocasión no nos detendremos al encontrar dolor; intentaremos curarlo.

Dirige tu atención a cada uno de los dolores, molestias o incomodidades que hayas detectado, uno a uno. Mientras te concentras en ello, pregunta a tu cuerpo qué quiere hacer para sentirse mejor. En cuanto obtengas la respuesta, hazlo. El truco es escuchar al cuerpo, no a la mente. La mente está programada para creer que solo podemos curarnos recurriendo a las técnicas del mundo moderno —pastillas, jarabes y cirugía—, básicamente cosas que se pueden comprar con dinero. En realidad, tu cuerpo no necesita la mayor parte de esa m[censurado]. De hecho, puede quedar más agotado y estresado a consecuencia de las intervenciones del mundo moderno. Muchas veces, unas pocas herramientas comunes —masajear la parte dolorida, estirarla, mantenerla caliente, descansar— bastan para mitigar muchas molestias. Pero no queremos sacar conclusiones precipitadas y pensar en cuál usar. Hemos de aprender a sentir.

Intenta dominar el arte de escuchar (a tu cuerpo). En la mayoría de los casos, él sabe lo que necesita.

Eres libre de saltar entre los diversos temas, en cualquier orden, cuando lo necesites. Tu cuerpo te dirá dónde mirar. Como al arreglar una máquina compleja, tiende a aflojarse un tornillo aquí para quitar una escotilla allá, y luego mira debajo y acciona un interruptor antes de que se vuelva a apagar, y gira una palanca. Sigue adelante hasta que te sientas notablemente mejor. Haz esto todos los días. Te caerá bien.

Por simple que te haya parecido este capítulo, experimentar la vida es de capital importancia para tu felicidad. Alejarnos de la carrera de locos que es la vida moderna y permitirnos experimentar plenamente cada momento exige compromiso y práctica. Haz de ello una prioridad. Experimenta el mundo real. Vivirás una vida más feliz.

Sin embargo, el pensamiento experiencial no es más que uno de los cuatro tipos de pensamiento útil. Sigamos avanzando y examinemos los otros tres. Es hora de resolver algunos problemas.

Capítulo once

El ingeniero que hay en ti

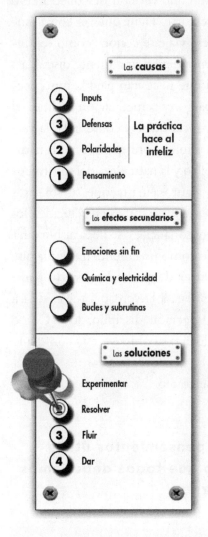

Las **causas**

4 Inputs
3 Defensas
2 Polaridades
1 Pensamiento

La práctica
hace al
infeliz

Los **efectos secundarios**

Emociones sin fin

Química y electricidad

Bucles y subrutinas

Las **soluciones**

Experimentar
Resolver
3 Fluir
4 Dar

Como la meditación tiene un impacto positivo en el bienestar, y dado que durante su práctica intentamos calmar la mente, parece haber un malentendido bastante común. Algunos creen que pensar es malo, que meditamos para apaciguar el cerebro porque pensar nos hace infelices. ¡Nada podría estar más lejos de la verdad!

No hay nada intrínsecamente bueno o malo en el hecho de pensar. Como ocurre con todo en la vida… **los buenos pensamientos son buenos para ti y los malos son malos**.

Si albergas pensamientos positivos que te hacen feliz y convierten el mundo en un lugar mejor, sigue con ellos. Pon la quinta marcha. Cuanto más pienses, más feliz serás. No hay necesidad de detener la mente para alcanzar la paz. También puedes hallarla cuando tu mente está activa. Tan solo tenemos que detener los pensamientos negativos inútiles y fomentar los pensamientos positivos. Los pensamientos positivos nos aportan dos ventajas: nos brindan paz y serenidad y, al mismo tiempo, redundan en nuestro éxito, nos hacen más inteligentes y eficaces. En pocas palabras, mejoran nuestra vida. ¿Quién podría pedir más?

La verdadera meditación no tiene que ver con desconectar. No tiene que ver con tranquilizarse o relajarse. Tiene que ver con alcanzar la verdad. La primera parte de ese viaje se conoce como «entrenamiento mental», y enseña a quienes tienen una mente distraída a aprender a manejar la herramienta que necesitan para la introspección. La base de la práctica, sin embargo, es la meditación analítica: el uso de esa mente más serena para concentrarse y contemplar la verdad. Este es el objetivo del camino: asimilar conceptos como la naturaleza de la realidad, la naturaleza del yo y la naturaleza del sufrimiento. Hacen falta años de práctica rigurosa hasta que, al fin, esos conceptos se vuelven más claros. La mente se instala en la lucidez, los actos de la forma física se dan en consonancia, y se llega al Nirvana.

¿Lo ves? El Nirvana no se define como una mente tranquila que no actúa. **El Nirvana significa haber despertado y verlo todo con claridad.** Es una mente que llega a la verdad a través de un viaje de análisis, reflexión e introspección disciplinados. ¿Cómo puede esperar alguien ver con claridad si su objetivo está confinado a un cerebro en silencio?

Dejar de pensar es un objetivo erróneo.

¡Muy importante!

Albergar pensamientos útiles y positivos es el objetivo que todos deberíamos marcarnos.

Al dirigir nuestro cerebro hacia el pensamiento correcto, no nos limitamos a calmar a la bestia: la domesticamos. Al hacerlo, convertimos a nuestro peor enemigo en nuestro mejor aliado: la inteligencia que te ayudará a resolver problemas y hallar soluciones.

Subordinada a su función primordial —mantenerte con vida—, la función más importante del cerebro humano es…

Resolver problemas

Cuando resolvemos problemas, las neuronas se activan en todo nuestro cerebro. Aunque el trabajo esencial en esta tarea tiene lugar en el lóbulo prefrontal, para resolver un problema necesitamos usar el lenguaje y la comprensión, integrar información de los sentidos, de la memoria y de las emociones. A menudo serán necesarias habilidades motoras, quizá para tomar notas o desplazarnos a nosotros mismos o a determinados objetos. Cuando llega la hora de resolver problemas, se pone toda la carne —en este caso, las neuronas— en el asador.

La resolución de problemas es, tal vez, el mejor indicador de nuestra capacidad cerebral. Al coordinar todas estas diversas funciones, produce algo que el cerebro humano, aún al día de hoy, es la única máquina u organismo vivo capaz de ofrecer: una solución a un problema novedoso o complejo.

Aunque la función básica de nuestro cerebro sea la supervivencia, su función más elevada puede resumirse en una única palabra…

Inteligencia

Otro de los sesgos del mundo moderno es la tendencia a ensalzar un tipo de inteligencia —la inteligencia analítica o coeficiente intelectual (CI)— por encima de los otros tipos que poseemos. El CI es el tipo de inteligencia necesario para realizar tareas y producir

320 Esa vocecita en tu cabeza

resultados. Es lo que nos ayuda a trabajar mejor y a tener éxito, pero no siempre conduce a la felicidad.

En los últimos años, los neurocientíficos han identificado el centro del autocontrol en ciertas áreas del lóbulo frontal. Ahí es donde operan las funciones ejecutivas; por ejemplo, la disciplina a la hora de realizar tareas o la capacidad de planificación. Cuando intentamos concentrarnos en una tarea o evitar las distracciones, esta parte del cerebro se vuelve particularmente activa. El grado en que una persona es capaz de utilizar esto predice muchas destrezas relevantes, ente ellas la predisposición a seguir las normas de la sociedad, resistir las tentaciones y adicciones o evitar conductas que desembocan en la infelicidad. También predice la voluntad de resistir el impulso de comerme este pastel de zanahoria que tengo delante de mí en la cafetería cuando sigo una dieta baja en carbohidratos. Estas capacidades son muy útiles cuando necesitamos aplicar el «hacer» del modelo Ser-Aprender-Hacer.

Quienes tienen un mayor CI tienden a descartar las recompensas inmediatas en favor de objetivos más a largo plazo. Se les da mejor priorizar sus impulsos al servicio de alcanzar todo tipo de logros, entre ellos la felicidad. Por lo tanto, sí, el CI importa, pero no es el único tipo de inteligencia que necesitamos para encontrar la felicidad. Ni por asomo.

Pensemos en el CE, el coeficiente emocional. La investigación demuestra que quienes tienen un CE elevado destacan en muchas áreas que conducen a la felicidad, como la apertura a nuevas experiencias, la simpatía (de ahí su popularidad y la alta calidad de sus relaciones), la capacidad para ganarse a los compañeros de trabajo (de ahí su éxito), un reducido consumo de drogas, baja agresividad y ausencia de síntomas psiquiátricos en general.

Peter Salovey y John Mayer, que desarrollaron el concepto de CE, consideran que este tipo de inteligencia está formado por cuatro componentes principales: la capacidad de identificar emociones, la asimilación de las emociones en pensamiento, la comprensión de las emociones y la gestión de las emociones.[1] Estos cuatro componentes se corresponden, aproximadamente, con el modelo que analizamos en el capítulo cinco.

Ser conscientes de nuestras emociones, reconocer los pensamientos que las producen, abrazarlas y aceptarlas forma parte de la CE, lo cual conduce al dominio de la parte «hacer» del modelo Ser-Aprender-Hacer.

Y luego está la inteligencia práctica.

En su libro *Inteligencia exitosa*, el laureado profesor Robert J. Sternberg propuso una distinción entre la inteligencia analítica —el tipo de inteligencia medida por los test de CI— y la inteligencia práctica, aquella que utilizamos en el mundo real para solucionar problemas relevantes en nuestra propia vida. La inteligencia práctica es mucho más abarcadora e inclusiva.[2]

Sin embargo, la relación entre inteligencia y felicidad no siempre es directa. A menudo, quienes más piensan son los más infelices. Tienden a analizar y a detenerse en detalles que en realidad no importan. A todos los pueblos se les enseña, por lo general, a ensalzar el pensamiento crítico y analítico. En el proceso, buscan constantemente lo que va mal en la vida. Entonces lo encuentran y eso los hace infelices. Esperan que la vida sea perfecta, a la altura de sus estándares. Pero la vida siempre se queda corta, y eso los hace infelices. Da la impresión de que una inteligencia elevada es casi una maldición que conlleva sufrimiento. Tal vez una maldición que define nuestra forma de vivir más de lo que debería.

En este capítulo, intentaré aplicar la inteligencia al reto de utilizar nuestro cerebro, de manera fiable, para encontrar la felicidad. Creo que estaremos de acuerdo en que es un problema que vale la pena resolver.

Intentaré resumir mi planteamiento del modo más sencillo posible. Una vez que lo entiendas, podrás aplicarlo a tus propios modelos de inteligencia.

Por darle un nombre, llamemos a este modelo...

El diagrama de flujo de la felicidad

Cuando escribíamos programas para enseñar a una computadora a resolver un problema específico una y otra vez de forma acertada y predecible, siempre empezábamos con un diagrama de flujo que resumía el programa lógico que había detrás. Estoy seguro de que ahora ya vas reconociendo hasta qué punto nuestro cerebro es similar a las computadoras que hemos construido. Así pues, un diagrama de flujo de la felicidad quizá podría programar nuestro cerebro para abordar sistemáticamente cualquier razón potencial para la infelicidad. En cuanto el código se haya instalado debería ejecutarse una y otra vez, como ocurre con el software.

La infelicidad fue otro de los temas que traté con Matthieu Ricard en Slo Mo. Le pregunté: «Siendo como eres el hombre más feliz del mundo, ¿eres siempre feliz?». Él se rio a carcajadas y me respondió con su encantador acento francés: «¿De qué estás hablando, Mo? Estoy enojado la mayor parte del tiempo». Como podemos ver, incluso los practicantes más avanzados en el camino de la felicidad a veces se sienten infelices. La infelicidad es un mecanismo de supervivencia. Es necesaria para ayudarnos a corregir el rumbo. No hay nadie que sea siempre feliz. El truco consiste en minimizar el tiempo que permanecemos inmersos en el sufrimiento para recuperar el estado de felicidad lo antes posible.

Si he de estar a la altura de la misión que me he asignado a mí mismo y hablarte a ti y a los demás de la felicidad, necesito convertirme en el campeón olímpico de este deporte. Me tomo la felicidad muy en serio, pero no intento evitar la infelicidad. En cambio, mido la velocidad a la que recupero la felicidad cuando algo me hace infeliz. Lo creas o no, cuando la infelicidad me ataca, regreso al estado de felicidad en cuestión de segundos. En 2020, con la excepción de tres ocasiones en las que fui infeliz durante varias horas, mi tiempo promedio de recuperación fue, para ser exactos, de siete segundos.

Tú también puedes hacerlo.

El secreto es una forma sistemática de resolver los problemas. Lo resumí en el diagrama de flujo de la felicidad. Veamos cómo funciona.

Ser antes de hacer

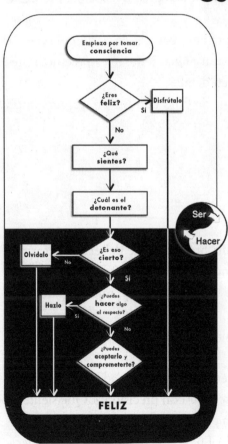

Como con todo lo relacionado con la felicidad, necesitamos ser antes de hacer. Aprendimos los pasos de la sección «ser» de este diagrama de flujo al hablar del hemisferio derecho del cerebro. No se logra ningún resultado al realizar estos pasos. Simplemente, nos ayudan a ser. Ser es reconocer la verdad que necesitamos para hacer lo que más nos conviene. Solo al alcanzar ese estado de ser empieza el verdadero «hacer».

La parte dedicada al hacer en el diagrama de flujo tiene que ver, fundamentalmente, con aplicar nuestra inteligencia a la resolución de problemas. Está diseñada para depurar los errores que nuestro cerebro comete cuando queda atrapado en el mecanismo de supervivencia conocido como infelicidad. Esta parte te ayudará a enmendar los errores y revertirlos siguiendo exactamente los mismos pasos cada vez, como un programa informático.

Influidos por el ritmo y los valores del mundo moderno, la mayoría de nosotros no logramos vivir de forma plena los estados de ser y hacer. Casi nadie encuentra el equilibrio idóneo entre ambos. Este diagrama de flujo tiene que ver con el equilibrio. Si completas una parte y la otra no, te arriesgas a una gran decepción y a un sufrimiento prolongado.

Te hará feliz saber que la primera parte —la parte del ser— se ocupa de enseñar a sentir y abrazar plenamente nuestras emociones, cosa que ya hemos analizado en detalle.

La parte del ser del diagrama de flujo consiste en tres preguntas:

Pregunta 1: ¿Eres feliz?

Pregunta 2: ¿Qué sientes?

Pregunta 3: ¿Cuál es el detonante?

Empezamos con una sencilla pregunta que deberíamos formular en bucle en el interior de nuestra cabeza: «¿Eres feliz?».

Por favor, deja el libro a un lado y tómate un minuto para plantear la pregunta. **¿Eres feliz?**

Si lo eres, ya hemos cumplido con el objetivo. Disfruta plenamente de tu felicidad.

Pero si tu respuesta es «No», entonces tu prioridad ha de ser contestar a la segunda pregunta y descubrir con precisión: «¿Qué sientes?».

Encontrar la respuesta es un proceso delicado. Tendrás que reconocer lo que sientes y aceptarlo. Luego puede que te toque experimentar la tormenta y preguntarte qué otras emociones hay en tu interior que no hayas detectado aún. Hemos practicado antes estas habilidades. Es solo cuestión de dejarte ser; de **abrirte a tus propias emociones de modo que puedas reconocer cuándo hay algo que sentir antes de pensar en la necesidad de hacer algo**.

Hemos practicado estos pasos antes, en el capítulo siete, así que no los voy a repetir ahora. No hay que ser un genio. Tan solo te pido que conectes con tus emociones. Cuando lo consigas, abrázalas plenamente y pasa a la tercera pregunta:

¿Cuál es el detonante?

Toda emoción que alguna vez hayas sentido tiene como detonante un pensamiento. La pregunta 3 te ayudará a encontrar el pensamiento exacto, lo que te facilitará abordar el problema *real*.

Parece fácil, pero implica un desafío.

Cuando experimentamos la tormenta de las emociones, los pensamientos cruzan frenéticamente nuestra mente. Un pensamiento despierta una emoción, que a su vez desencadena múltiples pensamientos, mientras nuestro cerebro intenta analizar la situación desde todos los ángulos. En este proceso, nuestra percepción de los acontecimientos se mezcla con nuestras emociones, conjeturas, inseguridades e interpretaciones de la situación. Por ejemplo, imaginemos que tu cita de anoche no ha llamado ni te ha enviado un mensaje después de su encantadora cena. Puede haber muchas razones para ello: la persona está ocupada, perdió su teléfono o tal vez se está tomando un tiempo para pensar qué decir. Como pensamiento, ninguno de estos supuestos te hará infeliz. Sin embargo, el *pensamiento* que desencadena la infelicidad sonaría más o menos así: «Nunca voy a encontrar pareja. Voy a pasarme el resto de mi vida solo».

El acontecimiento es que la persona no ha llamado. ¿Y el pensamiento? «Voy a pasarme el resto de mi vida solo.» ¡Hay una gran diferencia!

Encuentra ese pensamiento. Si queremos resolver un problema, primero necesitamos conocer cuál es el problema. Te sientes infeliz porque piensas que vas a pasar el resto de tu vida solo. Es una afirmación muy seria. Cualquiera se sentiría triste ante algo así. Eso es en lo que tenemos que trabajar.

Sin embargo, descubrir los pensamientos que actúan como detonantes es difícil porque... ahora voy a hacer una declaración audaz... tu cerebro no te ha dicho la verdad nunca jamás, en toda tu vida. ¡Nunca! ¡Ni una sola vez!

No me malinterpretes. Tu cerebro no es malvado. Es tu mayor aliado. Siempre quiere lo mejor para ti; lo que él considera lo mejor para ti. Pero no conoce la verdad.

A cada segundo, la vida nos envía una interminable cantidad de información y estímulos. Hay tantas cosas que asimilar y a las que dotar de sentido, tantas cosas que comprender en profundidad... Como un testigo honesto, tu cerebro describirá las escenas dando lo mejor que pueda. Lo único que puede hacer es contarte lo que cree que sucedió. Sin duda, no hay forma de verificar la validez de esos pensamientos. Pide a tu cerebro, por ejemplo, que describa con precisión el espacio que hay a tu alrededor. Esta sencilla petición necesitaría millones de datos para ser ejecutada a la perfección: la posición, el color, el olor y la textura de cada ínfimo punto en el espacio circundante, incluyendo una silla en la esquina, cada letra de esta página, los electrones que forman una corriente en el tendido eléctrico y esa diminuta mosca que está a punto de aterrizar en la base de tu cuello. Este simple acontecimiento individual, lo que te rodea ahora mismo, es sencillamente imposible de aprehender por completo, y por eso nuestro cerebro nos ofrece la mayor aproximación posible. ¿Sabes lo que eso significa?

¡Muy importante!

Tu cerebro nunca te dice lo que sucedió, te dice lo que cree que sucedió.

Una invención más

Si por alguna razón un amigo se muestra duro contigo, el acontecimiento, en su forma más pura, podría resumirse así: «Mi amigo me habló con dureza».

Este tipo de acontecimiento podría cambiar tu estado de ánimo y deslizarte hacia la infelicidad. Sin embargo, los pensamientos que recorren tu mente y despiertan emociones pueden no ser tan objetivos y concisos como la descripción anterior. Podrían incluir desde «Ya no le caigo bien», «No me quiere en su vida porque su nueva novia lo está acaparando», «A partir de ahora va a ser siempre así duro, porque le permití salirse con la suya», hasta «Siempre se porta mal conmigo» (olvidando que por lo general suele mostrarse amable y atento).

Por dramáticos que puedan ser estos pensamientos, ¿detectaste que alguno de ellos forme parte del acontecimiento? ¿Entraste en la mente de tu amigo para descubrir que ya no le caes bien? ¿O lo diste por hecho tú mismo? ¿Fuiste testigo de una conversación entre su novia y él en la que recibió instrucciones para alejarse de ti? ¿O no es más que otra historia que te inventaste? ¿Tienes una máquina del tiempo para viajar al futuro y descubrir si esta conducta va a continuar? ¿O fue una predicción sin fundamento que tu cerebro te regaló? ¿Tu amigo fue siempre duro? ¿O es una exageración por tu parte?

Si no tienes pruebas, bajo la forma de una observación verídica de algún tipo, que avalen la declaración de tu mente, ¡entonces solo se trata de una invención más!

En cuanto descubres la invención, el pensamiento que desencadenó tu infelicidad, ¡jaque mate! Ganaste. Prácticamente te garantizaste la felicidad en otros tres movimientos. En cuanto conoces el detonante, obligas al cerebro a recorrer un camino que en última instancia te conduce a la felicidad. Tu cerebro siempre tiene una buena razón para justificar por qué te hace infeliz. «Me siento infeliz porque mi mejor amiga me quiere quitar el novio.» En cuanto tu cerebro confiesa este pensamiento —el detonante—, te toca a ti mover ficha en el tablero.

PUM, haces la pregunta: «¿Es eso cierto, cerebro?». Jaque mate, ganaste.

Déjame guiarte en este camino. Ahora hemos de avanzar hacia la parte del diagrama de flujo relacionada con el hacer. Aquí es donde usamos nuestra **inteligencia**, **comprensión**, nuestra **habilidad para resolver problemas** y nuestra **capacidad de acción** para superar nuestra infelicidad.

La parte del diagrama de flujo centrada en el hacer también consta de tres preguntas:

Pregunta 4: ¿Es eso cierto?

Pregunta 5: ¿Puedes hacer algo al respecto?

Pregunta 6: ¿Puedes aceptarlo y comprometerte?

Si llevas un rato leyendo, te sugiero que te levantes y practiques unos estiramientos.

Necesito que te sientas fresco para el siguiente esprint de lectura.

La pregunta 4, la primera centrada en el hacer en nuestro diagrama de flujo, es probablemente la segunda pregunta más importante que jamás plantearemos…

¿Es eso cierto?

Tal vez cueste un poco creerlo, pero buena parte de cómo abordo la felicidad lo aprendí en mi trabajo como ingeniero de software. Cualquiera que alguna vez haya programado sabe que la única forma de que el código funcione es que cada comando, cada símbolo, cada signo de puntuación y cada número sean cien por ciento correctos. Si hay una errata en un carácter en una línea entre cincuenta mil líneas de código, el programa no funcionará. La costumbre de programar software me ha enseñado que solo hay una manera correcta de hacer que las cosas funcionen, y que si mi código no me hace feliz, no se trata de un error de la máquina (yo), sino de alguna incorrección en el código que introduje en ella.

Se trata de hábitos que conviene adoptar al buscar la felicidad, porque esta solo se puede encontrar cuando se cumple el código, y la única forma de que los programas responsables de tu forma física se ejecuten correctamente es introducir en ellos la verdad.

Qué palabra tan importante: *verdad*. ¿Quién puede atribuirse su conocimiento? Bueno, cualquiera que posea una pizca de sabiduría sabe que aspirar a la verdad es un viaje que dura toda la vida. La mayor parte del tiempo la desconocemos. Pero hay buenas noticias. Siempre percibimos cuando algo es falso. Eliminar esas falsedades de nuestra vida nos conduce al camino de la felicidad. No solo encontramos la felicidad cuando conocemos la verdad, sino también cuando estamos de camino hacia ella. La búsqueda de la verdad en cada ínfimo detalle de nuestra vida es en sí misma una práctica que conduce a la felicidad. Por otra parte, aceptar e interiorizar lo falso es un camino seguro hacia un sufrimiento infinito. Entonces, ¿cómo podemos buscar lo que denominamos «verdad»? No podemos. En cambio, podemos **rechazar lo que es falso**.

Si nuestro cerebro nos hace infelices al ofrecernos historias que ni siquiera son ciertas, el precio que pagamos por permitir la existencia de tales pensamientos es excesivo. Tengo una sencilla regla que mi código siempre debe cumplir:

Si permito que algo me haga infeliz, al menos debe ser cierto.

Imagina que a alguien le dicen que está despedido, le piden que vaya a recoger sus pertenencias a la mañana siguiente y luego lo dejan solo sufriendo ansiedad y estrés toda la noche. Luego, a la mañana siguiente, le comunican que nada de eso era cierto. Solo era una broma. ¡Ja, ja, qué divertido! No dejes que tu cerebro te haga bromas así. Sería desperdiciar tu valiosa vida pasar incluso un solo minuto sintiéndote infeliz por algo que ni siquiera es cierto. Comprueba si algo es cierto antes de permitir que te perturbe.

«Pero ¿qué dices, Mo? ¿Por qué das por hecho que mi cerebro es tan cruel conmigo? ¿Nuestros cerebros están predispuestos a mentir?» No, no lo creo. Como dije antes, nuestros cerebros intentan contarnos la verdad, pero suelen ofrecernos una falsa representación de la realidad por el sencillo motivo de que no conocen la verdad.

Formula las preguntas adecuadas

Las declaraciones verdaderas, desprovistas de todo drama e interpretación, suelen ser secas descripciones de los acontecimientos. Sin embargo, nuestros pensamientos, cuando pensamos en el evento, están contaminados por traumas previos, mezclados con nuestros recuerdos, salpicados de emociones y teñidos por todas las opiniones que nos vierten en la cabeza la ideología, la familia, los amigos y los medios de comunicación. Siempre se puede encontrar algo de verdad en el núcleo de estos pensamientos, pero ¿cómo los purificamos de todos los añadidos extra?

Hay cuatro simples reglas que siempre me ayudan a librarme de los contaminantes y llegar a la pura verdad.

Regla 1: Nada de pensamientos no confirmados por las percepciones sensoriales correspondientes.

¿Tengo confirmación sensorial de lo que me sugiere mi pensamiento? ¿Vi, oí, toqué, saboree u olí lo que pensé? Nuestros sentidos son el único cauce de información de nuestro sistema. El centro de control, donde se fragua la historia ofrecida por los sentidos, es el cerebro. «Mi comida huele a curry, su sabor es picante y está caliente» son observaciones suministradas por nuestro sistema sensorial. «El chef es un genio»… bueno, eso es una historia elaborada por tu cerebro a partir de esas observaciones. Por lo que sabemos, esa comida podría haber sido elaborada por una máquina en una fábrica, empaquetada en un contenedor de plástico y servida en un sofisticado plato. El chef podría ser un completo idiota que con gran esfuerzo aprendió esta única receta de su madre y al que contrataron solo para cocinar este plato. No tienes manera de saberlo viendo el curry en el plato.

No estoy desacreditando esa historia. Podría ser cierta. En realidad, el chef podría ser un genio, pero no tienes forma de saberlo solo a partir de tu información sensorial.

Regla 2: Todo lo que no sea el «aquí y ahora» es una ficción creada por tu cerebro.

¿Está mi pensamiento limitado al tiempo y lugar del acontecimiento? Una característica interesante de nuestro cerebro es que necesita un marco temporal y un lugar para existir. Si un pensamiento no existió en el pasado o en el futuro, o si se manifestó en un lugar diferente al que nos encontramos, quedará sencillamente reducido a una narración del momento presente. En cuanto advertimos una marca temporal pasada o futura en nuestra forma de pensar, o percibimos que nuestro pensamiento no se concentra en el lugar en que estamos actualmente, de inmediato podemos asumir que lo más probable es que sea falso. Por ejemplo, el pensamiento «Todo es por culpa de cómo lo trató su madre cuando era pequeño» da por hecho una realidad de la que no hemos sido testigos. Tiene lugar en un pasado lejano y en una ubicación diferente. Podría tratarse de una conclusión inteligente a la que hemos llegado por experiencias previas, pero no es algo que podamos demostrar sin género de duda. Hasta que no podamos demostrarlo, asumiremos que no es cierto. De un modo análogo, el pensamiento «Mañana voy a ser el hazmerreír del grupo» carece de evidencias que lo respalden. Por definición, todas las declaraciones futuras son «falsas», porque aún no han acontecido. No son más que pronósticos elaborados por nuestro cerebro. De igual forma, el pensamiento «Estoy seguro de que mis empleados se dedican a holgazanear cuando no estoy allí» es un pensamiento que no podemos demostrar, porque no estamos allí. Si tu historia lleva el sello de un tiempo pasado o futuro, o si ocurre en otro lugar, tendrás buenas razones para dudar de su validez.

Regla 3: El drama no es la verdad.

Recuerda: no hay emociones en los acontecimientos. Los acontecimientos reales solo pueden describirse con una serie de palabras frías y objetivas. Cualquier indicio de una emoción intensa en tu manera de pensar o de reaccionar a algo indica que estás respondiendo a algo diferente a lo que sucedió. Probablemente estés respondiendo a un pensamiento formulado por la tendencia al drama de tu cerebro.

Anoche, una amiga se puso a gritar descontroladamente. Era evidente que había sentido celos porque una chica, que era amiga de su novio antes de que ellos se conocieran, se sentara junto a él. Su reacción fue desproporcionada en relación con el acontecimiento real. Cuando le pregunté por qué un hecho tan simple la había perturbado tanto, respondió: «Mi último novio me engañó con su mejor amiga». Ahí la tenemos. ¡La verdad!

Todo pensamiento con mucha carga emocional no es la verdad real.

Lo que me lleva a la cuarta regla…

Regla 4: El trauma no es la verdad.

A menudo descubro que los pensamientos que tuve después de un acontecimiento no tienen realmente que ver con lo que pasó. También reciben la influencia de cosas que ocurrieron en otros tiempos: cómo me trató mi madre durante la infancia, mi última ruptura sentimental, las tradiciones del país en el que me crie, mis creencias sobre cómo se deben hacer las cosas, etcétera. ¿Eres capaz de detectar esos patrones en tus pensamientos? ¿Añades trauma a lo que piensas? La mejor forma de analizar la verdad es preguntarte a ti mismo cómo pensarías en el acontecimiento si lo evaluaras de un modo completamente aislado. ¿Es la conducta de tu jefe, más allá de tu miedo a perder tu empleo, algo de lo que preocuparse? Los requisitos que le pides a una potencial pareja, ¿se basan en tu creencia de cómo son todos los hombres o las mujeres? ¿Tu impaciencia en un embotellamiento está influida por aquel vuelo que perdiste? La única manera de gestionar el acontecimiento con algo de objetividad es… **pensar en cada acontecimiento de forma aislada**

334 **Esa vocecita en tu cabeza**

del trauma provocado por otro acontecimiento que haya podido tener lugar.

Plantea bien la pregunta

Puedes aplicar el complejo razonamiento anterior para comprobar si tus pensamientos son realmente ciertos la próxima vez que te hagan infeliz. O puedes preguntar a tu cerebro, sin rodeos: «¿Es eso cierto?». ¿Es cierto que resulta imposible vivir con tu compañero de departamento? ¿Es cierto que lo maltrataron en la infancia? ¿Es cierto que vas a ser el hazmerreír del grupo? ¿Es cierto que el chef es un genio?

Encontrar la verdad no solo es cuestión de plantear la pregunta correcta («¿Es eso cierto?»). ¡También hay que plantear bien la pregunta correcta! Asegúrate de que tu cerebro no te arrastra hacia una larga divagación o la mera palabrería. Formular la pregunta de modo que produzca una respuesta concreta es lo que en habilidades conversacionales se conoce como plantear una pregunta *cerrada*, es decir, una pregunta que solo puede responderse con un sí o con un no.

Si te pregunto «¿De qué color es esta página?», que es una pregunta abierta, podrías hablar mucho como quisieras al contestar: «Bueno, una vez dejé este libro en el tablero del coche y era uno de esos días de verano con un calor extremo. Había estado sudando todo el día y necesitaba una bebida fría. Entonces me llamó mi viejo amigo Pooki, que ha tenido algunos problemas con su ego. Platicamos un rato. Para serte sincero, yo busqué un lugar con sombra mientras hablaba por teléfono, pero, cuando regresé, el libro se había quedado allí un buen rato. Unos tres cuartos de hora. No, quizá una hora entera. Creo que el sol alteró un poco el color de las páginas. Pero solo en los bordes, ¿sabes? Así que, aunque me gustaría decir que la página es blanca, ya no lo puedo decir. Probablemente diría que… tal vez es… un poco amarillenta… ¿Cómo podría llamar a este color? ¿Café con leche claro? ¿Crema? En realidad, no lo sé».

Esta es una respuesta prolija a una pregunta sencilla pero *abierta*.

Aunque la historia sea entretenida —gracias—, en realidad no has contestado a mi pregunta. Eso quiere decir que tengo que plantearte una pregunta en un formato más *cerrado*: «¿Esta página es blanca?».

Una pregunta cerrada en este formato solo se puede responder con un sí o con un no. Realmente no importa el color de la página, ni la historia vital que te ha llevado adonde estás en relación a esas páginas. Si es blanca, la respuesta es sí, y si es de otro color, la respuesta es no. Simple.

¿Y si el cerebro se aferra a su afirmación e insiste en que es verdad? Entonces le pides que lo demuestre, que aporte evidencias.

Un día estaba visitando a mi hija Aya en Montreal. Discutimos un poco y la conversación se acaloró, así que le dije que iba a salir de la cafetería para ordenar mis pensamientos y poder hablar del tema más tarde, con una mente despejada y una actitud más serena.

En cuanto salí del edificio, mi cerebro decidió decirme: «¡Aya ya no te quiere!».

Quiero que lo entiendas, por favor. Aya es el mayor amor de mi vida. Tenemos una relación muy íntima como padre e hija y, además de eso, la considero mi mejor amiga, y es mutuo. Cuando mi cerebro hizo esta extravagante afirmación, me detuve en mitad de las frías calles de Montreal y le dije a mi cerebro, en voz alta: «¿Qué [censurado] acabas de decir? ¿Cómo te atreves? ¿Qué pruebas tienes para decirlo? ¿Qué pasa con todos esos mensajes de WhatsApp cariñosos que hemos intercambiado? ¿Qué hay de los mensajes que dicen "Te extraño" y los emojis que dan besos? ¿Qué pasa con el abrazo y la felicidad en su mirada cuando llego? ¿Cómo pudiste desdeñar todo eso? Los amigos discuten y no pasa nada. Aya me quiere y yo la quiero a ella, y tú, cerebro, deberías avergonzarte por contarme una mentira tan flagrante».

Sí. Así es como habría que tratar a un cerebro mentiroso. Una hora más tarde volvimos a reunirnos, nos abrazamos, resolvimos la cuestión y nos fuimos a cenar, riéndonos por un millón de cosas, como siempre.

Para que un pensamiento sea considerado cierto…

 ¡Recuerda!

Tu cerebro debería aportar evidencias.

Sin evidencias, los pensamientos negativos de un cerebro deberían ser considerados automáticamente falsos.

Ahora bien, si tu cerebro admite que lo que estás pensando es falso… **olvídalo** de inmediato.

No pierdas un minuto de tu tiempo sintiéndote infeliz por una broma de la vida. **¿Por qué ibas a dejarte perturbar por una falsedad?**

Sin embargo, si después de investigarla la afirmación demuestra ser verdadera, podremos avanzar hacia la siguiente pregunta en el diagrama de flujo de la felicidad.

¿Puedes hacer algo al respecto?

El tipo de pensamientos que te hacen sufrir —los pensamientos incesantes— tienden a ser recurrentes e inútiles. Nos repiten una y otra vez por qué deberíamos sentirnos infelices. Ahí no encontraremos ayuda alguna, ningún progreso ni camino para sentirnos mejor. Son inútiles salvo para lo que han sido concebidos: para alertarnos. Estos pensamientos son tan solo el sistema de alarma que el cerebro utiliza para decirnos que algo en nuestro entorno no cumple las expectativas de un modelo de vida seguro y deseable. Considera tus pensamientos incesantes como lo que son: una alarma ruidosa. ¿Y cómo respondes a las alarmas?

¡Recuerda!

Cuando la alarma suene,
haz algo al respecto.

¿Qué sentido tiene quedarse allí sufriendo ese volumen de ruido? Una alarma invita a la acción, y cuando respondemos abandonando el edificio, garantizamos nuestra seguridad y nos alejamos del ruido al mismo tiempo.

Imagina que el pensamiento que ha provocado tu infelicidad es, por ejemplo: «Mi relación con mi mejor amiga no ha sido buena durante un tiempo». Déjame que te pregunte algo. Si este pensamiento es cierto y su relación se ha ido deteriorando, ¿pensar en ello supondrá algún tipo de diferencia? ¿Hacerte sentir infeliz mejorará la relación? Si te pasas las próximas seis horas llorando en una esquina, ¿tu amiga aparecerá de pronto para cambiar las cosas? ¿Qué bien te va a aportar el sufrimiento? Como quedarnos inmóviles ante el sonido de una alarma de incendios, no mejora las cosas y además seguimos teniendo que soportar el ruido.

Lo único que puede cambiar nuestras circunstancias actuales es actuar.

Por lo tanto, haz algo al respecto…

¡Recuerda!

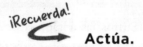

Actúa.

Ahora mismo. Busca el teléfono, envía un mensaje a tu amiga y pídele que se vean para hablar de la situación. Reconoce la conducta que, por tu parte, las ha llevado hasta ahí, y elabora un plan para cambiarla. Comparte aquello que te gustaría ver más por parte de tu amiga. Si las cosas no funcionan, tal vez podrían decidir que ha llegado la hora de pasar página.

Cualquiera que sea la acción que tomes, detendrá las sirenas del pensamiento incesante, pondrá fin a tu infelicidad y, aún mejor, cambiará la situación y mejorará un poco tu vida.

¿Parece sencillo? Sí. Porque lo es.

¡Muy importante!

En lugar de malgastar tu vida atrapado en la infelicidad, levántate y haz algo al respecto.

En cuanto te decidas, empezarás a sentirte mejor. El mero hecho de pensar en actuar hará que te sientas mejor. Esto es así porque la positividad de pensar en lo posible elimina la negatividad de la resignación y la impotencia, mientras los pensamientos dedicados a la resolución de problemas activan la corteza prefrontal y sustituyen así al pensamiento incesante que causa la infelicidad.

¡Recuerda!

Ni siquiera necesitas resolver el problema. El mero hecho de buscar una solución aleja la infelicidad.

Muchas veces aplazamos las acciones porque no sabemos qué hacer exactamente o porque tememos que nuestra acción no produzca el resultado deseado. Sentimos que no es una solución perfecta y nos abstenemos de llevarla a cabo. Sin embargo, las situaciones suelen ser más simples de lo que pensamos. Y, lo que resulta no menos importante, hacer algo que nos hace avanzar firmemente en la dirección correcta (aunque no resuelva por completo la situación) es mejor que no hacer nada. He aquí un rápido ejercicio que te animará a emprender algún tipo de acción.

Estoy seguro de que en el fondo de tu mente quedan algunas cuestiones sin resolver. Es hora de solucionarlas.

EJERCICIO DE CONSCIENCIA
LO QUE PODEMOS HACER

Objetivo	Tomar consciencia de las posibles y diferentes acciones que tal vez no resuelvan del todo la cuestión, pero que podemos tomar en cualquier caso
Duración	30 minutos (x3)
Repetición	Una vez a la semana
Lo que necesitarás	Un lugar tranquilo donde nada te interrumpa Papel y pluma

Busca un lugar tranquilo, guárdate al menos treinta minutos para la reflexión y lleva contigo una pluma y papel. Empieza apuntando los tres asuntos fundamentales que te han hecho infeliz o han despertado emociones negativas en los últimos tiempos. Trabaja cada uno de ellos, sucesivamente, determinando el pensamiento que ha provocado tu infelicidad y evaluando si hay verdad en ese pensamiento.

Si el pensamiento es cierto, pregúntate: ¿cómo puedo solucionar esta cuestión (o al menos hacer que las cosas mejoren)?

Escribe las tres acciones esenciales que debes emprender para mejorar la situación. Procura ser muy específico respecto a lo que vas a hacer y cómo te asegurarás de hacerlo correctamente. Si la acción que planificas consiste en explicar a tu jefe que algo no va bien, debes ser muy específico acerca de lo que vas a decir y cómo te vas a asegurar de que tu jefe comprende a la perfección tu punto de vista. Señala la fecha en la que pretendes completar la tarea.

Aún mejor, si puedes, actúa ahora. No esperes. Si la acción que has decidido implica enviar un mensaje a un amigo o llamar a un proveedor de servicios, en cuanto definas tu plan, toma el teléfono y envía un mensaje o llama... ¡ahora mismo!

Cuando dispongas de otros treinta minutos, empieza con otra hoja de papel y aborda la siguiente cuestión que te provoca infelicidad. Sigue así hasta haberlas afrontado todas. La primera vez que hagas este ejercicio, te darás cuenta del valor que aporta a tu vida y a tu felicidad. Conviértelo en un hábito. Repítelo al menos una vez a la semana. Todo puede haber quedado resuelto entonces. Si no es así, entonces necesita más tiempo hasta solucionarse. De lo contrario, ponte con el siguiente conjunto de ítems en tu lista. Descubre que la felicidad es tu responsabilidad. Dedicar una hora o dos a la semana a resolver cuestiones que obstaculizan tu camino sin duda es una inversión que merece la pena. Si algo te molesta, actúa. La acción detendrá el pensamiento incesante, por lo que debes dedicar tus recursos cerebrales a pensamientos útiles, independientemente de los logros y resultados. Esto te aportará paz.

Es hora de una última pregunta.

¿Puedes aceptarlo y comprometerte?

¿Y si, dado que la vida a veces nos acorrala, no hay nada que puedas hacer para solucionar lo que te hace infeliz? ¿Y si pierdes tu trabajo? Ha ocurrido y no hay vuelta atrás. ¿Qué pasa si te han diagnosticado una enfermedad dolorosa? ¿Y si has perdido a un ser querido y no hay forma de traerlo de vuelta? ¿Y si alguien te roba? ¿Y si has perdido todo tu dinero?

He pasado por situaciones así más veces de las que te puedas imaginar, y he experimentado cada una de ellas, incluida la pérdida de mi maravilloso hijo, Ali. Cuando la vida me superó, recurrí a mi última defensa contra la infelicidad: la **aceptación comprometida**.

A veces la vida es dura y nos envía cosas que no tenemos el poder de cambiar. Si miras alrededor, descubrirás que esta es la realidad de muchas personas. Miles de millones de personas han nacido en la pobreza, sin la posibilidad de cambiar la situación por sí mismas. Millones de personas reciben el diagnóstico de una enfermedad grave y millones viven con dolor crónico. Cientos de millones están cautivas en prisiones, en zonas de guerra o en la esclavitud moderna. Miles de millones, la práctica totalidad de los seres humanos, se ven obligados a afrontar la pérdida de un ser querido. ¿Cómo se compara tu historia con estas otras?

Los eventos duros y abrumadores son una realidad de la vida. Aprende a aceptarlos. Forma parte de las reglas del juego. Aceptarlos te brinda el poder definitivo de elegir tu propio destino y tu estado de felicidad. Una vez que aceptas que la vida no siempre será fácil, y en cuanto tus expectativas se tornan realistas, podrás elegir ser siempre feliz, no por lo que la vida te ofrece, sino por la manera en que has decidido afrontar todo lo que la existencia pone en tu camino.

Escribirlo, por sí solo, no te ayudará a conseguirlo. Por eso voy a compartir contigo cómo lo hago yo.

Yo elijo creer que todo en la vida, incluso el sufrimiento, tiene un lado bueno. No hay nada absolutamente malo. No ver el lado bueno de una situación nos vuelve sesgados. Rechazamos y nos quejamos de nuestras circunstancias. Pero el lado bueno lo podemos encontrar realizando un sencillo ejercicio de consciencia que llamo la «prueba del borrador».

En los talleres sobre felicidad que imparto, pido a decenas de miles de personas que piensen en los momentos más duros de su vida y que respondan a una sencilla pregunta: ¿borrarías esos acontecimientos de tu vida si supieras que eliminarlos también haría desaparecer todo lo que esos acontecimientos han suscitado? ¿Borrarías las adversidades del pasado si supieras que eso te convertiría en una persona diferente a la que eres hoy? ¿Preferirías haber tomado otro camino en la vida a sabiendas de que, al borrar todas las asperezas, también borrarías todo el aprendizaje, el crecimiento, las amistades y las relaciones que has adquirido como resultado de tu sufrimiento?

En cuanto han tenido la oportunidad de reflexionar, la mayoría de las personas a las que he preguntado han respondido:

No borraría nada.

Los verdaderos héroes que encontramos en el mundo moderno no son los personajes de los cómics y las películas de Marvel. Son aquellos que atraviesan la tristeza y las calamidades con aceptación, con gracia, revelando su verdadera esencia. Uno de mis ejemplos favoritos es Viktor Frankl, cuyo heroico viaje está documentado en su clásica obra *El hombre en busca de sentido*. En él, Frankl describe sus experiencias en un campo de concentración durante la Segunda Guerra Mundial. Durante su estancia en el campo, fue torturado y llevado al borde de la muerte al no recibir suficiente alimento ni la ropa adecuada para soportar los fríos inviernos. Fue testigo de la muerte y ejecución de muchas personas a su alrededor, entre ellas su madre, su esposa, su padre y su hermano, que murieron en los campos. Este es un ejemplo real de cómo las penurias de la vida se vuelven contra nosotros. Su sufrimiento se sitúa en un nivel que, afortunadamente, la mayoría de nosotros nunca conoceremos.

Frankl advirtió que a su alrededor había dos tipos de prisioneros: quienes habían perdido la fe, el sentido y la esperanza, y quienes los conservaban. El segundo grupo veía la vida como un desafío que había que superar y las adversidades como una oportunidad para aprender y crecer, en preparación para una misión más importante en la vida. Quienes pensaban así tenían más probabilidades de sobrevivir. Viktor Frankl pensó en impartir conferencias a partir de las experiencias que había vivido. Así, sus experiencias vitales adquirirían un tono más objetivo. Las consideraba oportunidades de aprendizaje para compartir mejor en el futuro. En sus escritos descubrí que **él creía que el sufrimiento deja de serlo en cuanto adquiere sentido**. Para él, el sufrimiento era una tarea que aceptaba.

Otro componente fundamental que te ayudará a aceptar los retos de la vida es la convicción de que jamás estarás desamparado. Incluso en las circunstancias más terribles, aún gozarás del poder de influir positivamente en la situación, aunque sea de forma modesta, a través de tus acciones y tu actitud.

Entre cada acontecimiento y tu respuesta a él hay una brecha, un búfer en el que la vida nos entrega el control. Es el momento en el que decidimos cómo reaccionar. No tenemos la capacidad de controlar las fuerzas externas que han provocado el acontecimiento o son consecuencia de este. Pero podemos controlar las fuerzas internas y cómo estas se manifiestan en el mundo real. **Algunos de nosotros nos consideramos víctimas de las circunstancias, el objeto de la historia, los sujetos pasivos de los acontecimientos. Otros se conciben a sí mismos como sujetos, actores capaces de influir en las circunstancias e inclinar la balanza a su favor.** Quienes se convierten en objetos tienden a resignarse, a quejarse por la vida, y actúan como niños indefensos que solo pueden esperar a que las fuerzas externas arreglen o disipen la calamidad. Por otro lado, los sujetos se hacen cargo de la situación. Se involucran y, así, aun cuando no puedan eliminar la amenaza, mejoran la situación. En cuanto te convences de que tienes la libertad de elegir tu reacción, descubres la resiliencia. Ya no importa lo que la vida interponga en tu camino: importa tu forma de responder. Tu actitud hacia tu existencia es lo que marca la diferencia.

En palabras de Viktor Frankl:

¡Recuerda!

«Al hombre se le puede arrebatar todo salvo una cosa: la última de las libertades humanas —la elección de la actitud personal ante un conjunto de circunstancias— para decidir su propio camino».

Crecí en una comunidad musulmana, y el concepto de rendición a las incontrolables circunstancias de la vida es la base de nuestra cultura. El significado de la palabra *islam* es encontrar la paz a través de la rendición. Pero la rendición del islam va más allá de la resignación o la renuncia. La paz que buscamos se encuentra no solo en la aceptación, sino también en el acto que viene a continuación: el compromiso.

Cuando aceptamos algo, reajustamos nuestra posición en la vida. No nos dejamos aplastar por la presión, sino que permanecemos fuertes en el nuevo punto de partida, al mirar el horizonte de posibilidades. En vez de mirar atrás para ver cómo nos ha tratado la vida, bajamos la vista y reconocemos el lugar donde estamos. Y luego miramos adelante. Vemos lo que hay en la distancia, y nos preparamos para correr.

Es entonces cuando prevalecemos: cuando hay suficiente espacio para el punto de inflexión que vamos a vivir.

¡Comprométete! Entiende que es posible que nunca puedas revertir la adversidad que estás afrontando.

Tal vez no recuperes tu trabajo, pero puedes establecer el compromiso de formarte y encontrar uno nuevo. Quizá no puedas reclamar tus pérdidas, pero puedes comprometerte a hacer lo que esté en tus manos para recuperarte. No traerás de vuelta a tus seres queridos —yo jamás traeré de vuelta a Ali—, pero podemos comprometernos a honrarlos, recordarlos y desearles lo mejor.

ADVENTURE OF A LIFETIME, COLDPLAY

Un poco de cultura popular

Enciende la magia y recuerda que la presión que estás experimentando solo te está convirtiendo en el diamante que estás destinado a ser.

Pese a los desafíos, todo lo que deseas está a un sueño de distancia.

¡Fantástico!

Podemos comprometernos a hacer del mundo un lugar mejor, a pesar de nuestra pérdida, o incluso debido a ella.

Cuando no hay nada que hacer ante la adversidad que afrontamos...

¡Muy importante!

Acéptala, y luego acepta el compromiso de hacer de mañana un día un poco mejor que hoy, y de pasado mañana un día algo mejor que mañana.

Además de OneBillionHappy, otra de las formas que he encontrado para honrar la pérdida de Ali ha sido vivir las mismas experiencias que él. Esto no solo me ha permitido sentir su bella presencia, sino que me recuerda constantemente que él estuvo aquí. Que bendijo nuestra vida con su presencia. Verás...

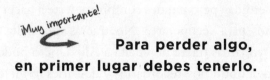

Para perder algo, en primer lugar debes tenerlo.

Para sentir las adversidades, primero tienes que haber experimentado la bonanza. Para sentir un reto, debes comparar los tiempos más duros con épocas de prosperidad y abundancia.

Aunque olvidemos, y nos concentremos en nuestros sentimientos de duelo, revivir nuestras experiencias antes de la pérdida y la aflicción debería hacernos sentir agradecidos. Debería recordarnos que la vida no es dura en absoluto y que esta mala racha pasará.

Reviví la vida de Ali en muchas de las cosas que él hacía. He escuchado la música que le gustaba, he salido con sus amigos con frecuencia y también he decidido honrarlo convirtiéndome en un jugador de videojuegos tan bueno como él.

Hoy, seis años después de que nos dejara, soy un jugador legendario. No siempre fue así. Cuando Ali vivía, jugábamos juntos a *Halo*. El nivel «difícil» era el máximo en el que yo podía jugar. Por su parte, Ali jugaba en el nivel «legendario», entre la élite. Cuando llegábamos a un segmento del juego especialmente difícil, yo entraba en pánico, mientras que Ali se abría paso como si se caminara siguiendo el cauce de un riachuelo en mitad de la naturaleza. No parecía intimidado en absoluto. Yo no era capaz de imaginar cómo lo hacía, hasta que decidí jugar en su honor.

Al cambiar de nivel y pasar de «difícil» a «heroico», mi percepción del juego cambió completamente. Cuando el juego superó mis habilidades, me resultó más adictivo. Sé que esto suena contradictorio, pero es lo que sucedió. En cuanto subí el nivel de dificultad del juego, mis expectativas se moderaron. Ya no esperaba poder acabar cada misión en el primer intento. Por el contrario, aprendí a esperar, de forma realista, que las cosas se pusieran difíciles hasta alcanzar la destreza necesaria para afrontar los retos que tenía por delante. Como quería que Ali estuviera orgulloso, consideraba cada nivel del juego como una fuente de práctica y entrenamiento. Así es como empezó la magia. De pronto, dejé de sentir presión y disfruté de los desafíos. Incluso quería que fueran más duros porque, a más complejidad, mayor sería mi habilidad. Cuando fallaba en una misión, aceptaba que no estaba listo y eso reforzaba mi compromiso. Examinaba mis errores con objetividad, y volvía al juego para intentarlo una y otra vez. Ni siquiera entonces trataba de concluir la misión. Solo me decía una cosa…

¡Recuerda!

Esfuérzate para que el próximo intento sea un poco mejor que el anterior.

Pruébalo en tu propia vida y será como un juego. Este es el mayor secreto que la mayoría hemos olvidado…

¡Recuerda!

No hay victoria en la vida. Solo la oportunidad de aprender y mejorar.

Con esta nueva actitud, en muy poco tiempo (jugué cuarenta y cinco minutos al día, cuatro veces a la semana, durante cuatro meses), pasé el *Halo* como jugador legendario. Hoy estoy entre el 0.2 por ciento de los mejores jugadores del mundo. No está mal para alguien de mi edad. Espero que estés orgulloso de mí, Ali. Estoy agradecido por todo lo que aún me sigues enseñando.

Sé como un *gamer*. Cuando un juego se complica, los verdaderos jugadores no tiran el control y se quejan. Por el contrario, reflexionan, analizan, se comprometen y lo intentan de nuevo, más fuertes y determinados que nunca. ¿Qué puedo decirte?

¡Recuerda!

→ **Eres una leyenda.
Empieza a jugar como tal.**

El diagrama de flujo de la felicidad en acción: Kate y Leo

El verano pasado, Kate sintió el fuerte impulso de cambiar sus planes para un día. Encontró un post en las redes sociales sobre un curso de formación para apreciar el arte contemporáneo de dos días de duración. Le encantaba el arte y los últimos tiempos había estado atrapada en la rueda de hámster del trabajo y sentía que necesitaba un cambio. Algo en aquel post le llamó la atención. Kate llevaba un tiempo sintiéndose sola. Hacía poco había puesto fin a otra relación más y deseaba encontrar pareja, una media naranja. Incluso llegó a escribir una oración en la que describía a su chico ideal. Ella creía que el universo estaba escuchando, y no le faltaba razón. ¡El universo estaba escuchando!

La formación no estuvo mal, pero lo que llamó su atención fue un atractivo caballero, Leo, que hablaba de manera muy educada, casi como un personaje salido de una película sobre la aristocracia británica. Hacía comentarios inteligentes, seguidos por preguntas bien construidas, y escuchaba atentamente. Cuando alguno de los estudiantes manifestaba su opinión, él se giraba hacia ellos y les prestaba toda su atención. Al mediodía, los pensamientos de Kate ya no se centraban en el arte sino en comparar a Leo con el hombre que ella había descrito en su oración. Todo parecía encajar. «¿Será cierto?», pensó. «¿Es él? ¿Encontró a mi media naranja?»

En un descanso, hizo algo que jamás había hecho antes. Se acercó a él y se presentó: «Hola, soy Kate». Él respondió con una sonrisa, y el resto es historia. Un mes más tarde vivían la historia de amor perfecta, en lo que parecía una relación de ensueño. Él la trataba con cariño y respeto, atendía a todas sus necesidades y la abrazaba con ternura cuando estaba decaída. Siempre le decía lo maravillosa que ella era, pero también le transmitía su punto de vista, asertivamente, cuando consideraba que ella tenía que cambiar de dirección. En poco tiempo ella empezó a brillar y su carrera prosperó. Sabía que él era el elegido.

Por desgracia, la vida no pensaba lo mismo. En el plazo de un año, la empresa para la que trabajaba Leo cambió a otro país y su visa de trabajo expiró. Mientras tanto, la carrera de Kate estaba en un punto crítico y ambos sabían que ella no podía dejarlo todo para mudarse con él. De hacerlo, perdería la esencia de todo cuanto era importante para ella y eso pondría en peligro su relación. Independientemente de lo que hiciera, su relación iba a sufrir. Una noche de verano, con lágrimas en los ojos, se separaron.

Kate era una buena amiga mía. En los siguientes cinco meses, me envió mensajes y me llamó para contarme lo afligida que se sentía. Estaba irritada, triste, rota, preocupada y confusa. Lo amaba y sabía que el sentimiento era mutuo. No podía aceptar la crueldad de una vida en la que al amor no se le concedía el espacio que necesita para florecer.

¿Eres feliz?

Obviamente, Kate no era feliz. Estaba plenamente en la etapa del «ser». Sentía cada emoción, y eso causaba estragos en su cuerpo, desde falta de sueño hasta náuseas y cansancio. Estaba experimentando una verdadera tormenta, pero era incapaz de «hacer» nada al respecto. Y entonces nos vimos para tomar un café.

¿Qué sientes?

No perdimos el tiempo en sutilezas sin sentido. A Kate le llevó menos de un minuto explotar en una tormenta de emociones; primero llanto, luego ira e insultos a la vida en general, lo cual incluía a nuestros amigos, objetos inanimados, a ella misma e incluso a Leo.

¿Cuál es el detonante?

Cuando se calmó un poco, la guie paso a paso a través del diagrama de flujo de la felicidad. Así es como fue: «Hagamos esto juntos, Kate, vamos a experimentar esta tormenta en toda su plenitud. Escribe, por favor, todas las emociones que sientes».

Las escribió. Entonces le pedí: «Jerarquízalas. Escribe primero las que sientes con más intensidad; abordaremos esas en primer lugar». La ira y el miedo (con todas sus derivadas) ocuparon los primeros puestos.

«¿Qué pensamientos son los que provocan estas emociones? Vamos a anotarlos. Tómate tu tiempo. Horas, si hace falta. Deja libre a tu cerebro. No respondas a los pensamientos; limítate a escribirlos.»

Recuerda: Leo quería estar con Kate. Su voluntad fue forzada. Este era el acontecimiento en su forma más simple. Sin embargo, los pensamientos que espoleaban a Kate eran muy diferentes. Esto es parte de lo que escribió:

Me dejó.

Habrá otras mujeres en su vida.

No volveré a tocar a otro hombre.

Me voy a pasar el resto de mi vida sola.

Nos distanciaremos.

Siempre estábamos juntos. Ahora es difícil y caro estar en el mismo país, por no hablar del mismo lugar.

Hubo otros muchos pensamientos, pero por ahora vamos a detenernos en estos. Nos ofrecen muchas pistas para analizar el proceso en acción. Cada vez que Kate anotaba un pensamiento, yo decía: «Ajá, ¿qué más?». Nunca descarté ninguno de los pensamientos ni intenté debatirlos o resolverlos. Le pedía más. Al principio los pensamientos llegaban con mucha rapidez; luego empezaron a ralentizarse, se transformaron en un chorrito y luego en un goteo. Al final, tardaba minutos en encontrar un nuevo pensamiento, y en ese caso no era más que la repetición de algo que ya había dicho. Cuando eso sucedía, yo me limitaba a decir: «Muy bien, pero este ya lo hemos escrito. ¿Qué más?». En ese momento, y gracias a este sencillo proceso, vi como el rostro de Kate se relajaba, su ira de disipaba y recuperaba su brillo natural. Por último, sus pensamientos llegaron a ser casi por completo irrelevantes para la cuestión que tratábamos. Eran pensamientos como «Tengo hambre». Yo respondía de la misma forma, con una sonrisa y, a menudo, una carcajada: «Ajá, déjame tomar nota de eso… Tienes hambre. Eso es un problema. ¿Qué más?». Ahora ella sonreía, con un gesto pícaro incluso. Entonces dijo: «Creo que ya tenemos bastantes». Y así era.

Hay que tener en cuenta la carga que los pensamientos incesantes imponen sobre nosotros. El mero hecho de liberarlos sistemáticamente nos hace sentir mejor. Tu cerebro no es malo, pero se toma muy en serio su trabajo —asegurar tu supervivencia— y le importa una m[censurado] si cumplir con su trabajo con tanta diligencia te hace sentir muy mal. No parará hasta ser escuchado y reconocido, así que, para ayudarte a encontrar un respiro…

¡Recuerda!

Experimenta la tormenta el tiempo que sea necesario hasta que se instale la calma.

Una vez escritos todos los pensamientos, miré a Kate con confianza y le dije: «Sabes que esto es jaque mate, ¿verdad? En cuanto has reconocido tus emociones, has elegido aquellas sobre las que trabajar en primer lugar y has detectado los detonantes de tu infelicidad —tus pensamientos—, ya no hay forma de que tu cerebro vuelva a secuestrar tu felicidad. Ahora es cuestión de hacerte tres sencillas preguntas. Vamos a hacer frente a estos pensamientos uno a uno. Todo empieza con una pregunta fundamental...».

¿Es eso cierto?

—Tu primer pensamiento es: «Me dejó». ¿Es cierto, Kate? —pregunté.

Kate se volvió a poner sensible de inmediato.

—¡Es que lo hizo!

—¿Cómo te dejó? —pregunté.

—Me dejó para irse a otro país.

—¿Por qué se fue? ¿Fue para dejarte? ¿Para huir de ti?

—No —respondió ella—. Me quiere. Estaba llorando cuando salió para el aeropuerto. Pero ya no podía quedarse más tiempo en el país.

—Esto no tiene que ver contigo, ¿verdad, Kate?

—Puso su trabajo por encima de mí. Me dejó por un trabajo...

—El cerebro de Kate atacaba rápidamente.

—¿De veras hizo eso? No lo sabía. ¿No intentó quedarse?

—No podía quedarse —explicó ella—. Su visado había expirado.

—Entonces, ¿qué es lo que dejó? ¿Te dejó a ti?

—No… —dijo Kate con un suspiro—. Dejó el país.

—No, Kate. Si quieres ser específica, di que el país lo dejó a él. Las palabras importan. Crean nuestra realidad. Leo no decidió dejarte. La vida obligó a Leo a seguir un nuevo camino.

Ella asintió, pero yo continué. Le pregunté si él le había dicho que ella no podía irse con él. Al final admitió que había decidido quedarse porque su carrera estaba en un buen momento y porque, en realidad, no quería dejar aquí a su familia y a sus amigos.

—Vaya, pero entonces, si no te importa que te lo pregunte, si él no podía quedarse pero tú podías irte y decidiste no hacerlo… ¿quién dejó a quién?

Se hizo un largo silencio.

Si un pensamiento ni siquiera es verdad, olvídalo.

Siguiente pensamiento.

—Habrá otras mujeres en su vida. Entiendo lo difícil que es gestionar este pensamiento, pero tengo que preguntarte algo. ¿Es eso cierto?

—¿Qué quieres decir? Por supuesto que es cierto. ¿Qué es lo que esperas? ¿Qué viva solo toda la vida?

—No conozco a Leo, Kate. Te pido que observes la construcción de la oración que escribiste y compruebes si eso es verdad.

Frustrada, Kate respondió:

—No te sigo, y sinceramente, me siento irritada, así que, por favor, ¿podríamos abandonar estos juegos de palabras?

Le lancé una sonrisa de comprensión y dije:

—¿Cómo puede ser verdad algo que ni siquiera ha sucedido aún?

Las afirmaciones en futuro no son ciertas.

Todas las afirmaciones prospectivas son predicciones, en el mejor de los casos. Lo aprendí en la Bolsa. Un individuo bien alimentado con un título brillante y un traje caro se sienta delante de una cámara y asegura a los espectadores que el mercado se va a desplomar. Si te tomas esas palabras como una verdad, venderás de inmediato tus acciones. Pero ¿cómo puedes saberlo?

—No conocemos el futuro, Kate. Simplemente, no lo conocemos. **Dejarte perturbar por algo que aún no ha sucedido es como sufrir un envenenamiento alimentario por una comida que aún no hemos tomado.** No tiene sentido. Por otra parte, ¿alguna vez te has preguntado en qué sentido estos pensamientos influyen en tu conducta?

Incluso abordamos los pensamientos más difíciles: «¿Y qué si se acuesta con otra mujer? ¿En qué te afecta eso? ¿Por qué es importante?». (Suelo usar las preguntas «¿Y qué?» o «¿Por qué te hace infeliz?» para desenterrar los pensamientos más profundos que constituyen la verdadera razón de nuestra infelicidad pero que nuestro cerebro nos oculta.) «Si se acostara con otra mujer, ¿significa eso que tú no eras suficiente? ¿O tiene que ver con el transcurrir normal de la vida?»

Por último, llegamos al pensamiento más difícil de todos: «Nos distanciaremos».

—¿Es eso cierto? —pregunté.

—Bueno, dijiste que ninguna afirmación sobre el futuro lo es, así que supongo que no es verdad —contestó Kate con impaciencia.

—Sí, no sabemos si va a pasar, por lo que no es «verdad», pero sería una pena que se alejaran el uno del otro, ¿verdad? Da la impresión de que se hacen mucho bien y de que son buenos amigos, ¿no es así?

—Sí —respondió con cada átomo de su ser.

—Muy bien —dije—. ¿Podrías reescribir esta afirmación de forma que sea verdadera?

Ella miró la libreta un momento y entonces escribió: «Existe el riesgo de que nos distanciemos».

—¡Eso es! Esta es una afirmación verdadera —dije yo.

Así que…

¿Puedes hacer algo al respecto?

—No —dijo Kate—. No hay nada que yo pueda hacer. Las cosas son así. Estamos separados por miles de kilómetros.

Por supuesto, este era otro de los pensamientos depresivos en los que se sumía constantemente el cerebro de Kate. «No solo estamos separados por las circunstancias personales, sino que [pensamiento principal] todo va a empeorar y no hay nada que pueda hacer al respecto.»

Este tipo de pensamientos no resueltos son el principal detonante de nuestros ciclos de sufrimiento. Cuando nuestro cerebro identifica un reto o una amenaza, nos alerta en forma de emoción negativa. Cuando la cuestión no se resuelve, no deja de manifestarse, y cuando la negatividad se combina con la desesperación al no haber salida, la profundidad y la frecuencia del ciclo se intensifican. Pero la razón subyacente de la desesperación es otro pensamiento no cuestionado y a menudo falso, como en el caso de Kate, que hemos examinado aquí. Así pues, la llevé de regreso a nuestra pregunta analítica fundamental: «¿Es eso cierto, Kate? ¿De veras no hay nada que puedas hacer al respecto?».

Después de escuchar esto, Kate me explicó detalladamente las razones por las que llamarse les resultaba tan difícil. Por último, le dije: «Esta no es una respuesta a mi pregunta. Ahora necesito que seas sincera. ¿Hay algo que puedas hacer para mantenerse cerca el uno del otro? Contesta sí o no. Entonces podremos entrar en detalles y explicar la bondad o eficacia de esa decisión».

Como expliqué anteriormente, muchas veces resulta más útil insistir en una respuesta cerrada que en una larga digresión. Como nuestro cerebro siente inclinación a buscar problemas, tiende a exagerar cada reto y se niega a admitir que no es cierto. Intenta mantenernos en un estado de preocupación, y para ello nos arroja toneladas de pensamientos negativos dispersos.

Después de una larga pausa y de lo que pareció cierto conflicto interno, admitió:

—Sí, hay cosas que puedo hacer para que nos mantengamos unidos. Es diferente a lo que teníamos antes, más difícil, pero si lo intento, pudo hacer que funcione.

—La verdad acaba de aparecer —dije yo—. Solo tenemos que insistir en recibir nada menos que eso de parte de nuestro cerebro. Dame un ejemplo de algo puedes hacer.

—Bueno, las videollamadas tienen cierto encanto. Me recuerda a cuando salíamos. Son románticas y, sinceramente, si me quedo despierta un poco más tarde, podemos llamarnos cuando para él está amaneciendo, y esa es su hora favorita del día.

Le concedí un momento para reflexionar sobre ello antes de preguntar:

—Entonces, Kate, ¿hay algo que puedas hacer para reducir el riesgo de que se alejen?

—Sí —respondió ella de inmediato, con un brillo en los ojos.

Así que le dije…

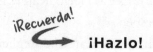

¡Recuerda! ¡Hazlo!

Nuestras acciones y actitudes son lo único que podemos controlar. Pídele siempre a tu cerebro soluciones que puedas aplicar en el mundo real. Si no se lo pides, tu cerebro se quedará en su zona de confort y seguirá buscando problemas. Cuando descubras que hay algo que puedes hacer, comprométete a hacerlo lo mejor posible. Y aunque esto no siempre resuelva el reto que estás afrontando, sin duda mejorará un poco las cosas. Para empezar, disipará tu desesperación y te hará sentir empoderado.

En cuanto te involucres en el análisis y la acción, suspenderás el ciclo del sufrimiento, detendrás el pensamiento incesante y te sentirás inmediatamente mejor.

Kate siguió diciendo: «Lo extraño. Me siento sola sin él».

Y sin duda esa afirmación era verdadera. Verás que todas tus afirmaciones emocionales lo son. Al menos, lo son para ti. No podemos negar cómo nos sentimos, aunque deseemos sentirnos de otra forma.

Lo que sientes siempre es verdad.

También es cierto que no puede hacer mucho al respecto. Extrañar a alguien a quien amamos cuando está lejos es un hecho. No podemos evitarlo. Cuando no hay nada que podamos hacer respecto a un desafío que estamos afrontando, llega la hora de la mayor destreza relacionada con la felicidad.

¿Puedes aceptarlo y comprometerte?

—Kate —dije yo—, soy de Oriente Medio. Sé lo que es tener que pedir permiso para entrar en un país extranjero. Así es nuestro mundo, tristemente. Es posible que Leo y tú no tengan la oportunidad de estar juntos, como amantes, durante mucho tiempo, quizá nunca. Espero que no sea el caso, pero, si es así, ¿qué harás para mejorar un poco la situación?

Ella respondió:

—Quiero que sea mi amigo.

—Entonces sé su amiga. Deja de mostrar sospecha, celos y enojo y empieza a actuar como una amiga. Esto no resolverá la cuestión de la visa, pero salvará lo que se pueda salvar.

Mi conversación con Kate duró muchas horas y se extendió varios días. Necesitábamos abordar cada pensamiento con diligencia y a veces volvíamos a examinar el mismo pensamiento de la misma manera en reiteradas ocasiones. A menudo ella recaía en pensamientos negativos, los de siempre, y en las emociones negativas asociadas a ellos. Al volver a preguntar «¿Es eso cierto? ¿Puedes hacer algo al respecto? ¿Puedes aceptarlo y comprometerte?», siempre brotaba la lucidez. La lucidez traía la paz, y la paz permitía a Kate tomar las decisiones adecuadas.

No puedo ofrecerles un final feliz de comedia romántica de Hollywood y decirles que Kate y Leo encontraron la forma de volver a estar juntos. Solo puedo decir que, mientras escribo estas líneas, Kate es feliz, es capaz de aceptar las circunstancias de su vida, está centrada en su carrera (uno de los factores responsables de su situación) y abierta al fluir de la existencia. Ya no sufre la tortura de la carga de los pensamientos incesantes e innecesarios.

¿Acaso la vida no era esto?

Capítulo doce

El artista que hay en ti

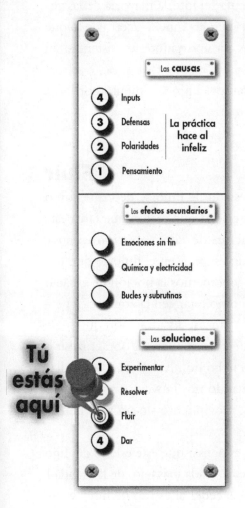

Las causas

4 Inputs
3 Defensas
2 Polaridades
1 Pensamiento

La práctica hace al infeliz

Los efectos secundarios

Emociones sin fin
Química y electricidad
Bucles y subrutinas

Las soluciones

1 Experimentar
Resolver
Fluir
4 Dar

Tú estás aquí

Cuando empecé mi carrera en IBM, aprendí a trabajar con minicomputadoras. Esas máquinas no tenían nada de mini (eran del tamaño de un coche pequeño), pero eran muy pequeñas en comparación con la computadora central (que ocupaba una habitación grande). Una de los primeras minicomputadoras fue la System/36, muy bien recibida por el sistema bancario debido, entre otras cosas, a su capacidad para realizar procesamiento por lotes. El término *procesamiento por lotes* se utilizaba mucho en los sistemas industriales para aludir a un proceso industrial ejecutado en lotes, como ejecutar un programa de pagos para toda a una empresa de la noche a la mañana. Solo había que iniciar el lote y dejar la máquina funcionando. Parece primitivo en comparación a las computadoras de hoy, pero el procesamiento por lotes era extremadamente útil en tareas como cuadrar las cuentas en un banco. Optimizado para realizar tareas repetitivas y de gran volumen, la ejecución por lotes se utilizaba para actualizar la información en bases de datos relevantes, generar informes, imprimir documentos y otras tareas no interactivas que deben completarse de manera fiable dentro de ciertos plazos comerciales. En cuanto se verificaba la capacidad de la computadora para ejecutar el lote, la mayoría de las veces se realizaba sin problemas y sin «pensar» mucho acerca de lo que se necesitaba. Era el paraíso de los administradores de sistemas: sin esfuerzo y sin errores.

Los seres humanos también usamos el procesamiento por lotes. Es un estado conocido como «fluir».

Fluir

En psicología positiva, el fluir, o estado de flujo, se describe como un estado mental en el que una persona que realiza una tarea está plenamente inmersa en la sensación de concentración intensa, compromiso pleno y goce. Cuando estamos en el flujo, lo que hacemos nos absorbe por completo y perdemos la noción de espacio y tiempo. A menudo se describe como estar «en la zona»; casi perdemos el contacto con el mundo exterior. Es un estado que suele asociarse a los artistas cuando crean o interpretan sus obras maestras o a los atletas cuando compiten al máximo nivel. Bruce Lee lo llamaba el «estado de no-mente»: cuando nos movemos sin esfuerzo para ejecutar a la perfección cada movimiento sin un solo pensamiento en nuestra cabeza.

Una idea errónea muy común es pensar que este estado de flujo se restringe a grandes artistas y atletas. Nada más lejos de la realidad. Cada uno de nosotros es capaz de acceder al estado de flujo, y son muchos los que lo consiguen varias veces al día. ¿Recuerdas cuando, de pequeño, jugabas a un deporte con tus amigos y te sentías tan absorbido que perdías completamente la noción del tiempo? ¿O aquel momento en el que te habías dejado llevar y bailabas como si nadie te viera, solo para darte cuenta de que llevabas así una hora y de que estabas empapado en sudor? Son estados de flujo. Pintar, dibujar, escribir y otras actividades creativas normalmente nos ponen en estado de flujo. Los videojuegos, cuando los jugamos en el nivel correcto de dificultad, pueden conducir a profundos estados de flujo. Incluso el trabajo, para aquellos a quienes les gusta lo que hacen, induce, de vez en cuando, estados de flujo.

El flujo ha sido estudiado durante miles de años en las religiones orientales, pero no ha recibido este nombre memorable. Sin embargo, solo se hizo patente a la consciencia de las sociedades occidentales en 1975, cuando el término fue acuñado por uno de mis autores favoritos, Mihály Csíkszentmihályi. Desde entonces, se han llevado a cabo muchas investigaciones para definir ese estatus con precisión. ¿Mi definición personal?

¡Recuerda!

➤ **El flujo es el estado en el que el hacer y el ser se funden en una sola cosa.**

Es diferente a alcanzar un estado de puro pensamiento experiencial, cuando nos concentramos en observar el mundo. También se diferencia del estado de resolución de problemas, cuando nos comprometemos a analizar y cambiar algo. Es una mezcla de ambos. Y aunque previamente hemos acordado que, como regla, nuestro cerebro solo tiene los recursos para realizar una tarea tras otra, **en el flujo ambas tareas parecen coexistir —la pura consciencia y una ejecución sin fallos— y cada una refuerza a la otra**. Sin duda, es lo mejor de ambos mundos: consciencia y rendimiento en uno.

Activar esta mezcla de estados aparentemente contradictorios requiere el uso simultáneo de regiones cerebrales que no se suelen activar a la vez. Requiere un elixir especial de sustancias neuroquímicas que por lo general se anulan entre sí. Al entrar en un estado de flujo, tu cerebro decide que lo que está haciendo es importante y lo bastante estimulante como para prestarle toda su atención. Para funcionar, libera norepinefrina, que es la hormona que se asocia con la respuesta de lucha o huida. Esto nos hace estar más alerta y concentrados, y mejora el control muscular. En el caso del flujo, sin embargo, no provoca estrés porque hay una liberación simultánea de serotonina, el neuroquímico calmante que asociamos a la felicidad y a la activación de nuestro sistema nervioso parasimpático. Combínalos a la perfección y obtendrás un rendimiento impecable rodeado de felicidad y calma. ¡Genial! Y se pone aún mejor. En el flujo, también liberamos dopamina, lo que aumenta aún más nuestra concentración, así como la motivación y las habilidades de reconocimiento de patrones. También producimos anandamida, que mejora la memoria y las capacidades cognitivas, ayudándonos a pensar de forma creativa. Simplemente, es el cóctel perfecto de neurotransmisores. No podrías pedir una mezcla mejor. ¡Salud!

Otra observación interesante es que cuando estamos en el flujo, nuestros cerebros reducen su marcha hasta las ondas theta, que se activan durante la meditación, lo que calma nuestro cerebro en todos los ámbitos. Como resultado, muchas funciones cerebrales que nos distraen se desconectan, lo que nos permite entrar en ese estado de paz para el que los monjes entrenan durante años. Magia. Pero lo mejor aún está por llegar.

Cuando estamos en el flujo, nuestros cerebros activan lo que se conoce como «hipofrontalidad transitoria». Esto sucede cuando ciertas partes de nuestra corteza prefrontal están deshabilitadas temporalmente. Antes hemos asociado la hipofrontalidad con el trastorno por déficit de atención y, en consecuencia, con la infelicidad.

En este caso, sin embargo, solo parece desactivar las partes de la corteza prefrontal asociadas con la autocrítica. Esa voz persistente que te dice que no lo vas a hacer bien o que no eres lo suficientemente bueno se queda en silencio. Aparece la sensación de libertad, y es entonces cuando se manifiesta el genio.

Al dejar de criticarnos a nosotros mismos, paramos de malgastar ciclos cerebrales en sobreanalizar y en pensamientos del tipo «¿Qué pensarán de mí?». En cuanto este cerebro agobiante se detiene, empezamos a interactuar con la realidad de forma más instintiva. Comenzamos a llegar al tipo de toma de decisiones al que normalmente somos incapaces de acceder de forma consciente. Nos convertimos en el Neo de *Matrix*. Todo parece tornarse más lento y nos descubrimos capaces de avistar y esquivar una bala sin pensar en ello. Con el mínimo esfuerzo. Y el máximo rendimiento. El sueño de un ingeniero.

El flujo ha llamado mucho la atención en la última década y se ha convertido en un tema de moda, debatido en el mundo de los negocios, de los deportes y de las artes. Como pasa con todo aquello con lo que se obsesiona nuestra sociedad moderna, lo hemos comercializado y lo hemos hecho parecer un privilegio reservado solo para quienes trabajan duro o para quienes pagan a un consultor o a un entrenador con el objetivo de alcanzarlo.

Pero esto no es así en absoluto. El flujo forma parte de todos nosotros. Podemos cultivarlo como nuestra verdadera naturaleza siguiendo unos pocos y sencillos pasos.

Es hora de practicar.

El flujo no es un estado reservado a músicos y atletas de élite. Podemos encontrarlo en cada una de las actividades que realizamos.

Tan solo necesitamos saber cómo dirigir nuestro cerebro... hacia la zona.

Es más fácil que los principiantes empiecen con tareas que les apasionen y disfruten de verdad.

EJERCICIO PRÁCTICO
ENCUENTRA EL FLUJO

Objetivo	Fluir a voluntad
Duración	30 minutos (o el tiempo que necesites)
Repetición	Repítelo infinitamente en cada tarea que realices
Lo que necesitarás	Nada, en realidad. Tan solo algo que hacer y un poco de tiempo

A mí, por ejemplo, me gusta lavar los platos; me relaja. Por lo tanto, usaré esta tarea aparentemente trivial aquí. Si no eres un orgulloso lavaplatos (por supuesto que no lo eres), elige tu tarea: preparar café, peinar a tu gato, hacer un sudoku o crear presentaciones para el trabajo. Todo está bien, siempre y cuando sea una tarea que disfrutes.

Cuando la tarea es demasiado fácil, para llevarla a cabo no utilizamos todo el poder del procesamiento de nuestro cerebro. El poder de procesamiento

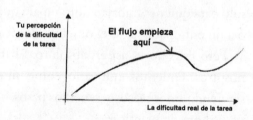

sobrante deja espacio para la divagación de la mente. Para encontrar el flujo, tenemos que ajustar la dificultad de la tarea al alza, de modo que suponga un reto, pero no excesivo.

En cuanto la tarea se vuelve más difícil, la capacidad para realizarla declina hasta que el flujo entra en acción. En cuanto irrumpe, casi como si fuera un segundo aliento, la tarea se vuelve más sencilla.

Cuando jugaba videojuegos con Ali, me daba cuenta de que no podía permanecer completamente absorbido en el juego, suspendiendo mis pensamientos, hasta que jugaba en los niveles más difíciles. Solo cuando el juego suponía un reto, mi cerebro se ajustaba a él y lograba encontrar el flujo. En cuanto el juego se tornaba más complejo, a mí me parecía más fácil. Pruébalo. Es fascinante.

Complicar la tarea es sencillo en el caso de un videojuego, pero ¿qué ocurre con tareas más simples y repetitivas, como lavar los platos? La complicamos elevando el estándar de calidad en cada repetición de la tarea. Cuando lavo platos, tomo cada uno de ellos, lo lavo minuciosamente, lo seco por completo, lo inspecciono con atención, lo repito si es necesario y lo coloco en el lugar que le corresponde, antes de ir por el siguiente plato. Me esfuerzo en no malgastar agua ni salpicar por doquier. ¿Es esto necesario para la tarea? No. Pero es vital para mi capacidad de disfrutar del flujo.

¡Recuerda!

Para encontrar el flujo, haz la tarea solo un poco más difícil que tu capacidad actual, pero no demasiado.

Evidentemente, cuanto más lo practiquemos, más fácil resultará la tarea —una vez más, como un disco rayado— debido a la neuroplasticidad. Cuantas más veces alcancemos el estado de flujo, más fácil nos resultará encontrarlo. Créeme, soy escritor. Sé, sin ningún ápice de duda, que eso es cierto.

Para permanecer en el flujo, procura que la tarea sea un poco más difícil cada vez que la repites, de modo que continúe siendo un desafío a pesar de que tu competencia en ella siga mejorando.

En cada repetición, aspira a la mayor calidad de la microtarea que tienes entre manos. No te impongas objetivos que impliquen más de una tarea y no te concentres en el objetivo de la actividad total.

Hay que lavar bien cada plato. No te preocupes por secarlo aún y no pienses en el resto de platos que esperan en la tarja. No te limites con objetivos. No intentes acabar el lavado de platos en quince minutos.

Concéntrate en cada plato individual y en cada movimiento.

Debes aplicar tu máxima concentración a cada microtarea individual.

Cuando nos ponemos grandes objetivos, nuestra atención se aleja de la experiencia y se desplaza a la planificación y la preocupación por el futuro y

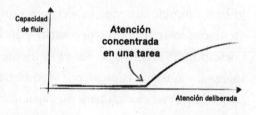

cómo será la línea de meta. En el flujo no existe la línea de meta. Esta se encuentra en cada segundo del proceso.

Otra clave del éxito es comprender que el flujo es muy frágil. Se trata de un proceso fabuloso que fácilmente puede desaparecer una vez interrumpido. Encontrar el flujo requiere de una mente despejada y de una atención no dividida. Solo se mantiene si no se ve perturbado. Por lo tanto…

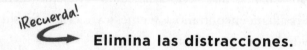

Elimina las distracciones.

Déjate absorber plenamente por la tarea sin que nada perturbe tu atención. Si estás lavando los platos, lávalos. No veas una serie en la televisión. Si quieres bailar, deja de lavar los platos y fluye danzando. Si quieres fluir mientras juegas un videojuego, no hables con otros jugadores, víciate y concéntrate. Las distracciones sacuden tu estado de flujo. Las interrupciones lo derrumban por completo. Prepara tu entorno eliminando todas las posibles interrupciones. Apaga tu teléfono celular y dile a tu madre o a tu compañero de departamento que necesitas un tiempo solo. No permitas que nada interrumpa tu flujo. No veas el teléfono en busca de mensajes. Te estarán esperando cuando hayas acabado. ¿Alguna vez has visto a un pianista tocar una obra maestra mientras alza la vista para comprobar si al público le está gustando? Cuando se accede al flujo, el mundo entero pasa a un segundo plano. Nada importa salvo lo que estás haciendo. Incluso el mero gesto de mirar la hora te expulsaría de la zona.

Pon un cronómetro, no con la intención de que te indique cuándo parar, sino más bien para saber cuánto tiempo tiene que pasar antes de que te permitas

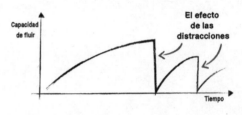

parar. Una vez establecido este recordatorio, no sentirás el impulso de volver a comprobar la hora, y entonces podrás concentrarte plenamente en la tarea que tienes entre manos.

El flujo se encuentra en la ausencia de tiempo.

Te sorprenderá hasta qué punto, cuando estamos en el flujo, ni tan siquiera nos importa el tiempo. Queremos acabar la tarea. Yo suelo reiniciar el temporizador cuando suena varias veces antes de detenerme.

Deja nuestro mundo atrás. No hay un gran objetivo ni una presión temporal: disfruta de lo que estás haciendo. Encuentra tu flujo —tu máximo nivel de paz y rendimiento—; desearás quedarte ahí el resto de tu vida.

Capítulo trece

La misión está a la derecha

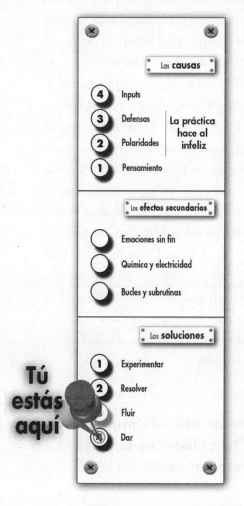

Experimentar, resolver y fluir. Estos patrones cerebrales son un camino seguro hacia la felicidad. Detienen tus pensamientos incesantes a través de un acto de atención deliberada. Cuanto más los practiques, en mayor grado pasarán a ser tu método por defecto a la hora de afrontar los retos que la vida interpondrá en tu camino. Incluso en medio de la tragedia que supuso perder a Ali, pronto mi cerebro se centró en lo bueno, observando la verdad y resolviendo el problema. Estos «pensamientos útiles» te influyen de una forma más profunda que la mera eliminación de la pena, porque son los verdaderos pilares del éxito en nuestro mundo moderno.

370 Esa vocecita en tu cabeza

Felizmente exitoso

Una gran diferencia entre los que fracasan y los que lo logran es la tendencia a cambiar enseguida a pensamientos útiles cuando la vida cambia de curso. Algunos de los mejores emprendedores con los que he trabajado viven constantemente en ese estado de pensamiento útil. Ninguno de ellos es tan afortunado como la gente piensa. Cuando surgen problemas, no buscan un lugar tranquilo para quejarse y maldecir la vida. No tienen tiempo para eso. En cambio, muestran su verdadero rostro. Lo que hacen es experimentar: convocan una reunión con sus equipos para recopilar la mayor cantidad de datos sobre la situación como sea posible. Resolver problemas: consideran todas las soluciones posibles para superar el desafío, priorizan y toman decisiones. Y luego fluir: una vez que se toma una decisión, se concentran en su ejecución. Despejan su mente de pensamientos de pérdida y se ahorran el drama. Sintonizan y ponen cada gramo de su atención en la tarea que tienen entre manos. Puede que no sea fácil —nada que valga la pena lo es—, pero a pesar de todo sienten la emoción de superar los retos. A pesar de todo, independientemente de las dificultades, se sienten llenos de energía, decididos. Se sienten felices. Créeme cuando te digo que mis decisiones de inversión en start-ups se han guiado principalmente por cómo de feliz, en paz y concentrado está el fundador bajo presión. Aquellos que pierden su capacidad de detener el parloteo cerebral y practicar el pensamiento útil acaban perdiendo su negocio y, con él, mi inversión.

¡Muy importante!

El pensamiento útil —la principal razón neuronal para la felicidad— es también el mayor secreto del éxito.

Sin embargo, al modelo Experimentar-Resolver-Fluir le falta el pensamiento más útil de todos, el pensamiento que nos incita a hacer lo que más felices nos hace: ¡Dar!

Cinco años después de la muerte de Ali, yo estaba en el escenario en un ciclo de conferencias titulado «Wisdom in Business», celebrado en Ámsterdam. Al final de una hora de conversación intensa, el presentador me preguntó cómo me sentía por la muerte de Ali hacía cinco años. «Por un lado, el dolor de su pérdida no desaparece. Cada día lo extraño», expliqué. «Sin embargo, por otro lado, nunca me he sentido tan feliz.»

El auditorio, compuesto por más de quinientas personas, cayó en un silencio total. Todas las miradas convergían en mí, y yo no pude contener las lágrimas. La plática tuvo lugar al final de un largo día en el que había interactuado con muchos lectores de *El algoritmo de la felicidad*, que compartieron amablemente conmigo hasta qué punto el libro les había ayudado a cambiar.

«Nunca en mi vida había sentido tanto amor», dije. «Todos esos abrazos y palabras de gratitud. Todos los mensajes que he recibido, toda la gente que viene y me da la mano mientras estoy sentado en una cafetería en alguna parte de nuestro vasto mundo, no porque yo sea una especie de celebridad con la que quieren tomarse una selfi, sino porque me consideran un amigo, alguien que les ha ayudado en un difícil tramo de su vida. Es un gran honor. Es demasiado para mi corazón. Me siento agradecido más allá de lo que puedo expresar con palabras, y al mismo tiempo humilde más allá de mi comprensión. Ha sido uno de los muchos regalos que mi maravilloso hijo Ali, mi sol, me entregó antes de abandonar este mundo. Era como si cuando la vida se llevó el infinito amor que él volcaba en mí, me concediera el único don que podía equipararse a ese amor: el amor de cientos de miles de maravillosos seres humanos que han emprendido su camino para llegar a ser como Ali.

«A pesar de todos los años que he pasado investigando la felicidad, hasta entonces no me había dado cuenta de que nada puede hacernos más felices que hacer feliz a otra persona. Y me he impuesto el objetivo de llegar a mil millones.

»Es curioso si lo pienso, pero aunque al principio veía mi misión como un intento de devolver algo al mundo, nada me ha dado nunca tanto. Aunque mi misión es hacer felices a los demás, cada día soy más feliz yo mismo.

»Ali no volverá. He aprendido a aceptarlo, y el dolor permanece. Sin embargo, si sumamos todo el amor y la bondad que he recibido cada día, el resultado es sencillo. Nunca me he sentido más feliz. Nunca he estado más en paz.

»Esta alegría no es exclusiva de quienes se ponen grandes objetivos y misiones. La sentirás cada vez que ofrezcas algo para mejorar la vida de otro. Si todo lo que hacemos en la vida, en cierto modo, es nuestro intento de alcanzar, de una forma u otra, este sentimiento glorioso que llamamos felicidad, entonces dar podría ser la cosa más egoísta que podemos hacer. ¡Qué cosa más extraña!»

A través de las brillantes luces que me iluminaban en el escenario, pude ver que muchos se habían unido a mí en mis lágrimas, mientras el presentador concluía: «Creo que no hay nada más que decir».

A lo largo de este libro he compartido contigo algunas de las cosas estúpidas que hice en mi vida y que me hicieron infeliz a mí y a los que me rodeaban. En esta última historia, quiero compartir contigo aquello con lo que me tropecé y que, sin intención previa, hizo de mí el hombre más feliz del mundo. Este capítulo final solo te pide una cosa...

¡Muy importante!

Dar. Es lo más inteligente que puedes decidir hacer.

Dar

«¿De qué manera dar me va a resultar de utilidad?», podrías pensar. «Si doy el dinero que con tanto sudor he ganado, acabaré en la miseria. Si doy mi tiempo, acabaré cansado, agotado.» ¿De verdad crees eso?

Si es así, estás equivocado. Muy equivocado.

Dar es obviamente bueno para aquellos que reciben, pero ¿podría ser bueno también para ti? Para identificarlo, necesitas ver con claridad y desde la perspectiva de un maestro. Permite que te lo explique.

El acto de dar implica, obviamente, a dos entidades: el que da y el que recibe.

La suposición evidente a simple vista es que cuando un regalo pasa de quien da a quien recibe se suma a lo que el receptor tiene y se resta a lo que quien da solía tener.

Sin embargo, esto no es cierto en absoluto. Esta percepción del dar es una visión errónea propia de quienes no dan. Es una ilusión óptica masiva que se pierde muchos detalles que se identifican a través de una inspección atenta y el cuestionamiento de los supuestos fundamentales. Si abres tu mente, descubrirás que el acto de dar no reduce necesariamente lo que quien da solía tener, y no implica necesariamente que el regalo pase de una entidad a otra. Si quieres descubrir la verdad y ser más generoso, aprende a plantearte cuatro preguntas:

¿Aferrarse a las cosas tiene un costo?

¿Lo que das es tuyo siquiera?

¿El acto de dar aporta algún beneficio?

¿Hay alguna diferencia entre quien da y quien recibe?

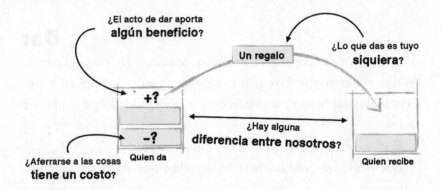

¿Aferrarse a las cosas tiene un costo?

Lo primero que debes cuestionarte cuando no quieres dar algo es: ¿cuál es el verdadero valor de conservarlo?

A menudo, pensamos en el valor de lo que podemos dar, pero no reconocemos el costo ahorrado por no conservarlo. Pensamos que eso simplemente está allí y no cuesta nada mantenerlo. Pero cuesta. Todo lo que invitamos a nuestras vidas tiene un costo. Algunas veces no reconocemos ese costo porque el beneficio lo supera, pero cuando el beneficio disminuye, nos aferramos a esas «cosas» ignorando el costo. Las conservamos a pesar de que el único impacto que esas cosas tienen en nuestra vida es agotarnos.

Lo aprendí de primera mano cuando coleccionaba coches clásicos. Esas hermosas obras maestras del arte de la ingeniería eran tan seductoras que yo invertía una significativa cantidad de mi tiempo y atención buscándolas. Cuando descubría que uno se vendía, tenía que hacer el esfuerzo de ir a verlo. Rara vez era como se publicitaba. Estas cosas requieren trabajo… muchísimo trabajo. Tenía que inspeccionarlos, invertir tiempo y dinero en su compra, y más tarde, tras el primer arrebato de felicidad al conducirlos a casa, solía descubrir desperfectos ocultos. Tenía entonces que arreglarlos, restaurarlos, mantenerlos, renovar los registros, limpiarlos, estacionarlos, cubrirlos, desconectar sus baterías cuando me iba de viaje y conducir al menos treinta kilómetros a la semana con cada uno de ellos, aunque no tuviera tiempo. Cada uno de estos pasos tenía un costo que yo debía pagar con mi tiempo, esfuerzo, dinero y estrés.

No me malinterpretes: la alegría del proceso era real. Para un friki como yo no hay nada más gratificante que restaurar una antigua maravilla de la ingeniería y devolverla a su gloria original. Pero el costo era significativo e innegable, y no solo se medía en dinero.

Cuando adquirimos cada vez más cosas, se nos olvida que…

¡Cuantas más cosas poseemos, más cosas nos poseen!

Esto no solo es cierto en el caso de los productos de lujo. Hace poco Aya trajo un gatito a su vida. Esa bolita preciosa duerme dieciséis horas al día, y cuando se despierta, a menudo entre la medianoche y las tres de la mañana, corretea, derrapa y brinca por el piso de Aya. Me salta al pecho cuando la visito, y al pecho de Aya cuando yo no estoy allí. Es adorable la primera vez, pero resulta muy molesto a la tercera noche. Si cierras la puerta, maúlla sin parar y te despierta de todas formas. La dejas entrar y suelta pelo por todas partes. Los medicamentos para la alergia se convierten en bienes de primera necesidad, todo por la alegría de ver a esa cosita mimosa y peluda correteando por doquier. En cuanto te despiertas, exige tu atención. Pide ser alimentada, no le gusta lo que le ofreces y maúlla sin fin hasta que se lo cambias por otra cosa, luego vomita en el momento exacto en el que te apresuras a salir por la puerta. La gatita es la que manda y lo será durante mucho tiempo. ¡Qué alegría!

A muchos de nosotros nos encantan los gatos. A mí también. Pero es importante admitir que tener un gato cuesta tiempo, estrés y dinero. «Los perros son mejores», casi puedo oírselo decir a los amantes de los perros, y ni siquiera voy a aventurarme a especular lo que cuesta mantener a uno de estos animales. Perdería a muchos lectores. Digamos que no salen gratis. Si ves a alguien recoger el excremento de un perro en la calle, ya sabes quién trabaja para quién. No se trata de negar la alegría que brinda el amor incondicional de un animal doméstico, pero implica un costo que no podemos ignorar.

Lo mismo ocurre con cualquier cosa que dejamos entrar en nuestra vida. Incluso una camisa necesita ser lavada, planchada y doblada. Ocupa un espacio en el clóset. Si la sustituimos por una camiseta, nos ahorraremos la plancha, pero la lavadora seguirá necesitando agua, detergente y mantenimiento. Tienes que cargar y proteger tu teléfono. Incluso el propio dinero tiene un costo. En cuanto lo ganas, tienes que mantenerlo a salvo e invertirlo. Tienes que lidiar con los mensajes que te envía tu banco y cumplimentar las declaraciones de hacienda. Por su mera existencia, incluso aunque no hagamos nada al respecto, probablemente el dinero supondrá el costo de la devaluación de su valor.

¡Recuerda!

Los beneficios de lo que dejamos entrar en nuestra vida son innegables, pero todo tiene un costo que no podemos ignorar.

Y luego está el costo de oportunidad, un término empresarial que se refiere a las oportunidades perdidas como un costo. Piénsalo. Si puedes obtener unos beneficios garantizados de 100 dólares y los dejas pasar, podrías decir que perdiste 100 dólares. Esta pérdida podemos representarla con el costo de conservar las cosas. Tanto si algo añade o no beneficio a nuestra vida, su presencia nos impide realizar otras cosas. Las repisas donde guardamos nuestras camisetas es un espacio limitado. Si la llenas, perderás la oportunidad de comprar ese otro top tan lindo que viste. Si lo compras, el desorden se impondrá en tu clóset. Si llenas tu vida con «amigos» que te desmoralizan y te hacen infeliz, perderás la oportunidad de hacer verdaderos amigos que te llenen y te hagan sentir mejor.

¡Recuerda!

Aquello a lo que nos aferramos ocupa el espacio que necesitamos para llenar la vida de todo cuanto nos enriquece.

Con esto en mente, empieza preguntándote si realmente necesitas todo lo que tienes. Este vestido que ya no te queda, esa vieja chamarra que sabes que no te volverás a poner, ese dinero extra que podrías deducir de los impuestos si lo donaras a una organización benéfica. ¿Qué costo tendría todo eso? Y si te liberas de todas esas cosas, ¿cuánto espacio liberarán para que puedan sustituirlos nuevas oportunidades y experiencias?

Piensa en todas las cosas de tu vida que no te perderías si todo eso desapareciera. ¿Cuánto te costaría renunciar a todo eso? Piensa en todas las horas que pasas dándote atracones de series en Netflix. ¿Cuál es el costo? ¿Y qué ganarías si invirtieras algunas de esas horas haciendo un voluntariado o enseñando algo que se te da bien?

¡Muy importante!

Lo que conservas tiene un costo y lo que posees no lo extrañarás. DALO TODO.

¿Lo que das es tuyo siquiera?

Nuestra perspectiva de lo que significa «dar» se vuelve aún más interesante cuando nos damos cuenta de que, a menudo, lo que tenemos ni siquiera es realmente nuestro. Solo necesitamos distanciarnos un poco y ampliar la perspectiva para darnos cuenta de esta verdad.

Responde a esta pregunta: ¿dónde están todas las cosas que fueron tuyas durante tu infancia? ¿Por qué ya no son tuyas? ¿Cuántas de las cosas que has tenido anteriormente, a lo largo de los años, te siguen perteneciendo? ¿Acaso los juguetes se rompieron? ¿Perdiste tus cuadernos para colorear? ¿La ropa te quedó muy pequeña? ¿Por qué no las sigues teniendo el día de hoy? ¿Qué pasó con cada uno de los dólares que ganaste? Tal vez ahorraste algunos, pero el resto desapareció, ¿verdad? Nunca fueron tuyos. Durante un breve tiempo estuvieron bajo tu custodia, antes de pasar a la custodia de otra persona, que los conservó durante un tiempo y los pasó a su vez. Si aún conservas tu vestido de novia o tu álbum de música favorito en vinilo, ¿crees que serán tuyos para siempre? ¿De veras siguen siendo tuyos cuando ni siquiera los usas o te limitas a guardarlos en un clóset? ¿Nunca te separarás de ellos? ¿Qué pasará cuando venga la muerte a visitarte? ¿Cómo los conservarás entonces?

Las matemáticas son inequívocas. **La vida es un juego de suma cero.** Llegamos a la vida con las manos vacías, reunimos cosas durante un tiempo y partimos sin nada. A lo largo del camino no poseemos nada. **Tan solo alquilamos algunas cosas**, porque...

No hay nada realmente tuyo.

La situación es aún más evidente si ampliamos nuestra comprensión del espacio. Piensa en alguna posesión que hayas dejado en casa esta mañana. Esa televisión o esa consola de videojuegos que tanto te gustan, por ejemplo. ¿De veras son tuyos cuando estás en el trabajo? ¿Puedes encender la televisión y ver las noticias? ¿Qué sucede si necesitas la caja de herramientas cuando visitas a un amigo pero la dejaste en casa? ¿Son tuyas las herramientas? Ahora piensa en todas las cosas que consideras de tu propiedad y aplica la misma lógica.

¡Recuerda!

Las cosas solo son nuestras cuando las utilizamos.

Pensemos en aquello que en mayor medida asociamos con la propiedad: nuestro dinero. ¿Acaso tu dinero es tuyo en algún momento? Es indudable que no lo era hasta que lo ganaste. El día de pago aparece en tu cuenta bancaria, lo que técnicamente significa que es tu banco quien lo posee y te entrega una tarjeta que te permite usar una pequeña cantidad (no todo, porque hay límites al dinero que puedes retirar). Además, te harán preguntas si pretendes retirar grandes sumas de efectivo o haces una transferencia a un amigo con un apellido habitual en Oriente Medio. Esto significa que tienen el suficiente control como para que el dinero no sea tuyo cuando ellos así lo deciden. Por supuesto, si tu banco cae en bancarrota, tu dinero desaparece con ellos, lo que plantea la siguiente pregunta: ¿de quién era el dinero? El único momento en el que el dinero es tuyo es cuando te acercas a un cajero y extraes cierta cantidad. Ahora lo tienes en las manos. Es tuyo (una risa malvada sería apropiada aquí, mientras alzas las manos al cielo y sacudes los billetes con gesto violento). Lo tienes, pero ¿cuánto vale? Nada. Solo es un montón de papel que no aporta ningún valor a tu vida hasta que decides gastarlo. Ese instante, ese microsegundo, es el único momento en el que realmente posees tu dinero; pero, en ese mismo instante, desaparece. Deja de ser tuyo. Ahora pertenece a la persona a la que se lo entregaste, aunque en realidad ella tampoco lo posee.

¡Recuerda!

Tu dinero no es tu dinero hasta que lo gastas y... en cuanto lo gastas, deja de ser tuyo.

Lo único que tienes ahora es el bien por el que has intercambiado tu dinero, por ejemplo, un abrelatas. Evidentemente, la misma lógica se aplica al abrelatas, que la mayor parte del tiempo es inútil hasta que lo llevas a la cocina y lo aferras en tu mano para que una lata afronte su destino. El abrelatas es tuyo unos doce segundos y luego, durante semanas, pertenece al cajón del mueble de la cocina. Nada es tuyo durante más de unos segundos, minutos u horas cada vez, y luego pertenece a alguna otra persona. Te lo dije: la vida funciona bajo un régimen de alquiler.

La ilusión de la propiedad solo se nos revela cuando perdemos lo que creíamos poseer. Cuando los viajeros pierden su equipaje de mano, a menudo descubren que ni siquiera recuerdan todo lo que había en él. Durante un breve tiempo sufren la pérdida de un cargador de teléfono o un valioso anillo y siguen viviendo. Compran otro cargador y se ponen otro anillo. La mayoría olvidan la pérdida, salvo los que se obsesionan con ella porque era el anillo de su abuela y tenía un gran valor sentimental. Sin embargo, perder el anillo no degrada la figura de su abuela ni hace que se le quiera o se le recuerde menos. Lo digo yo, que soy una de esas personas. Siempre llevo varios collares, modestamente ensartados en un pequeño mueble diseñado para ello, que me regalaron o que me recuerdan a seres queridos. Uno de ellos es el arete de Ali. Desde que él abandonó nuestro mundo, se ha convertido en mi posesión más valiosa. Una vez lo perdí. Lo olvidé en un hotel mientras salía corriendo para subirme a un vuelo. Cuando me di cuenta de la pérdida, fue como si un puñal me hubiera atravesado el corazón. Me encontré atrapado en un vuelo de larga distancia, incapaz de llamar al hotel para preguntar si lo habían encontrado. Durante una hora, me enojé mucho conmigo mismo. Me dije cosas como «¿Cómo podré vivir sin el arete? Es lo único que me queda de mi hijo». Me torturé con esos pensamientos hasta que recordé...

Nunca fue mío, ni tampoco suyo.

No era lo único que tenía de Ali. Todo Ali está conmigo. Vive en mi interior. Toda la risa, la alegría, la sabiduría. Cada recuerdo y cada palabra que me dijo. Cada pensamiento de amor que me recuerda a él. Él está siempre conmigo. Esos momentos y experiencias son mi única posesión verdadera. No necesito una pieza de metal que me recuerde a Ali. Yo soy Ali.

La pérdida nos despierta de nuestra ilusión. Los momentos en que sufrimos la mayor pérdida son los momentos en los que la verdad nos libera.

Al final, la propia vida se convierte en lo único que poseemos mientras vivimos, e incluso eso es alquilado. Lo que creemos poseer equivale, simplemente, a nada. Cuando se enfrentan a la verdad de nuestra fragilidad, caen las máscaras de nuestro ego. Solo entonces reconocemos que somos básicamente iguales. Que un coche de lujo o un traje caro no son más que una apariencia bajo la que nos escondemos y que, más pronto o más tarde, nos serán arrebatados.

Quizá no haya una mejor manifestación de todo esto que el peregrinaje islámico a La Meca. Cada año, más de nueve millones de peregrinos se reúnen en esta pequeña ciudad desértica y montañosa para dejar atrás su vida terrenal. Los hombres solo visten dos trozos de tela blanca que simbolizan los harapos en los que se envuelve a los cuerpos de los musulmanes antes de ser depositados en sus tumbas. Las mujeres visten sencillos vestidos y velos. No hay zapatos ni relojes lujosos, nada de llaveros con logotipos de coches caros y nada de ropa a la moda tras la que ocultarse. Cuando los rituales del hach, nombre que recibe esta peregrinación en árabe, concluyen, los hombres se rapan la cabeza y en las pocas horas que quedan despiertan a una única verdad: que sin todo lo que acumulamos en la vida para alimentar nuestro ego, somos exactamente, y en esencia, iguales. El espectáculo es de una magnificencia inspiradora. En ausencia de las máscaras ególatras tras las que nos ocultamos, es imposible distinguir al rico del pobre, al turco del marroquí. Quién ha sufrido fracaso escolar y quién se ha doctorado. Todos son exactamente iguales. El otro aspecto inspirador de esta experiencia consiste en que cuando nos despojamos de todo y apenas unos harapos cubren nuestro cuerpo, vivimos las vidas de los necesitados. Recordamos que podríamos haber nacido en su lugar. También descubrimos que necesitamos mucho menos de lo que creemos.

En cuanto reconocemos esta verdad, dar a los demás se empieza a parecer a dar a nuestro propio hijo o a un ser querido. En cuanto reconoces las bendiciones que te han sido concedidas, resulta difícil negar lo que de verdad importa. Ayudar y dar —lo poco que te quede— se convierte en la única acción lógica.

¡Recuerda!

→ **La sensación de haberse liberado del apego es una de las alegrías más intensas.**

Pruébalo tú mismo. No te limites a leerme. Busca una vieja chamarra en tu clóset; la típica que te gusta pero que apenas usas. Despídete de ella. Ve a alguien que la necesite y entrégasela. Cuéntame cómo te hace sentir. La alegría de dar sumada al gozo de haberte liberado del apego a tus posesiones. Reserva treinta segundos de tu tiempo en un día ajetreado y, en lugar de apresurarte, sonríe y haz un cumplido al mesero que te prepara el café. Dime si eso no te resulta más delicioso aún que cualquier café que te hayas podido tomar.

Ningún coche me ha hecho nunca más feliz que en el momento de desprenderme de él. De todos los autos que he coleccionado, y he coleccionado muchos, he donado algunos para ser subastados con fines benéficos, he vendido otros y he donado el dinero, y he ofrecido algunos a amigos que los necesitaban a precio nominal. Ahora solo tengo guardados los dos Rolls-Royce que se hicieron famosos porque los mencioné en mi primer libro. Los conservo mientras aumenta su valor, de modo que, en el momento adecuado, cuando los subaste, recauden *mucho* dinero para una buena causa. Sí, soy egoísta de esa manera. Los estoy conservando para una explosión de alegría.

¡Recuerda!
**Desapégate de las cosas.
Nada es realmente tuyo nunca.**

Lo que me lleva a otra pregunta fundamental en esta conversación...

¿El acto de dar aporta algún beneficio?

La palabra *dar* es muy engañosa, porque en el acto de dar uno recibe mucho, a menudo mucho más de lo que se da. Por otro lado, conservar lo que supuestamente hemos de dar resta valor a una abundancia que podríamos tener. Lo que quiero decir es que poseer más cosas no conduce a una mayor felicidad.

Vamos a examinar este aspecto deteniéndonos en la amplia investigación disponible respecto a este tema.

Muchos estudios, como la célebre investigación de Kahneman y Deaton de 2010,[1] han demostrado que los ingresos solo influyen positivamente en nuestra felicidad hasta cierto punto. Esta investigación ha demostrado que la felicidad de los participantes aumentaba en correlación al aumento de sus ingresos hasta que estos alcanzaron los ingresos medios del país. Más allá de ese punto, más dinero no se traducía en una mayor felicidad. Se entiende que, si no puedes llegar a fin de mes, resulte difícil encontrar la felicidad. Si no puedes llevar comida a la mesa o tienes que hacer tres turnos para sobrevivir, tienes muchas razones justificables para sentirte menos feliz. A medida que crecen tus ingresos, tu vida se vuelve más fácil, y esto influye positivamente en tu felicidad. Sin embargo, esta tendencia no continúa de manera indefinida. En cuanto las necesidades básicas están cubiertas, el nivel de felicidad tiende a estancarse.

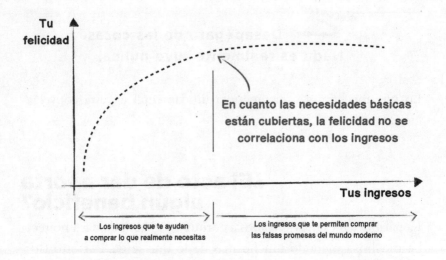

Cuando nuestros ingresos aumentan más allá de nuestras necesidades básicas, gastamos más en cosas que no necesitamos y que no nos hacen más felices. Scott Holdman, director del Impact Institute, expuso esta tendencia en su charla TED, acompañándola de estadísticas apabullantes. Un artículo en el *Wall Street Journal* reveló que los estadounidenses gastan 1.2 billones de dólares anuales en bienes no esenciales: cosas que en realidad no necesitan. Las estimaciones de Annie Leonard demuestran que el 99 % de las compras que realizan los estadounidenses acaban en la basura en solo seis meses.[2] *LA Times* asegura que en un hogar medio estadounidense hay unos 300 000 objetos.[3] Este estilo de vida consumista se está exportando a toda velocidad al resto del mundo.

Nos estamos ahogando en el consumo. Todas las cosas que compramos influyen indudablemente en nuestro bienestar, aunque no en la forma en que las campañas publicitarias pretenden decirnos. El desorden nos estresa y nos hace sentir culpables.[4] Además, el consumo crea más deseo de consumir. Empezamos a comprar por impulso, para distraernos de nuestros problemas, y esto solo produce más infelicidad, descontento, ansiedad y depresión.[5] Esto ni siquiera incluye el impacto en nuestra felicidad de las deudas que contraemos para seguir consumiendo. Casi doscientos millones de estadounidenses tienen tarjetas de crédito,[6] en su mayor parte para comprar cosas que nadie adquiriría si ese pequeño trozo de plástico no les permitiera gastar el dinero que no tienen. Nos ahogamos en deudas. Y no quiero hablar del impacto negativo a largo plazo del consumismo en nuestro planeta, que, y creo que estarás de acuerdo, nos va a hacer a todos muy pero que muy infelices.

Más allá de nuestras necesidades básicas...

¡Recuerda!

Más dinero no nos hace más felices, y un mayor número de cosas nos hace infelices.

Sin embargo, hay algo que nos hace más felices una vez que nuestras necesidades básicas están cubiertas: el acto de dar. El profesor Michael Norton, de la Universidad de Harvard, dirigió un estudio en el que se entregaba una cierta cantidad de dinero a los estudiantes.[7] «Les entregamos un sobre con algo de dinero en efectivo. El sobre también incluía una de dos posibles notas. Una nota decía:

«A las cinco de la tarde del día de hoy debes haberte gastado todo el dinero en ti mismo», y la otra nota decía: «A las cinco de la tarde de hoy, debes haberte gastado todo el dinero en otra persona». Les pedimos que llenaran una pequeña encuesta para indicar su nivel de felicidad esa mañana… Y esa noche los llamamos para preguntarles en qué se habían gastado el dinero y cuál era su grado de felicidad».

Este estudio se realizó en muchas sociedades en todo el mundo. El resultado era siempre el mismo. No importa si invitabas a un amigo a un café en Seattle o si curabas la malaria a un niño en el Congo, quienes gastaban el dinero en los demás se sentían más felices que quienes lo invertían en sí mismos.

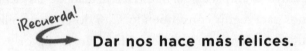

¡Recuerda!

Dar nos hace más felices.

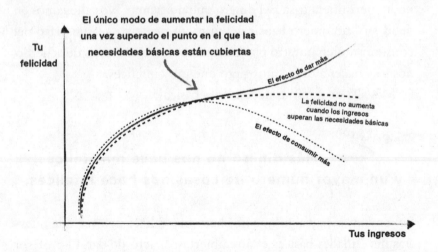

Muchos malinterpretan el principio darwiniano de la «supervivencia del más apto». Lo que sugiere es que los individuos egoístas capaces de superar a otros tienen más probabilidades de sobrevivir. Bueno, esto sería cierto si pudiéramos sobrevivir solos, pero, en cuanto que seres humanos, solo viviremos si toda nuestra tribu sobrevive.

En este sentido, dar no es un acto de altruismo. Es un acto egoísta que nuestra especie ha utilizado para garantizar su supervivencia colectiva. Pensemos en nuestros primeros años como moradores de las cavernas. ¿Qué oportunidades de supervivencia habríamos tenido si nosotros, unos pequeños primates, hubiéramos enfrentado solos a las bestias de aquella época? Vivir, cazar y trabajar juntos es lo que nos permitió sobrevivir. Estar rodeado de otros individuos sanos y capaces resultó beneficioso para cada individuo. Fue fundamental para la supervivencia de la especie dar a los demás y atender a las necesidades de los otros.

El mismo sistema de recompensas utilizado para fomentar otros mecanismos de supervivencia —como la reproducción— también se utiliza para recompensar el acto de dar. El acto de dar activa la vía mesolímbica en el cerebro, que libera dopamina. Una investigación interesante al respecto fue realizada por William T. Harbaugh, de la Universidad de Oregón. Midió la actividad cerebral de los participantes en un escáner de resonancia magnética funcional mientras estos tomaban la decisión de donar o no a una obra benéfica. Descubrió que el núcleo accumbens, una región del cerebro asociada con las recompensas, mostraba una gran actividad en los escáneres. Como resultado, los impulsores neuroquímicos de la felicidad y el placer —dopamina, serotonina y oxitocina— se liberaron como muestra de reconocimiento por parte del sistema de supervivencia para certificar que se había actuado bien. En el lenguaje de los neurotransmisores esto solo significa una cosa: dar es bueno para la especie; sigue haciéndolo.[8]

El impacto de este trío químico no se limita a hacernos felices. La serotonina nos ayuda con el sueño, la digestión, la memoria, el aprendizaje y el apetito. La dopamina mejora la motivación y la excitación sexual. La oxitocina reduce la presión sanguínea y mejora los vínculos. Los miedos sociales se reducen y son sustituidos por la confianza y la empatía. La oxitocina también es antiinflamatoria. Reduce el dolor y contribuye a la curación de las heridas.[9] Dar aporta muchos beneficios. Si ponemos las cosas en perspectiva...

¡Muy importante!

Dar puede ser una de las actividades más egoístas que podemos llegar a realizar.

La bondad es uno de los mecanismos de supervivencia más fundamentales. Está profundamente arraigada en nosotros. Dar a otros tiene que ver con nuestra propia supervivencia, porque nadie puede prosperar por sí solo.

Cuando nuestra biología, nuestras enseñanzas espirituales y las normas sociales nos motivan a dar, también motivan a miles de millones a darnos a nosotros. Este bucle cerrado no siempre es evidente en nuestra sociedad moderna, porque se espera que buena parte de lo que tenemos que hacer para sobrevivir como tribu sea competencia automática de los sistemas económico, social y político vigentes en nuestro mundo. En consecuencia, aprendemos a ignorar la importancia de los actos de generosidad individual, y asumimos que eso es responsabilidad del sistema. Cada día miles de personas hacen pequeñas cosas para que tú puedas sobrevivir. Del policía al barrendero, del agricultor que cultiva tus alimentos al camionero que los lleva al punto de venta. Cada enfermero y cada doctora de guardia, cada ingeniero que construye y cada científico que intenta ayudarnos a comprender cómo funciona el mundo. Sí, todos ellos son recompensados de forma monetaria, pero eso no anula el altruismo. Tú también contribuyes a la sociedad de alguna manera. Necesitas ver que lo haces por la labor misma, no como trabajo o como un deber. Aunque seas compensado por ello, es natural. Ser recompensados por dar es lo que, de todos modos,

siempre ha pretendido la naturaleza. Cuando cualquiera de nosotros logra comprender el valor de lo que hacemos en términos de
generosidad hacia los demás, percibimos las recompensas biológicas
asociadas a esos actos. Entonces nuestro trabajo se transforma en un
propósito en la vida, porque, lo creamos o no, si la supervivencia es
nuestra misión en el juego de la vida...

¡Muy importante!

Dar podría ser nuestro único propósito.

Entonces, ¿por qué nos aferramos a lo poco que tenemos? Porque,
como ocurre con la mayoría de los malos hábitos, hemos sido condicionados para hacerlo así.

Cuando la propia vida está en flujo

A lo largo de los años de guerras, recesiones, depresiones e incluso
pandemias, quienes experimentan adversidades aprenden a ahorrar
un poco. De generación en generación, se nos transmite la sabiduría
popular de ahorrar para los tiempos difíciles. Guardamos algo de
dinero en el banco por si perdemos nuestro sueldo, conservamos
comida en el refrigerador por si nos levantamos con hambre y guardamos el vestido de la fiesta de graduación por si perdemos doce
kilos justo en el momento en el que volvemos a sentirnos adolescentes otra vez, a tiempo para la reunión escolar diez años más tarde.

Las cosas que conservamos nos brindan una falsa sensación de
seguridad y, así, bloquean el sistema. Detienen el flujo de la propia
vida y, con el espacio que ocupan, nos impiden recibir.

Solo hay una forma de alcanzar la abundancia, y consiste en dejar de acumular lo que no necesitamos y rara vez usamos. En su
lugar, nos acercamos a la verdadera abundancia cuando estamos

abiertos a recibir, abriendo espacios en nuestra vida para que fluyan nuevas experiencias y creyendo de corazón que siempre se nos ofrendará algo, como ha ocurrido hasta ahora.

Piensa en la vida como en un sistema cerrado. Todas las evidencias de la física apuntan a que todo se conserva. Nada se crea de la nada y nada se desperdicia. Cuando damos, introducimos más flujo en el ciclo del sistema y dejamos un espacio atrás, un vacío, que podrá ser colmado. Este desequilibrio positivo permite el flujo y fuerza al sistema a devolverte algo para llenar ese vacío. Si dejas de dar, el ciclo se interrumpe. Si abandonas la generosidad, no solo detienes el flujo de la vida…

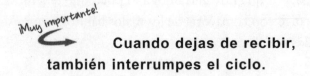

¡Muy importante!

Cuando dejas de recibir, también interrumpes el ciclo.

El equilibrio entre el flujo de generosidad saliente y entrante en tu vida es lo que permite que el propio ciclo de la vida siga fluyendo.

Una tarde, después de dar una charla, el público me ovacionó de pie. Me sentí tan incómodo que, en el escenario, ante miles de personas, dije: «Gracias, gracias, pero paren, por favor. Me siento incómodo». Después del turno de preguntas, una mujer sabia se acercó a mí y me explicó por qué yo tenía que aprender a recibir tanto como daba, que cuando las personas se levantaban para mostrar su gratitud, era bueno para ellas ofrecerme ese regalo, y que yo había interrumpido el flujo al negarme a recibirlo. Por lo tanto, he aprendido a cambiar y ahora me abro a los regalos que los demás, y la vida misma, me hacen. Desde entonces, recibo cada vez más y más. **No es egoísmo. Así es como se completa el ciclo de la vida.**

A medida que damos, ganamos y, confía en mí, en estas palabras hay más verdad de la que parece. Esta verdad subyacente se encuentra en la verdadera naturaleza de la rela-

ción entre quien da y quien recibe. Es una verdad que solo puede captarse a través de un golpe de lucidez que nos ayudará a responder a esta pregunta final…

¿Hay alguna diferencia entre nosotros?

Antes mencioné a Jill Bolte Taylor, su charla TED y su libro *Un ataque de lucidez*. La experiencia de Jill, cuando un derrame desactivó la funcionalidad del hemisferio izquierdo de su cerebro, es una revelación de la verdad. Estas son sus palabras:

> *Me miré el brazo y me di cuenta de que ya no podía determinar los límites de mi cuerpo. No podía determinar dónde empezaba yo ni dónde estaba porque los átomos y las moléculas de mi brazo se mezclaban con los átomos y las moléculas de la pared y de todo lo que me rodeaba […] Me sentía unida a toda la energía presente. ¡Era precioso!*
>
> *Aquí y ahora puedo elegir entrar en la consciencia de mi hemisferio izquierdo, donde me convierto en un individuo separado del flujo de la vida. O puedo entrar en la consciencia de mi hemisferio derecho, donde somos —soy— la fuerza vital del universo. **Donde soy una con todo.***

Esta experiencia del mundo, tal como la describe Jill, puede ratificarla cualquiera que haya tenido un viaje psicodélico, haya experimentado la respiración chamánica o haya logrado trascender el cuerpo por medio de la meditación. Cuando vemos más allá de la ilusión de nuestra separación individual de todo lo demás, nos damos cuenta de que…

¡Recuerda!

→ **En ausencia de ilusiones,
tú, yo y todo somos exactamente lo mismo.**

Y no se trata tan solo de charlatanería espiritual.

A nivel físico, cada átomo individual en el universo es constantemente reciclado. Un día forma parte de ti y el otro forma parte de mí. Si reconoces la verdad de la que estamos compuestos, tú mismo, como Jill, serás incapaz de ver diferencia alguna entre nosotros, y verás cómo tu mano y la mía se funden en una sola.

A nivel social, formamos parte de una comunidad, que es más fuerte cuando actuamos juntos. Una comunidad que se expande más allá de ti y de mí, hasta incluir a todos los seres vivos del universo. Una comunidad que en el último siglo de civilización humana ha sufrido hasta llegar al borde de la extinción, pues hemos ignorado la unidad y la hemos puesto en peligro con nuestros actos egoístas.

A un nivel espiritual, si estás dispuesto a aceptar que hay algo más que tu forma física, todos somos jugadores que participamos en un masivo juego virtual. Mientras cada uno de nosotros maneja un avatar individual, separados unos de otros, por el juego del universo físico, no podemos evitar ver que nuestras acciones nos están acercando cada vez más a desconectar la consola. Es hora de reconocer que la única forma de que el juego continúe es jugar todos a una a favor de la sostenibilidad del juego, en lugar de obedecer a nuestros propios deseos egoístas e individuales.

Presta atención al estado de la humanidad. La pandemia de soledad y estrés. El daño que nuestro planeta ha sufrido. La toxicidad de las redes sociales y la negatividad de las noticias. Estamos al borde del colapso. La humanidad nunca ha estado tan cerca de descarrilar, y todo como resultado de ignorar la unidad que formamos todos nosotros y la unificación de nuestro destino en este pequeño planeta azul.

Debemos dejar de reforzar nuestra separación e ignorar la unidad. Hemos de dar a todos los demás para salvar la tribu, nosotros incluidos.

Ya basta de hablar de la lógica de la generosidad. Vamos a aprender a convertirla en un hábito o, mejor aún, en algo intrínseco a nuestro modo de ser.

Practica el acto de dar cada día y cada vez lo harás mejor. Observa el impacto que tiene en tu felicidad y tu prosperidad, y querrás dar más. Podemos practicar la generosidad tal y como practicamos un instrumento musical. Es una habilidad. Pruébalo durante veintiún días. Confía en mí, funcionará.

EJERCICIO PRÁCTICO
DAR DAR DAR

Tareas

Objetivo	Convertir el acto de dar en el centro de nuestra vida
Duración	Unos pocos segundos
Repetición	Repítelo cada vez que puedas
Lo que necesitarás	Un poco de generosidad y la creencia de que todo lo que das regresa a ti y se multiplica

Cada persona con la que te cruzas, a cada momento del día, necesita algo.

Puede necesitar una sonrisa, consuelo, amabilidad, consejo, un abrazo y mucho más. Incluso los reyes y reinas, los directores de empresas y los jefes de estado necesitan un vínculo humano genuino. Créeme, he sido testigo directo.

Al igual que con cualquier habilidad, empieza modestamente. Aquí va un conjunto de ejercicios sencillos que podrás incluir en tu vida diaria. No hace falta que des mucho, sino que lo hagas con frecuencia. A estas alturas ya lo sabes bien: la neuroplasticidad refuerza tus redes neuronales cada vez que las utilizas. Por lo tanto, vamos a practicar los músculos de la generosidad hasta que te conviertas en un campeón olímpico de esta disciplina.

Invita a un café

Hay algo en este sencillo ejercicio que colma de felicidad cada célula de mi cuerpo. ¿Alguna vez has invitado a un café a un amigo? Plantéate hacerlo con un desconocido. Si puedes permitírtelo. Plantéate dar al mesero una propina equivalente a otro café. Si alguien trabaja en una cafetería, es probable que un dinerito extra le vaya bien. Podría ser un estudiante que se paga sus gastos de vida o un ama de casa soltera que intenta llegar a fin de mes. Por otro lado, si tú puedes permitirte un café, independientemente de tus ingresos disponibles, considera si puedes permitirte el costo de otro. Aunque te saltes el del día siguiente. Tu regalo no pondrá fin a sus dificultades, pero le ayudará a sentir que no está solo. Le ayudará a levantarse, mantenerse en pie y sentir un poco de apoyo. Hazlo siempre que puedas. Cada pequeña ayuda cuenta.

Este es tu desafío de *bondad*: da el equivalente a lo que compras para ti al menos una vez a la semana.

Sonríe a desconocidos

Viví en Londres un año. Londres es una ciudad maravillosa, pero también es, en cierto modo, una trituradora: increíblemente estresante y ajetreada. Siempre bromeo acerca de lo fácil que es distinguir a los londinenses de los turistas en cuanto aterrizas en el aeropuerto. Los turistas pasean despacio, a menudo en grupos o parejas, riendo y conversando. Por otro lado, los londinenses caminan rápido. En cuanto salen del avión, muestran una gesto serio y determinado en el rostro, y se apresuran como si el aeropuerto fuera a cerrar. Este hábito persiste mientras permanecen en la ciudad. Casi todo el mundo tiene prisa, siempre. Una vez vi a una madre y su hija paseando a velocidad de vértigo por Hyde Park. Pensé que llegaban tarde a algún sitio, pero de pronto llegaron a una porción de pasto, se miraron la una a la otra y se sentaron para disfrutar del sol.

Me encantan los londinenses y siempre me río con mis amigos sobre lo rápido que andan cuando vamos juntos a algún parte. Yo siempre he caminado con lentitud. Lo aprendí de mi maravilloso hijo, Al, que realmente iba a paso de tortuga. Daba un paso y parecía hacer una pequeña pausa para pensar si debía dar el siguiente. Alzaba el segundo pie un poco más alto de lo normal, como una tortuga que transporta su pesada casa a sus espaldas. Lo bajaba lentamente y pensaba en el siguiente paso. Yo soy más camello que tortuga, pero aun así camino a la mitad de la velocidad de un ciudadano medio en una ciudad bulliciosa. Mientras camino, o mientras estoy sentado en el tren, miro a todo el mundo a los ojos y sonrío. Sonrío de verdad e incluso a veces inclino la cabeza, igual que cuando en el trabajo te encuentras a alguien conocido en un pasillo.

Esta es una práctica del nivel de un maestro Jedi. Al principio, es difícil e intimidatoria. Pero, en cuanto entiendas el truco, descubrirás hasta qué punto a la gente le alegra el día. Cuando alguien ve que le estoy sonriendo, al principio muestra estupor, como si hubiera visto un tigre a punto de atacar. Luego se relaja y sonríe a su vez. Si inclino la cabeza, la persona devuelve el saludo. A veces giro la cabeza mientras pasa a mi lado y, casi siempre, me devuelven la mirada con una expresión de gratitud en los ojos, como preguntándose «¿Quién es este tipo?».

Pruébalo en cualquier lugar del mundo, te lo propongo como reto. Pronto descubrirás que funciona y se volverá más fácil. El regalo de una sonrisa te hará más feliz. Hazlo siempre. Regala una gran sonrisa. Desde el fondo del corazón. No seas tímido. No estás haciendo nada malo. Es un reto que pone a prueba tu valor: sonríe a un desconocido cada día.

Di algo bonito

¿Ser amable con la gente cuenta como dar? Claro que sí. Es la forma definitiva de generosidad y, como ocurre con los otros formatos, quien da recibe tanto como los otros.

Habla con personas que no esperan que las tengas en cuenta. El mesero en una cafetería, la azafata en un avión, el guardia de seguridad en la puerta de un edificio de oficinas. No muerden. De hecho, probablemente se sentirán apreciados. Este es el reto de la conexión: establece una conexión humana con un desconocido al menos una vez al día.

Cincuenta libras

Desde que empecé a trabajar en OneBillionHappy, no he dejado de viajar. He reducido las dimensiones de mi vida de modo que quepan en una única maleta de equipaje facturable. Como en la mayoría de las aerolíneas el peso límite del equipaje es de unas cincuenta libras o veintitrés kilos, mi nuevo estilo de vida se adapta a una sencilla regla. Si tengo que añadir algo nuevo a mi equipaje, debo quitar alguna otra cosa. Si necesito comprar una camiseta nueva, debo desprenderme de una antigua. Tú también puedes hacerlo.

La próxima vez que compres algo, dona algo que ya poseas. Si sientes que no puedes desprenderte de nada, no añadas algo nuevo a tu vida. ¡Así de sencillo!

La práctica de desprenderte de tus cosas viejas requiere de cierto entrenamiento. Procura convertirla en un hábito y dona algo cada sábado, por ejemplo. Como dije antes, yo intento dar diez cosas. No tienen por qué ser grandes. Cualquier cosa servirá y cumplirá con la práctica que necesitas. Cuanto más practiques, más fácil te resultará desprenderte de las cosas, y eso te hará sentir más ligero y más feliz. También aportará felicidad a las personas a las que entregas los regalos. Al donar lo viejo para dejar espacio a lo nuevo, completas el ciclo de la vida. La vida fluye a través de ti y de los demás. Este es tu reto del flujo. Ponlo en práctica una vez a la semana.

Ahí lo llevas. Cuatro retos simples: regala tanto como compres, sonríe a alguien cada día, ofrece una palabra amable a alguien que no conoces y dona algo cada sábado. Empieza modestamente, pero practica el acto de dar con frecuencia. Presta atención para descubrir cómo cambia tu vida. No solo te sentirás más ligero y más feliz, sino que percibirás que la vida te ofrece más amor. En cuanto pongas en práctica todo esto, quizá habrá llegado el momento para el siguiente reto: el reto de la gratitud. Cada noche, antes de dormir, experimenta gratitud por haber recibido el privilegio de ser capaz de dar a los demás.

Y, por último, he aquí el último desafío.

OneBillionHappy

Hay tantas cosas que arreglar en el mundo que resulta difícil saber por dónde empezar.

Si quieres conocer nuestro futuro, observa nuestro presente. Nuestros actos de hoy darán forma a nuestro mañana. Son acciones que podemos elegir. Nosotros, tú incluido, podemos elegir hacer un pequeño cambio hoy que mañana supondrá una gran diferencia para todos. Pero eso nos remite a la misma pregunta: ¿qué deberíamos cambiar?

Pues bien, cuando me topo con una intrincada red de problemas, siempre intento descubrir la raíz subyacente que lo origina todo. He encontrado la respuesta a todos los problemas de la humanidad en dos sencillos valores: felicidad y compasión.

Si aprendemos a liberarnos de los valores que hemos asumido en el siglo XX —valores como «La avaricia es buena» o «Lo legal es ético»— y aprendemos a sustituirlos por la felicidad y la compasión, todos nuestros problemas desaparecerán. Sí, creo de veras que es así de simple.

La felicidad y la compasión podrían salvar a la humanidad.

Si priorizamos nuestra felicidad, recordaremos que la felicidad es una decisión que tomamos cada día. Perderemos interés en los políticos y en todas sus promesas vacías, dejaremos de seguir con fanatismo sus falsas ideologías y los trataremos como lo que realmente son: trabajadores civiles que deberían servir a nuestros propósitos, que se resumen en ser felices. Descubriremos hasta qué punto hemos desperdiciado nuestra vida persiguiendo falsos objetivos que nunca nos han hecho felices. Si podemos recordar que todo lo que hemos deseado alguna vez ha sido un intento por encontrar esa gloriosa emoción que llamamos felicidad y si recordamos que la felicidad es nuestro estado por defecto, que siempre está en nuestro interior esperando a ser descubierta, quizá decidamos mirar hacia dentro y cambiar. Entonces, y solo entonces, haremos del mundo un lugar mejor, porque…

¡Muy importante!

→ **Lo único que seremos capaces de cambiar es a nosotros mismos, y la única forma de cambiar el mundo consistirá en que nosotros, tú y yo, cambiemos.**

De todas las cosas que me enseñó mi sabio hijo Ali, nada me cambió más que el día en que, con catorce años, se acercó a mí y me dijo: «Papá, quiero decirte algo, pero te va a molestar».

En aquel momento, yo era el orgulloso ejecutivo de Google que creía que podía cambiar el mundo. No podía imaginar que algo que me dijera un chico de catorce años pudiera afectarme en modo alguno, así que dije: «Claro, Ali, dime. No me voy a molestar».

Y él replicó: «Papá, sé que realmente quieres marcar la diferencia, pero quiero que sepas que nunca conseguirás arreglar el mundo».

Le interrumpí, con el ego de un padre y de un profesor: «¿Por qué, Ali? Esta actitud es propia de un perdedor. No podemos cambiar nada ni influir en nada hasta que creemos de veras que somos capaces de hacerlo».

Yo tenía razón al decir aquello, pero Ali no iba por ahí. A su manera típica, esperó hasta que acabé, y luego hizo un gesto, como diciendo «Espera, escúchame». Puso su mano en mi hombro y su energía inmensamente pacífica fluyó a través de mí, calmando mi ego. Con los años había aprendido que, cuando Ali hablaba así, yo tenía que escucharlo. Así pues, me senté en silencio, atento, dispuesto a saber lo que me tenía que decir.

Dijo: «Papá, tú nunca vas a arreglar el mundo. Solo podrás cambiar tu pequeño mundo, y cuanto mejor lo hagas, más grande será ese pequeño mundo. Tu pequeño mundo eres tú. No intentes arreglar nada más hasta que arregles eso. Cuando lo hagas, podrás arreglarme a mí [*habibi* no necesitaba ser «arreglado», pero era lo suficientemente amable como para decirlo de todos modos], a mamá y a Aya. Nosotros seremos tu pequeño mundo. Si lo haces bien, entonces serás capaz de influir en tu equipo de trabajo, luego tal vez en tu departamento, en tu empresa, en tu país y, quién sabe, quizá el mundo se convierta en tu pequeño mundo y puedas cambiarlo, pero no arreglarlo, porque siempre habrá alguien sufriendo en alguna parte».

Lo creas o no, sigo trabajando en mí, y aún me queda un largo camino. Pero te invito a unirte a mí. Trabaja en ti mismo. Elige algo que deseas cambiar, y luego otra cosa. Únete a nuestra misión One-BillionHappy para empezar a cambiarte a ti mismo e influir en tu pequeño mundo. La misión se resume en tres pasos:

1. Entiende que la felicidad es tu derecho de nacimiento, que es predecible y que, si trabajas en ella, la alcanzarás. **Convierte la felicidad en tu prioridad.**

2. **Invierte en tu felicidad.** Pasa una hora al día, tres o cuatro veces a la semana, aprendiendo sobre la felicidad: lee un libro, ve un video, habla con personas felices o limítate a ser, sin más. Debes sentir antes de aprender o hacer.

3. Encuentra en ti la compasión para hacer feliz a otro. **Cuenta a dos personas** (o a dos mil, si puedes) lo que aprendiste sobre la felicidad, y hazles prometer que ellas se lo transmitirán a otras dos personas, que a su vez se lo comunicarán a otras dos. Porque si cada uno de nosotros se lo cuenta a dos personas, que a su vez se lo transmiten a otras dos, y así sucesivamente, nuestro pequeño mundo abarcará todo el planeta. Haríamos felices a mil millones de personas en menos de cinco años.

Puedes hacer cualquier cosa que te propongas. Tu cerebro es como una computadora. Puedes ajustar el código que lo maneja. Al hacerlo, tus acciones también cambiarán. Con la práctica, podrás convertirte en cualquier cosa que quieras ser. Por lo tanto, elige marcar la diferencia. Ayúdanos a crear un mundo mejor.

Tengo una última petición egoísta. Por favor, encuentra en tu corazón la compasión para desear felicidad a mi maravilloso hijo y mi sabio maestro, Ali. Envíale una oración, un deseo generoso, para que sea feliz dondequiera que ahora esté. Él lo empezó todo y realmente fue el ser humano más bondadoso y feliz que he conocido.

¡Muy importante!

**Tu pequeño mundo eres tú.
Hazlo mejor para aquellos que te quieren.**

Yo seguiré trabajando en el mío, por Ali.

Resumen de la tercera parte

Muchas enseñanzas sobre la felicidad pueden parecer una invitación a calmar o controlar el cerebro. Como nuestros pensamientos incesantes pueden causar mucha infelicidad, es obvio que mantener nuestra mente bajo control es un camino seguro hacia una vida más tranquila y feliz. Pero no es el único camino.

Si tu mente activa se involucra en el pensamiento útil —generar pensamientos que mejoran tu vida y tu estado de bienestar—, entonces piensa todo lo que puedas, desde luego.

Hay cuatro tipos de pensamientos útiles. Te animo encarecidamente a que ese tipo de pensamientos se conviertan en la norma para tu cerebro. Así ya no tendría capacidad suficiente para pensar los pensamientos negativos que te arruinan la vida y te hacen infeliz.

1. ***Pensamiento experiencial*** – *Experimentar el mundo tal y como es requiere que tu cerebro participe en la misma medida que a la hora de procesar cualquier otro tipo de pensamiento. De hecho, como tu cerebro solo puede hacer una cosa a la vez, observar el mundo con atención plena es una forma infalible de vivir en la realidad y no en el interior de tu propia cabeza. La meditación es una práctica valiosa que, con el tiempo, puede reconfigurar tu cerebro para que sea más capaz de vivir en el momento presente en lugar de perderse en sus propios pensamientos.*

    Sin embargo, la meditación es solo una práctica. Para convertir esas habilidades en una realidad de tu vida cotidiana, usa diferentes versiones actualizadas que sean aptas para el mundo moderno, para aprender a estar presente cada minuto de cada día.

2. **Resolución de problemas** – *Es el tipo de pensamiento más elogiado en nuestro mundo moderno y analítico. La capacidad de superar los desafíos mediante la búsqueda de soluciones se aplica principalmente a nuestro trabajo y vida profesional. Sin embargo, también puede aplicarse a la búsqueda de nuestra felicidad y bienestar.*

*El **diagrama de flujo de la felicidad** es un buen ejemplo de cómo puedes utilizar la habilidad de tu cerebro a la hora de resolver problemas para asegurarte de recuperar rápidamente la felicidad cuando un evento perturba tu estado de ánimo. Una vez que has aprendido a reconocer, aceptar e incluso abrazar, una emoción, encuentra el pensamiento que la ha desencadenado y, a continuación, plantéate tres preguntas:*

a. **¿Es eso cierto?** *¿Hay evidencias que apoyen la validez del pensamiento que ha provocado tu infelicidad? Si el pensamiento es una ficción creada por tu cerebro, olvídalo. Si es cierto, pasa a la siguiente pregunta…*

b. **¿Puedes hacer algo al respecto?** *La felicidad, ya ves, no es más que un mecanismo de supervivencia. Es la exhortación de tu cerebro para que actúes respecto a lo que considera una condición subóptima para tu supervivencia y tu éxito. Si hay algo que puedas hacer con relación a lo que te hace infeliz, hazlo. La infelicidad desaparecerá y tu mundo será mejor. Si no puedes hacer nada, plantéate la última pregunta…*

c. **¿Puedes aceptarlo y comprometerte?** *De vez en cuando, la vida se ve obligada a interponer un acontecimiento difícil en tu camino. Un acontecimiento que no cumple con tus expectativas de cómo debería ser la vida y cuya corrección o mejora está más allá de tu alcance. Cuando no hay nada que puedas hacer respecto a tu situación, aprende a aceptarla tal como es, y luego comprométete a hacer lo que esté en tu mano para* mejorar tu vida pese al desafío que estás afrontando, o incluso debido a él.

2. **Fluir** – *Cuando fluimos, fusionamos nuestro ser con nuestro hacer. Nos sumergimos plenamente en lo que hacemos, mejoramos el rendimiento y nos sentimos más ligeros. Para fluir, procura que la tarea que tienes entre manos supere ligeramente tus habilidades actuales, elimina las distracciones, divídela en tareas más pequeñas y concéntrate en esos fragmentos en lugar de en el resultado final, aplica a cada fragmento todas tus habilidades y olvídate del tiempo. Concede a cada tarea el tiempo que necesite.*

3. **Dar** – *Es lo más inteligente que harás nunca. Nada te hará más feliz ni hará mejor el mundo.*

Nuestros cerebros no son más que sofisticados sistemas de computación. Sus operaciones son increíblemente predecibles. No necesitas un cerebro silencioso para ser feliz. Lo que necesitas es un cerebro útil y positivo. Tu cerebro cumplirá lo que le ordenes. Es hora de empezar tu entrenamiento.

Notas

Introducción

1. «Depression Rates by country 2022», *World Population Review* [online]. Disponible en: worldpopulationreview.com/country-rankings/depression rates-by-country.
2. «Suicide: one person dies every 40 seconds», WHO [online]. Disponible en: who.int/news/item/09-09-2019-suicide-one-person-dies-every-40-seconds.
3. Sadlier, A. «1 in 4 Americans feel they have no one to confide in», *New York Post* (30 de abril de 2019) [online]. Disponible en: nypost.com/2019/04/30/1-in-4-americans-feel-they-have-no-one-to-confide-in/.

1. Los fundamentos

1. Van Leemput, K. et al. «Automated Segmentation of Hippocampal Subfields from Ultra-High Resolution in Vivo MRI», *Hippocampus*, vol. 19.6, 2009, págs. 549-57. Disponible en: dspace.mit.edu/handle/1721.1/71591.

2. Basura entrante...

1. Oltean, H. and David, D. «A meta-analysis of the relationship between rational beliefs and psychological distress», *Journal of Clinical Psychology*, vol. 74.6, 2018, págs. 883-895. Disponible en: pubmed.ncbi.nlm.nih.gov/29168176/.
2. Pratchett, T., *The Thief of Time*, Londres, Doubleday, 2008, pág. 215 (trad. cast.: *Ladrón del tiempo*, Barcelona, DeBolsillo, 2011).

3. Bajo ataque

1. Pinker, S. (2018). «Is the world getting better or worse? A look at the numbers», TED [online]. Disponible en: ted.com/talks/steven_pinker_is_the_world_getting_better_or_worse_a_look_at_the_numbers.

4. La práctica hace infeliz

1. Mandal, A. «What is Neurogenesis?», *News Medical Life Sciences* [online]. Disponible en: www.news-medical.net/health/What-is-Neurogenesis.aspx.
2. «Introduction to cell signalling», Khan Academy [online]. Disponible en: khanacademy.org/science/biology/cell-signaling/mechanisms-of-cellsignaling/a/introduction-to-cell-signaling?modal=1.
3. Radparvar, D. «Neurons that fire together, wire together», Holstee.com [online]. Disponible en: holstee.com/blogs/mindful-matter/neurons-thatfire-together-wire-together.
4. Begum, T. (2021). «What is mass extinction and are we facing a sixth one?», Natural History Museum [online]. Disponible en: nhm.ac.uk/discover/what-is-mass-extinction-and-are-we-facing-a-sixth-one.html.

5. Tus dos yo

1. Lienhard, D. (2017). «Roger Sperry's Split Brain Experiments (1959-1968)», *The Embryo Project Encyclopedia* [online]. Disponible en: embryo.asu.edu/pages/roger-sperrys-split-brain-experiments-1959-1968.
2. Bolte Taylor, J. (2008). «My stroke of insight», TED [online]. Disponible en: ted.com/talks/jill_bolte_taylor_my_stroke_of_insight.
3. McGilchrist, I. *The Master and His Emissary: The Divided Brain and the Making of the Western World*, Totton, Yale University Press, 2019, pág. 431.

6. Cháchara

1. «Know Your Brain: Default Mode Network», *Neuroscientifically Challenged* [online]. Disponible en: neuroscientificallychallenged.com/posts/know-your-brain-default-mode-network.
2. Bergland, C. (2015). «The Brain Mechanics of Rumination and Repetitive Thinking», *Psychology Today* [online]. Disponible en: psychologytoday.com/

gb/blog/the-athletes-way/201508/the-brain-mechanics-rumination-and-repetitive-thinking.

3. Arain. M. et al. «Maturation of the adolescent brain», NCBI, 9 (2013), págs. 449-461 [online]. Disponible en: ncbi.nlm.nih.gov/pmc/articles/PMC3621648/.

7. ¿Puedes sentirlo?

1. Kessler, D. «The Five Stages of Grief», Grief.com [online]. Disponible en: grief.com/the-five-stages-of-grief/.
2. «Between Stimulus and Response There Is a Space. In That Space Is Our-Power to Choose Our Response», QuoteInvestigator.com [online]. Disponible en: quoteinvestigator.com/2018/02/18/response/.

8. Alquimia

1. McCorry, L. «Physiology of the Autonomic Nervous System», *American Journal of Pharmaceutical Education*, 71 (4): 78 (agosto 2007). Disponible en: ncbi.nlm.nih.gov/pmc/articles/PMC1959222/.
2. Kraft,T. y Pressman, S. «Grin and bear it: the influence of manipulated facial expression on the stress response», *Psychological Science*, 2012:23(11). págs. 1372-1378. Disponible en: pubmed.ncbi.nlm.nih.gov/23012270/.
3. «A Crisp Explanation of Facial Feedback Hypothesis With Examples», PscholoGenie [online]. Disponible en: psychologenie.com/explanation-of-facial-feedback-hypothesis-with-examples.

10. Bienvenido al mundo real

1. «New Measure of Human Brain Processing Speed», *MIT Technology Review* (2009) [online]. Disponible en: technologyreview.com/2009/08/25/210267/new-measure-of-human-brain-processing-speed/.
2. Smith, E. et al. «The neural basis of task-switching in working memory: Effects of performance and aging», *Proceedings of the National Academy of Sciences of the United States of America*, 98(4), págs. 2095-2100 (13 de febrero, 2001) [online]. Disponible en: ncbi.nlm.nih.gov/pmc/articles/PMC29387/.

3. «A closer look at EEG», Epilepsy Society [online]. Disponible en: epilepsysociety.org.uk/about-epilepsy/diagnosing-epilepsy/closer-look-eeg#. XNCq7pNKjOQ.

4. «Experiment HP-1: The Electroencephalogram (EEG) – Wireless», iWorx. com [online]. Disponible en: iworx.com/documents/LabExercises/EEG CorticalArousal-ROAM.pdf.

5. Dobbs, D. «Zen Gamma», *Scientific American* (1 abril 2005) [online]. Disponible en: scientificamerican.com/article/zen-gamma/.

6. Shontell, A. «A 69-year-old monk who scientists call the "world's happiest man" explains how he deals with stress», *Business Insider Australia* (29 de enero de 2016) [online]. Disponible en: businessinsider.com.au/how-matthieu-ricard-the-worlds-happiest-man-deals-with-worry-anger-and-stress-2016-1.

7. «Slo Mo Podcast #42: Mattieu Ricard – How the World's Happiest Man Found His Way (Part 1)» [online]. Disponible en: youtube.com/watch?v=Fy4q3ztGMUE.

11. El ingeniero que hay en ti

1. Brackett, M. et al. «Emotional Intelligence», Noba [online]. Disponible en: nobaproject.com/modules/emotional-intelligence.

2. Sternberg, R., *Successful Intelligence*, Nueva York, Plume, 1997 (trad. cast.: *Inteligencia exitosa: cómo una inteligencia práctica y creativa determina el éxito en la vida*, Barcelona, Paidós, 1997).

13. La misión está en la derecha

1. Kahneman, D. y Deaton, A. «High income improves evaluation of life but not emotional well-being», *Proceedings of the National Academy of Sciences*, vol. 107 n.° 38, septiembre 2010. Disponible en: pnas.org/doi/full/10.1073/pnas.1011492107.

2. Roth, J.D. «The story of Stuff», Get Rich Slowly [online]. Disponible en: getrichslowly.org/the-story-of-stuff/.

3. Macean, M. «For many people, gathering possessions is just the stuff of life», *Los Angeles Times* (21 de marzo 2014) [online]. Disponible en: latimes.com/health/la-xpm-2014-mar-21-la-he-keeping-stuff-20140322-story.html.

4. Doheny, K. (2008). «Clutter Control: Is Too Much "Stuff" Draining You?», WebMD [online]. Disponible en: webmd.com/balance/features/cluttercont.

5. Williams, K. (2018). «Is Consumerism Robbing Us of Our Humanism and Happiness?», Medium [online]. Disponible en: medium.com/@KarenWilliams.Louise/is-consumerism-robbing-us-of-our-humanismand-happiness-cb748cb40fba.

6. Gonzalez-Garcia, J. y Holmes, T. (2021). «Credit card ownership statistics», Creditcards.com [online]. Disponible en: creditcards.com/statistics/ownership-statistics/.

7. Norton, M. (2011). «Money can buy happiness: Michael Norton at Tedx-Cambridge 2011», TEDx Talks [online]. Disponible en: youtube.com/watch?v=ZwGEQcFo9RE.

8. Svoboda, E. «Hard Wired for Giving», *The Wall Street Journal* (31 de agosto de 2013) [online]. Disponible en: wsj.com/articles/hardwired-for-giving-1377902081.

9. Ritvo, E. «The Neuroscience of Giving», *Psychology Today* (24 de abril 2014) [online]. Disponible en: psychologytoday.com/ca/blog/vitality/201404/the-neuroscience-giving.